U0017798

This Is Assisted Dying

A Doctor's Story of Empowering Patients at the End of Life

安樂死於

加拿大安樂死醫師的
善終現場記錄與反思

史黛芬妮·葛林——著
蕭寶森——譯

獻給我的病人，他們每一個人都在我心中留下難以磨滅的印記。
也獻給所有CAMAP的成員，我因他們而得以成就。

Contents 目次

第三篇　秋去冬來

第四篇　春天

推薦序

《死於安樂》這本書，是一次引人深思的心靈之旅，它帶領我進入了各種疾病的安樂死第一現場，讓我目睹了理智和情感之間微妙而深刻的拉扯，以及生命中最美好的一刻。葛林醫師以她獨特的視角，為我們揭開了一系列關於安樂死的真實而感人的故事。

在書中，葛林醫師細緻地描述了她在安樂死領域的成長心路歷程。從最初的自我懷疑和經驗的生疏，到如今的堅定意志和技術的純熟，每一步都是她與患者共同走過的。她的成長不僅是技術上的進步，更是心靈層面的提升，這正是每一位從事安樂死的醫療提供者都會經歷的心靈洗禮。

這本書對於有志於安樂死領域的醫療提供者而言，可謂是一個引導者。葛林醫師以她獨特的經歷、個人特質和天分，逐步成為這個領域的先驅者，也讓我們得以從這本書的描述與回憶中，全面深入地思考安樂死敏感複雜的各種面向，從心理建設到臨床實務，為我們提供了一個充滿啟發的範本。在台灣安樂死議題正逐漸發酵的現在，恰好為我們提供了兼具深度與廣度的參考。

書中經常提到的一個觀點深深觸動了我：「安樂死的主要意義並不在於人們想要以何種方式死去，而在於他們想要如何生活。」當人們知道自己有能力決定苦難的終點，他們便可以放下心來，好好活著。這種尊重患者意願的理念，彰顯了醫學真正關心「人」的一面，而不僅僅是一門研究「病」的科學。對患者真正的體貼，就是給予他們選擇的權利，我認為這正是安樂死所追求的目標。

社團法人台灣尊嚴善終諮詢服務協會理事長　彭湛歡醫師

前言

如果你在生命的盡頭，能決定自己在何時何地死亡，你會怎麼做呢？如果你不必半夜躺在醫院的病床上孤零零地嚥下最後一口氣，而是在你選定的時間在自己的家中溘然長逝，而且可以決定有哪些人會在房裡握著你的手或抱著你，陪你告別人世，你會怎麼做呢？如果有一位醫師能確保你死得安詳、有尊嚴而且毫無痛苦，你會怎麼做呢？如果在最後的時刻，你能和你所愛的每一個人對話，你會怎麼做呢？我想，如果真是這樣，你對死亡的看法或許會全然改觀。

——

我和艾德初次見面，就看出他是一個怪人。當我站在他的公寓門口，看到他出來開門時，心中不免有些驚訝，因為他身上佩戴著各式手工珠寶，包括一排鐲子、好幾條項鍊以及許多對耳環。他身後的地板上立著一尊小小的佛陀雕像，四周環繞著各式各樣的彩色水晶石。一股濃烈的焚香氣味從那毫無陳設的房間裡飄了過來。儘管當時我從事安樂死工作已經有好幾個月的時間，遇過一些很有趣的人，但和他們相較，艾德還是顯得很特別。

其後的幾個月當中，我數度去探視他，有時是在他的住處，有時則是在加拿大卑詩省維多利亞市的醫院。已經六十八歲的他很自豪地告訴我，他這一生一直「過著隨心所欲、無拘無束的生活」，從未做過一份工作，並說他已經看過這個大千世界，追逐過自己的夢想，因此已經了無遺憾了。

我的病人有百分之六十五以上都是癌症末期而且癌細胞已經轉移。艾德也是如此。在過去四年當中，他的腫瘤不斷擴大，但他不肯接受任何積極性的治療，包括化療、放射線療法和手術治療等，於是他的病情便逐漸惡化，並出現了各種症狀。儘管他的疼痛得到了一定程度的控制，但他越來越仰賴麻醉劑，身體也一直處於極度疲累的狀態，而且上廁所的次數非常頻繁，以致他很難獨立行動，幾乎出不了門。他不想再過這種有如籠中之鳥般的生活。他告訴我，他的生活已經失去了意義，只不過是在等死罷了。他說他相信輪迴，因此還不如早點投胎轉世。

除此之外，艾德也是第一個告訴我他想要獨自死去的人。

到了約定的那一天，我抵達了他所在之處。那是一家醫院的私人病房，房間很小。我有點驚訝他會選擇在這樣一個地方告別人世。起先我們聊了一會兒。他似乎已經做好準備，希望能早些開始，不想再等了。幾分鐘後，他說他要去上洗手間，結果出來時身上已經換上了全套的小丑裝，包括紮染的長褲和T恤、色彩鮮豔的小丑假髮和紅色的鼻子。他說他原本拿不定主意，不知是否要戴上那個紅鼻子，但最後還是決定這麼做了。我雖然之前和他談過幾次話，但並不知道他是個業餘的小丑。我問他為什麼決定在這樣一個日子裡穿上他的小丑裝，他說他希望能夠帶著笑容離去，而他覺得穿上小丑裝最有可能讓他達成這個心願。

我按鈴請男護士進來。當他開始為艾德打點滴時，我走到病房外去看他的朋友瑪姬（之前艾德已經請她在病房附近寧靜的休息區等待）。她比艾德小了約莫十歲，雖然神情悲傷，但仍然很鎮定。儘管艾德走時，她不會在病房裡陪他，但我仍希望向她解釋整個作業流程。不過，在開始說明前，我先告訴她艾德穿上了他的小丑裝。

「喔，太好了。」她說。「從前他說過他穿上小丑裝就一定可以笑得出來。」我看到她咧著嘴，臉上露出了一抹羞澀的笑容。「你應該說個笑話給他聽的。」

我很願意，但卻想不出什麼笑話來。

「前一陣子，我過得不是很好，是他幫助我走出來的。」瑪姬說。「我們是二十多年的老朋友。他曾經傳授我一些當小丑的要訣。」說到這裡，她的笑容變得很燦爛。「我們甚至一起在幾個場合中扮演小丑。我表現得很糟糕，但這不是重點，真正重要的是我們之間的友誼。」

接著，她告訴我艾德最喜歡的一個笑話。

我回到病房時，發現一切都已經就緒。艾德正躺在床上，身上穿著那套色彩鮮豔的小丑裝。他說他已經準備好了，而那位男護士也告訴我所有的細節都已經安排妥當。

這位護士是個中年人，身上穿著綠色的醫院制服，看起來很資深。他在收拾那些點滴用品時，突然停了下來，注視著我。由於當時安樂死尚不普遍，因此我不確定他對這樣的事情有何看法。於是，我便在原地站定，抬起下巴，看著站在病床對面的他，準備聽他數落說我做的這件事是如何令人難以原諒。沒想到，他卻輕聲告訴我，這是他第一次參與安樂死的過程，並說他想向我道謝，因為他相信人們有權選擇這樣的死亡方式，而且我們早就應該這麼做了。他還說他很高興自己能夠在這方面有些貢獻。聽了他這番話，我心中頓時鬆了一口氣。我猜想他這些年來或許已經目睹許多不堪的死亡場面，才會有此感悟。無論如何，他這段出乎我意料之外的簡短談話不僅讓我如釋重負，也深受鼓舞，於是我向他致謝，感謝他所說的話以及他所提供的服務。他離開後，病房裡便只剩下我和艾德了。

「你確定自己已經準備好了嗎？」我問他。

「是的，我確定。」他答道。他的眼睛直視著天花板，神情既不緊張，也不悲傷，但臉上並沒有笑容。

「好的，那麼，我就開始動手了。」

我站在艾德的病床左側。那些藥劑已經整整齊齊地擺放在床頭櫃上了，共有八支針筒，中間的兩支頗大，裡面裝滿了乳白色的物質。它們都是我用一個亮藍色的塑膠工具箱帶過來的，而此刻那只箱子正躺在我腳邊的地板上。我經由點滴管把第一劑藥物打進他一邊的手臂中。通常在這個時候，如果情況適合，我都會引導病人回想他們的生命中某一個珍貴的回憶，但此刻，我卻只是彎下腰，把嘴巴湊近艾德的耳朵。

「艾德，食人族為什麼從來不吃小丑的肉？」我問他。

他的臉上露出了燦爛的笑容，然後便轉頭看著我，說出了他最喜歡的一個梗：

「因為他們的味道有點奇怪！」（譯註：此處原文是 funny。這是一個雙關語，兼具「好笑」與「奇怪」的意思）

我們看著彼此，開懷大笑。當他轉過頭去，回到讓他舒服的姿勢時，還發出了咯咯咯的笑聲，然後他就閉上眼睛，睡著了。

我之所以能夠以合法的方式協助艾德安樂死，是因為在此之前加拿大最高法院已經在一份被稱為「卡特決議案」（Carter decision）的判決書中，推翻了加拿大政府全面禁止安樂死的做法。二〇一六年六月十七日，加拿大國會又修訂了相關的法令，將安樂死（medical assistance in dying，MAiD）合法化，使醫師和專科護理師得以在特定的狀況下協助人們終止生命。

根據新法，病人在安樂死時可以選擇兩種死亡方式，一種是在醫護人員的陪伴（以確保過程能順利進行）下，自行喝下致命的藥水。另一種方式則是由醫師透過靜脈注射投予藥物，就像我對艾德所做的那樣。一般來說，後者遠比前者更加普遍。該法令規定，必須有資格加入政府的健保體系（基本上指的就是加拿大的居民或公民）、年滿十八歲、有能力做出自主醫療決定，並且罹患「嚴重且無法治療之疾病」者才符合安樂死的條件。如今這些規定已經有了一些修正，但在當時，病人必須是在承受難忍的痛苦、病情的惡化已經不可逆轉，且會在「可預見的未來」自然死亡的情況下，才符合安樂死資格。這並不意味著只有罹患絕症的人可以安樂死。醫師也不須要推斷病人還有多久可活（有些人或許只剩下幾天或幾個星期的時間，有些人則還能再撐幾個月甚至幾年），只要他們已經罹患嚴重且無法治癒的疾病且遲早會自然死亡就可以了。不過，當事人的身體功能必須已經嚴重退化，而且他們必須是在未受脅迫的情況下主動提出請求才行。

如今許多國家都已經有了某種形式的安樂死措施，只是名稱各不相同罷了。

在美國，最普遍的名稱就是 assisted suicide（協助自殺）或 physician-assisted suicide（醫師輔助自殺）。這指的是病人以醫師所提供的藥物結束自己生命的行為。之所以使用這個名稱，旨在強調病人的死亡是由他們自己造成的。他們所使用的藥物主要是氣味有些難聞的巴比妥酸鹽混合液。到了二〇一六年我開始擔任安樂死醫師時，這種形式的安樂死在荷蘭、比利時、盧森堡、瑞士、加拿大和美國的五個州都已經合法化了。

加拿大的安樂死方式則有兩種。一種是由病人自己喝下致命的藥液，另一種則是由醫護人員透過靜脈注射的方式給藥。第二種方式被許多人稱為 euthanasia（安樂死）。這個名詞源自希臘的 eu（意指「良好」或「安好」）和 thanos（意指「死亡」），如今已被用來代表「醫護人員在一個有行為能力的成人明確的請求下對其投予致命藥物，以使其免於遭受更多痛苦與磨難的行為」。因此，「協助自殺」與「安樂死」的主要差別在於藥物是由病人本身抑或醫護人員給予。所謂「安樂死」即是由醫護人員所執行的「協助自殺」。這種方式在美國尚未提供，但在加拿大、比利時、荷蘭、盧森堡和哥倫比亞等國都已經合法化。

儘管歐洲國家仍喜歡以 euthanasia 這個名詞來代表由醫護人員所協助進行的合法性自殺行為，但加拿大卻刻意選擇使用 medical assistance in dying（MAiD）（醫助死亡）這樣的說法。其中一部分原因是為在過去「自殺」這樣的字眼往往暗指當事人犯有某種罪行，而 euthanasia 這個名詞則曾在十九與二十世紀之交，被一些鼓吹優生學的人士用來描述殺害那些「無用」或「不受歡迎」之人（包括有肢體殘障或精神缺陷的人士），藉以追求基因的純淨性。到了第二次世界大戰時，這個名詞也曾被納粹用來美化他們大肆屠殺之舉。反對安樂死的人士有時會運用 euthanasia 一詞來使人聯想到那段可怖的歷史。使用 MAiD 一詞，不僅可以避免使人們聯想到納粹的暴行，也可以概括「醫師輔助自殺」與「自願性的安樂死」這兩種做法。如今，MAiD 一詞已經被納入加拿大的法律條文中，並且廣為人們所使用。它所代表的意涵是：醫護人員在法律有明確規範且不侵害病患權益的情況下，秉持人道精神以合法的方式終止病患生命的做法。

加拿大的安樂死法令通過時，我正處於個人生涯的十字路口。當時，受過家庭醫師訓練的我已經擔任了二十多年的產科醫師，專門負責照顧孕婦與新生兒。我的工作是指導孕婦和其家屬，使他們做好心理準備，得以面對新生命的降臨以及他們的生活將因此出現的巨大轉變、為他們接生並協助他們渡過最初幾個月手忙腳亂的時光。但是法規改變後，我便跟著轉換了跑道，努力學習有關安樂死的種種，以便能夠幫助人們完成最後的心願，順利邁向生命的終點。

無論是在接生之時或送終之際，我都參與了人們生命中一個極其私密的時刻。儘管艾德選擇獨自死去，但我協助的安樂死病人大多在臨終時身邊都有親人環繞。我聽到他們在最後的時刻所進行的一些非比尋常的對話：夫妻輕聲互訴愛意、母親與孩子含淚道別、爺爺奶奶給孫兒孫女的最後忠告。我也看到人們在生前就為自己辦了告別式，讓家人與朋友都能齊聚一堂向他們敬酒。我認為一個人如果知道自己將在何時死亡時，就能事先想好自己臨終時要說什麼、該怎麼做。

在本書中，我記錄了我第一年在加拿大卑詩省溫哥華島一帶協助病人安樂死的經驗。那裡不僅是全卑詩省、全加拿大乃至全世界安樂死比率最高的地區，也是我和我的丈夫、兒子和女兒所居住的地方。我希望能透過這些病人的故事讓大家明白我的工作內容、工作方式以及我所看到、學到的一切。我發現當人們有權選擇自己死亡的時間和方式時，會感受到一種力量，因為這讓他們得以開誠布公地和別人討論有關死亡的種種。事實上，我的病人光是聽到自己符合安樂死資格，臉上就會出現一種如釋重負的表情，彷彿他們的痛苦已經得到了某種療癒。他們原本很害怕自己不知道會在什麼樣的情況下結束生命，但在知道自己可以安樂死之後，他們就不再惶恐無助，反而有了一種可以掌控事情的感覺，而這是他們在被病魔折磨的幾個月乃至幾年當中從未有過的感受。對許多人來說，安樂死能讓他們在生命的盡頭得以免受難忍的折磨。對另外一些人來說，安樂死能減輕他們的恐懼，使他們能充分把握剩餘的時光，在最後的日子裡完成自己想做的事。

此外，我也希望透過這本書讓大家明白從事安樂死工作、幫助別人實現他們最後的願望，並且為他們注射致命的藥物是什麼感覺。剛開始時，這對我而言還是一個陌生的領域，所有的相關文件也才剛出爐。我和一小群志同道合的夥伴一邊摸索，一邊建立一套流程與守則，包括該如何判定哪些人符合安樂死資格、如何和臨終的病患以及他們的家屬談話。同時，我也一直在自己的界限、安全與責任之間尋求一個平衡點。剛開始時，我的心情有些忐忑，每每自問：我能不能坦然地幫助病人結束他們的生命？是否應該向大家透露我的工作內容？會不會遇到激烈的反對？隨著我越來越投入這份工作，我開始要評估：病人是否情況緊急，需要我及時出手相助？有時候我是否可以不接案子？那些因為不符合法定要件而無法得到幫助的病人該怎麼辦？我對他們有什麼責任？對自己又有什麼責任？同時，在從事安樂死工作後，我也開始問自己一些根本性的問題：我是否有花足夠的時間與心力在我最在意的那些人身上？是否有和他們進行必要的對話以免到時來不及？

大多數的時候，我感覺自己似乎幫了那些病人一點忙，但有時卻也無能為力。在病人臨終的時刻，我大部分時間都是在一旁靜靜地觀看，見證各種生離死別、哀痛感人的情景。我想，雖然我從事的是幫助人們死去的工作，但我也因此得以目睹生命最美好的樣貌。

第一篇

—開始—

第一章

六月，卑詩省維多利亞市，終日陽光普照。這個座落於溫哥華島最南端的城市位於加拿大大陸的西南方、美國華盛頓州的北邊，是一座被浩瀚的太平洋所環繞、草木豐美的綠洲，素有「花園城」（the Garden City）之稱。這裡由於氣候出了名的溫和，因此吸引了各色人等。城裡縱橫交錯的步道和腳踏車道上，不時可以看到正在接受密集訓練的頂尖運動員以及許多閒暇的退休人士。在六月份的大多數日子裡，我外出散步時，經常一抬頭就可以看到好幾隻禿鷹在天際翱翔，在路上也總能遇見許多隻鹿。西岸的水域裡也經常有水獺出沒，每每引得我駐足觀看。

但在二〇一六年六月六日這一天，我卻不像往常那般注意觀察周遭的環境，因為我滿腦子都在想著「C14 法案」（Bill C14）。該法案提出之後，已經通過了各項程序，但由於國會仍持續針對此案進行辯論，所以尚未正式頒布。不過，那些飽受病痛折磨的患者並不會因此而不尋求援助，況且，雖然相關的規範仍付之闕如，但從二〇一六年六月六日星期一這一天起，在加拿大境內，安樂死已不再被視為一種罪行。這意味著在那個早晨，我就可以開始工作了。

第一個找我諮詢的人是佩姬，現年九十四歲。她之所以會找上我，是因為幾個星期之前，我曾經和倡議安樂死的「加拿大善終協會」（Dying With Dignity Canada，DWDC）的本地分會連絡，告訴他們我將提供安樂死的服務，而該會的人給了她我的姓名和電話號碼。佩姬第一次打電話來時，是我的辦公室經理接的。她說她罹患了可怕的骨關節炎，腿部的神經不時作痛。她不想再過這樣的生活，希望能一死了之。於是幾天之後——也就是六月六日那天上午，我去拜訪她。當我拉起她公寓門上那個沉重的門環時，心中很確定她必然是加拿大最早做安樂死法律諮商的人之一。

我站在那扇厚實的橡木門前，不知道自己將會面臨什麼樣的場面。在我的職業生涯中，我大半時間都擔任家庭醫師，專門照顧產婦和新生兒，已經有超過十三年的時間不曾看過一般內科的門診，也不曾照顧過五十歲以上的病人。或許，更重要的是，我從未和任何一個已經清楚表明死意的人交談。「今天會不會有看護在場呢？我們會在她的客廳還是臥室見面？」我心想。先前我們在電話中敲定見面時間時，她的聲音聽起來中氣十足，但我無法想像我推開那扇門之後會看到什麼樣的景象。「她到底有多衰弱呢？」我尋思著，但旋即便感到有些羞愧，因為我意識到我是在擔心自己看到她後會有何反應。畢竟這對我來說是一個很陌生的經驗，過去我都待在我的診間，此刻卻要踏進某個人的家中。此外，我即將面對的不是一個剛出生的嬰兒，而是一位老人。我的背上是一個我不曾揹過的笨重包包，連身上佩戴的醫院員工證上的老照片看起來都不像我。雖然我已經有二十一年的行醫經驗，但此刻卻感覺自己彷彿回到了學生時代，一方面希望自己能有更多的歷練，另一方面卻擔心自己能力不足，同時也很好奇接下來會發生什麼事情。

我握住那沉重的門環，敲了敲門。

「葛林醫師，非常謝謝你來看我。我是佩姬。請進。」

她的病情並沒有我想像般嚴重。她的身材高瘦，穿著寬鬆的洋裝和低跟的鞋子，走起路來雖然一瘸一拐的，但還能扶著牆行走，並未用到手杖，而且她堅持要先給我們兩人倒茶，然後才在客廳的沙發上坐下來，開始和我晤談。

她的公寓非常寬敞，座落在山頂上，視野絕佳，可以看到市中心的水岸風光。她的餐廳裡有一個櫃子，正面是玻璃，裡面放著一些小巧的瓷像和幾只精緻的骨瓷器皿，另外還有三座鄉村風格的大型木頭書架，上面擺滿了各種旅遊指南和小說。

佩姬把茶端來後便開始向我訴說她的生平。她在一九二〇年代初期生於德國，和家人一起住在漢堡市。第二次世界大戰開始時，她還是個高中生。她詳細地描述當時的情況如何混亂、他們如何遭到轟炸、家人如何失散，以及她的許多好友又是如何死於非命。「我這一生漫長而坎坷，但了無遺憾，雖然有傷心的時刻，但也有許多美好的回憶。」

她說她在二十二歲那年就移民到加拿大，嫁給一個本地人，建立了自己的家庭，並且含辛茹苦地把一個有特殊狀況的孩子養大。不過，她除了擔任教師之外，還到處擔任志工，生活過得非常充實。現在她的女兒已經長大成人，可以自力更生了，但七年前她的丈夫卻在一場意外中喪命。

「我認識的人都死了，我的女兒也不需要我了，而且我經常這裡痛、那裡痛的，對這個社會已經做不出任何貢獻了，因此我知道自己該走了，而且我確信自己已經做好了準備。」

佩姬滔滔不絕地說著，我也很樂意洗耳恭聽，但我來到她家，並非是為了做社交性的拜會。我雖然挺喜歡佩姬，也了解她為何想死，但和她交談後不久，我就意識到她可能不符合安樂死的條件。

加拿大的法律對於安樂死資格有著嚴格的限制。其中一項要件是：病人必須罹患「無法治癒的重症」。所謂「重症」意味著病情必須極其嚴重，且身體功能已經大幅衰退。所謂「無法治癒」表示這種疾病是治不好的，也就是說病人必須承受極度的痛苦，並且在可預見的未來勢必會自然死亡才行。這是法令為了保護弱勢族群所制定出來的標準。無論你喜不喜歡，都必須遵守。

佩姬無疑身懷病痛，但並未到瀕臨死亡的程度，而且我看不出她除了逐漸老邁之外，還有什麼特定的致死因素，因此她的死亡並不是「可預見的」。況且她把茶水和餅乾端給我時，似乎並沒有身體機能大幅衰退的跡象。

想到這裡，我的心情突然變得沉重起來，不知道以後是否會經常遇到這樣的狀況。如果病人請我幫忙，我卻發現他們資格不符時，那該怎麼辦呢？我擔心我如果告訴佩姬我實在愛莫能助，她恐怕會很失望；但我如果讓她心存希望，到頭來卻落得一場空，對她也不好。於是我決定實話實說：「很抱歉，佩姬，我明白你今天為什麼要請我過來，但根據現行的法令，你並不符合安樂死資格。我知道你正在受苦，但你並不會像法律所規定的那樣在『可預見的未來』自然死亡，所以我無法採取任何行動。」

她聽後並沒有太過強烈的反應，反而告訴我她一點也不意外。我們繼續寒暄了幾句之後，我便站起來身來向她道別，然後就離開了。

在開車回辦公室的路上，我回想剛才所發生的事。我發現，這次和佩姬面談，我學到了不少東西。她幾乎不太需要我問，就主動告訴我什麼是她人生中最重要的事情、理由為何、她為何想要安樂死、希望能得到哪方面的資源，以及她現階段哪些事情可以做得來、哪些做不來等等，而且一講就是兩個小時。儘管我明白光是仔細聆聽，或許就可以發揮一些治療效果，但將來要和病人晤談時，除非我能控制一下談話的方向，否則面談的時間可能會拖得很長。因此我想未來我有必要排定晤談的優先順序、引導談話的方向，並為年長者找到更多的社區資源，讓有需要的人能夠得到幫助。

「今天的晤談進行得如何？」我剛走進門，我的辦公室經理凱倫就問我。

「學到了很多。」我說。

凱倫擔任我的辦公室經理已經有將近十三年的時間了。但對我而言，她遠不只是一個經理。事實上，她是我的醫療業務發言人兼連絡窗口。當我轉換跑道，從產科投入安樂死的工作時，我就知道她一定會跟著我。她比我大幾歲，住在診所附近，之所以會從事這份工作純粹是為了興趣，並非為了賺錢。她跟我一樣，對病人很忠誠，對工作也充滿熱忱。

「我已經忘記上了年紀的人是多麼有意思了。」我告訴她。

凱倫對我笑了一下。這時，電話鈴響了。二線有傳真進來。「她和我通電話時可是滔滔不絕地說個不停。」凱倫表示。「聽起來病情並沒有很嚴重。」

「是啊，她其實並不符合安樂死資格。」

我轉過頭去，看著那老舊而可靠的傳真機呼呼作響。等它安靜下來時，我便走過去，把它吐出來的那捲紙撕下來，發現是從一個同事的辦公室傳過來的。

「煩請前往探視這位七十四歲、已經處於肝衰竭末期的先生。他一直密切注意有關安樂死的報導，很想提出申請。我聽說你會在維多利亞市提供這項服務，真是勇氣十足呀！期待你的評估結果。病人的病歷如下。」

我將這訊息默念了兩遍才拿給凱倫看。我們面面相覷，過了一會兒之後，我才打破沉默。「他名叫哈維。我需要一份有關他的檔案。」

趁著凱倫著手製作這份檔案（第一頁是他的基本資料，後面幾頁是我們可能需要用到的空白申請表）時，我拿起電話，撥了哈維的號碼。是他的妻子諾瑪接的。

由於哈維已經無法行走，我便同意過幾天去他們的住處拜訪。這樣可以讓哈維能事先安排他的安寧照護醫師去看他，也讓我有足夠的時間收集並審閱他的醫療紀錄。之後，我利用當天下午剩餘的時間去找哈維的肝臟專科醫師，跟他談談哈維的狀況，並且學習如何將我辦公室的電腦連結到醫院的電子病歷系統。

三天後，我站在家中的浴室裡，一邊刷牙，一邊練習該如何和哈維說話，包括要如何開頭、用哪一種語調等等。這是我第二次和病人晤談。我打算一開始就掌握談話的方向，不要像佩姬那次一般隨意。

我把水龍頭關掉時，家裡那些熟悉的聲響一下子就傳了過來。我聽到廚房裡咖啡機嗡嗡作響的聲音，顯然我的丈夫尚馬克（他從前是天體物理學家，如今正在嘗試成為一名藝術家及企業家）正在喝他的第二杯咖啡。我也聽到我們的狗班吉衝到外面去追松鼠時爪子所發出的卡嗒聲。我的兒子——十七歲的山姆——可能還沒起床。他把音樂開得很小聲，但那穩定的嘻哈節奏還是迴盪在四壁之間。我還聽到我的女兒莎拉輕手輕腳地經過走廊的腳步聲，然後便是熟悉的第四階樓梯的吱咯聲，顯然她正下樓吃早餐。她今天早上有期末考，就像一般的十五歲孩子那樣，她是不太可能很愛講話的。

我上了車，往哈維家開去，一路上仍不斷排練要如何與他對談。抵達後，我走到門口，打開紗門，堅定地敲了敲後面那扇木門。一個七十多歲、蓄著濃密花白八字鬍的男人來開門。他臉上露出了一抹悲傷的笑容，向我伸出了一隻手：「嗨，葛林醫師，謝謝你過來。我是哈維的妹夫羅德。請進。」

我跨過門檻，直接被帶到二樓，來到一間寬敞的餐廳兼起居室，看到有兩個人坐在沙發上。其中一個是男的，坐在他旁邊那位則是女性。那女人一看到我，立刻便站起身，但沒有朝我走來。「嗨，醫師，謝謝你過來。」她微笑著說道。「我們之前通過電話。我是諾瑪。」

她有著一頭黑色短髮，穿著藍色的罩衫、寬鬆的黑色長褲，脖子上戴著一條又粗又長的項鍊，顯然是屬於那個會為了要和醫師見面而刻意打扮的世代。她的雙手在身前不安地擺動著，似乎有些緊張，但也可能只是感到尷尬。我不怪她，因為我自己也有些緊張。不過，我還是開口了：「諾瑪，很高興看到你。請坐下，不要拘禮。」

我走進他們的起居室時，她說：「我妹妹和妹夫也在這兒。派蒂可能會加入我們的談話，但羅德可能會待在後院。」

她說著便再度坐下。於是我把注意力轉移到我要探視的那個男人身上。他穿著灰色的睡衣，身上蓋著一條暖和的羊毛毯子，看起來至少比他的妻子大十五歲。我發現他的腹部有水腫的現象，皮膚又薄又黃，顯然已經有嚴重的肝衰竭。他的雙手看起來軟弱無力，面容憔悴，鬍子沒刮，很可能只剩下幾個星期可活。

「很高興見到你。」我伸出手去握了一下哈維的左手。他的手冰涼削瘦，皮膚上散布著紫色的斑點，而且已經沒有多少肌肉了，但他握手的力道比我預期的更強，時間也比我預期的長一些。他緩緩轉移視線，直視著我的眼睛，然後才鬆開我的手。感覺上，他的行動似乎有些遲緩。諾瑪坐在他的右邊，握著他的右手。我在旁邊的一把椅子上坐了下來，面對著哈維，準備說出我整個早上都在練習的一番話。

「首先，我想打破我在醫學院學到的第一個守則。」

諾瑪看著哈維。他的臉上露出了一個詭祕的笑容，彷彿被我勾起了好奇心，但並沒有作聲。我想他應該是希望我繼續往下說。

「我念醫學院時，老師教我們在遇到新病人時，應該坐下來，默不作聲，讓他們先開口……一般來說，這是一個很好的忠告，但在我們開始交談之前，我想先告訴你有關我的兩件事。」

我一心想著接下來打算要說的話，並沒有注意到那位正拿著一疊紙和一枝筆默默走進房間的女子。她在我右邊的小沙發上坐了下來。我猜她是諾瑪的妹妹派蒂，但我沒問。關於這類私密的面談，應該要遵守什麼樣的規範呢？哈維會希望她在場嗎？我應不應該停下來，向她自我介紹？但我的直覺告訴我，應該把重點放在哈維身上，於是我繼續往下說，心想如果哈維不介意她在場，那我也不介意。

「首先，我要聲明，我會開門見山，有話直說。」

我注意到諾瑪直視著我，那個應該是派蒂的女人亦然。我猜她主要是來為諾瑪打氣的，而諾瑪之所以在場，顯然也是為了幫哈維打氣。此刻，哈維正緩緩點著頭，要我繼續說下去。

「我們今天要談論死亡，也會討論到死亡的方式。」我繼續說道。「我們要談論你的死亡以及安樂死的事。另外，我們也要談談你最在意的事。我會很直率，不會拐彎抹角，用什麼好聽的字眼。」

我停頓了一會兒，壓低嗓門，用一種比較親密的口氣對哈維說道，彷彿房間裡沒有別人在場。「我希望能開誠布公，盡量把事情說得清楚明白。你能接受嗎？」

看到哈維臉上露出了笑容，我暗自鬆了一口氣。

「沒問題。我也希望能這樣。」他說道。「不要講些有的沒的屁話。」他的聲音有點沙啞，但最後一個詞卻說得鏗鏘有力。「我想我們兩個應該會很合得來。」他又說。

諾瑪聽到哈維說出「屁話」這兩個字，似乎有些尷尬，但並不意外。她咯咯笑了一下，緩解了原來的緊繃氣氛。當她悄悄向他眨眨眼睛，警告他要小心措詞時，我看到她眼裡淌下了一滴淚水。她的責備裡帶著戲謔的成分。哈維把他的另外一隻手放在她手上，但眼睛始終盯著我，不想錯過我接下來要說的話。他的神情看起來已經比幾分鐘之前我剛走進來時放鬆了一些，臉上有了微微的笑意，眼角也出現了深深的笑紋。我感覺他正逐漸進入情況，臉上的表情也不再像先前那般緊繃。

「我要告訴你的第二件事情是：我是在新斯科細亞省（Nova Scotia）長大的。你對這點可能不是很有興趣，但我們那裡的人講話速度都很快，而且我家裡的人都是這個樣子。」我停頓了一下。「我知道我自己講話的速度也很快，雖然因為在西岸待久了，速度已經慢了不少，不過有時講著講著，又會開始變快。我想說的是，如果我講話太快，你們可以請我再說一遍或者把速度放慢，我不會不舒服的。可以嗎？」

「好的。」哈維表示。我發現他的身子有些搖擺，頭不停地晃動。從他的眼神裡，我可以看出他對我說的話很感興趣，但他的眼眶凹陷而且眼睛水汪汪的。這提醒了我此行的目的。

我打算概略地詢問他的病史，不要浪費寶貴的時間談論我從他的病歷上就可以看到的細節。此行我要做的是問他一些問題，並解答他的疑問，但最主要是要和他交流意見。我要向他說明安樂死是怎麼回事，並了解他為什麼會想要安樂死。我腦海中浮現了官方所訂定的安樂死要件，包括聯邦政府的資格標準、省政府的施行指南，以及必須準備的證明文件等。我知道我有許多問題要問，因此事先已經準備了一份小抄，夾在我手上的檔案裡，但我並沒有看，因為我寧可讓我們的談話顯得自然一些。

我很快就切入了正題：「你為什麼想死？」

哈維臉上露出了得意的笑容，彷彿他早就知道我會這樣問。然後他就像一個確定自己有了正確答案的小孩般不假思索地答道：「我不想死。」

我沒講話，靜靜等待著他繼續說。

「我寧可活下去，因為我這一生一直過得很精彩，但目前看來這事已經不是我能決定的了。」

看到我點了點頭，他便繼續往下說。

「我有很好的朋友，孩子相當成材，家人也都在身邊。我知道自己有多麼幸運。而且我和這個女孩已經結婚五十二年了……」他握著諾瑪的手，對著我搖了搖，聲音逐漸微弱。等到克制住自己的情緒後，他才以略微沙啞的聲音繼續說道：「到上個週末，我們結婚滿五十二年了。」他說。「我真的很想撐到那個時候……而且我做到了。」說到這裡，他已經沒了力氣，聲音變得微弱。「現在我已經準備好了。如果能活得更久，我當然願意，但我知道我已經不行了。」

哈維清楚表明了他的願望。他知道他不久就要死了，但希望能自己決定死亡的方式和時間。

「我希望最後那一天，諾瑪和孩子們都能陪在我身邊。」那一剎那他彷彿又有了精神。「在我家，我自己的臥房裡。」

他停頓了片刻，旋即表示他希望死亡的過程能夠很快而且沒有痛苦。他不希望任何人在他的床邊守夜，也不想使用止痛藥物，以免失去知覺。此刻，他的神智很清醒，意思也很明確。

「我知道自己有哪些選擇，也很清楚我要請你做的事。我這一生渡過了許多精彩的時光，擁有許多美好的回憶以及很棒的朋友，但我希望我嚥下最後一口氣時所看到的是家人的臉。醫師，這個新法真的能讓我實現心願嗎？」他問。「你可以幫我嗎？拜託拜託！」

「哈維，很遺憾事情會走到這個地步。我想我們都知道你快死了。雖然我無法改變這個事實，但或許我可以幫上你的忙。是的。我可以幫你。」哈維的情況顯然與佩姬不同。他符合每一項安樂死的要件，因為他有能力做決定，而且主動提出了請求，除此之外，他的病情顯然已經到了非常嚴重、無法治療的地步。種種情況都符合安樂死的標準。

派蒂一直坐在那兒，一動也不動，甚至連一句話也沒說。諾瑪的臉上則一直掛著燦爛的、神經質的笑容（我猜過去這幾個星期，她的臉上一直掛著這樣的笑容）。在我們談話的過程中，她似乎一直焦躁不安，但當她聽到我最後的那句話時，突然安靜了下來，並吁了一口氣，哈維則努力集中精神，仔細聽我說話。

「但我想你也知道你還有另外一個選項。」我繼續往下說。「我們很幸運，維多利亞市有很好的安寧照護服務……根據我所看到的資料，那些人有到你家來為你做支持性的治療，並且設法減輕你的疼痛，把你照顧得很好。」

「是的，是的，他們做得很好。」他表示同意。

「那你為什麼不讓他們繼續照顧你呢？」我問。「他們可以幫你減輕症狀，消除你的痛苦，讓你自然而然地死去。」

雖然我知道哈維已經開始接受安寧照護，但根據規定，我還是必須確認他知道他可以選擇這種方式。

「你可以選擇在家裡自自然然、舒舒服服地死去。如果願意的話，也可以在安養院裡往生。既然你已經決定停止治療，也不再抽腹水，那就意味著你或許只能再活幾個星期。這點我相信你已經知道了。」我說話時，碰了一下他的膝蓋，接著停頓了一下，讓他知道事情的嚴重性，然後小聲說道：「在這個星期之內，你可能會變得越來越虛弱，越來越想睡覺。他們可以設法讓你安然渡過這段期間。那你為什麼還要選擇安樂死呢？」

我想知道他為何做此決定。他是否覺得目前的照護方案還不能滿足他的需求？

「不，醫師，謝謝你。」他說。「這不是我想要的。那些安寧照護人員做得很好，但我已經努力撐到我的結婚紀念日，撐到法令修改的時候。現在我終於等到了這一天。我想按照自己的方式來做。我希望這個週末能夠請朋友們過來，舉辦最後一次派對，或許再喝一兩口啤酒……」他說到這裡，臉上便露出了笑容。這時，我彷彿看到他內在那個調皮愛玩的小男孩。「然後我就要走了。我看過一些朋友們纏綿病榻、不省人事的樣子。我不想讓我自己或家人受到這樣的折磨。我知道我要死了，但我希望能決定自己死亡的方式。」

接下來的那一個半小時，他們夫婦告訴了我哈維生平的種種。他十幾歲就從英國移民到加拿大，一直努力工作，打了好幾份工，最後更自己開了一家建設公司。白手起家的他不僅在事業上有傲人的成就，還廣受同輩的尊崇，並屢屢大手筆的回饋鄉里，直到四年前才從工作崗位上退休。他精於木工，重視細節，做事很有主見，而且非常顧家。我意識到他之所以想要安樂死，是因為他希望他能像掌控自己的生命一般，掌控自己的死亡。

我開始想到接下來要做的事：哈維必須先填寫一份官方的申請表，並在上面簽名。諾瑪表示他們當天就可以完成。我告訴他們，根據規定，這份申請表必須有兩個見證人，而且其中不得包括哈維的醫療人員或照顧者，以及任何一位有可能從他的死亡中受益的人。表格簽署完畢並註明日期後，必須讓哈維有十天的猶豫期。同時，除了我之外，還要請另外一位醫師評估哈維的病況。於是我打電話給本地的一位同僚，看他是否有空。由於這是我第一次幫病人施行安樂死，我打算回到辦公室重讀省政府新近頒布的指導方針，確認應該準備的事項。

接下來的幾天頗為忙碌。我找的那位醫師診察了哈維的病情，認為他符合安樂死資格。正如一般肝衰竭病人會出現的症狀一般，哈維的認知功能已經逐漸退化，如果退化的幅度太大、速度太快，他將無法依照法令規定，在安樂死程序開始之前做出同意的表示。由於我和那位醫師都認為這樣的風險已經迫在眉睫，於是我們便打算將原本十天的猶豫期縮短，後來也獲得了許可。我把這個情況解釋給哈維聽，他決定在三天之後進行。雖然他可以選擇以口服的方式給藥，但他仍決定採用靜脈注射的方式，於是我開始進行實質的準備工作。我問了好幾位藥師，最後終於找到了一位願意調製並提供這些藥物的人。

他的名字叫丹，是我們辦公大樓裡那家藥局的老闆，也是我兒子好友的父親。當我向他說明我要的東西時，他立刻答應幫忙。我們花了一個下午的時間閱讀政府所規定的處方，最後決議由他先把藥劑填裝在幾個針筒中，讓我帶過去。我們還想出了一個辦法，在那些針筒上貼標籤，並包裝好以便運送。接著，我和各相關人員談話，其中包括哈維的家庭醫師與家人、政府衛生機構、卑詩省內外科醫學院（the College of Physicians and Surgeons of British Columbia，CPSBC）、我的法律顧問，以及另一位負責評估哈維病況的醫師。雖然我知道安樂死程序完成後，並不一定需要通知驗屍官，但我還是事先打了電話給他，以確定這樣做並未違反規定，並核對我們雙方該做的一些事。我聽說有一位名叫潔西卡的專科護理師（nurse practitioner）已經得到政府衛生機構的許可，能夠協助執行社區中的安樂死工作，於是便連絡了她。我發現她除了有辦法取得必要的靜脈注射導管之外，也能幫忙安裝點滴。此外，我還聽說她在這方面是頂尖好手。無論病人的血管有多細、無論他們的皮膚是否因為化療而留下任何疤痕，她都可以應付裕如。這讓我大大鬆了一口氣，因為我已經有超過十年的時間沒有為病人打過點滴了。

在哈維預定安樂死日期的三天前，哈維和諾瑪果然如他先前所言，邀請朋友和鄰居去他們家慶祝，並讓他們有機會向他道別。在此同時，我也再次詳讀了所有應該注意的細節以及相關的指導原則。我很清楚，只要稍微出一點紕漏，後果可能會非常嚴重。換句話說，我可能會遭到刑事起訴。「最高得處以十四年刑期」這幾個字不斷在我腦海中浮現。沒有人知道檢察官會如何看待這種事。他們是否會進行詳細的審查，並處分犯錯的醫師，藉以殺雞儆猴？還是他們只要確認我們已經稟持善意盡全力協助病患就不會多加刁難？無論如何，我不想冒任何風險。

哈維不僅是我的第一個安樂死病例，也是溫哥華島的首例，甚至是全加拿大最早的幾個安樂死病患之一。我知道我不能犯錯。這不僅僅是為了我自己、為了安樂死計畫，更是為了哈維。

第二章

在孩提時代，我對死亡並沒有什麼概念。小時候，我的近親當中並沒有人過世。我對死亡最早的印象是源自一隻金絲雀和幾隻沙鼠。對我來說，死亡只是故事書裡的情節。我知道人會死，也知道它會帶來什麼樣的後果，但在我看來，那都是發生在別人身上的事。兒時的我活在「現在進行式」，鮮少想到過去與將來。

我的父母都是猶太人，我是家中最小的孩子。父親經營一家餐館。母親在我小時候一直都是家庭主婦，直到外公外婆逐漸老邁時，她才撥出一部分時間替他們管理物業。我的外公外婆住在哈利法克斯市（Halifax）一個人際關係非常緊密的猶太社區，是那個社區的靈魂人物。我們雖然沒有嚴格遵守猶太教的禮節，但家中的飲食都符合猶太教的誡律，每逢猶太教的節日也會慶祝一番。當時，我除了上正規的學校之外，一個星期有好幾天還要去希伯來學校上課，暑假時則會參加猶太教的夏令營（這是我最喜歡的活動），因此猶太教的傳統文化已經融入我的生活之中。信奉猶太教雖然並非出自我自己的選擇，卻讓我擁有濃厚的社區意識與歸屬感，以及令我深信不疑的道德規範。

我十幾歲時，社區裡有一個人死了。那是我對社區的死亡事件最早的記憶之一。我記得那天是星期天，上午突然有一個人打電話過來。直到現在我仍然不知道她是誰，也不清楚她是怎麼知道我的名字的。我只知道她是我們教會裡的一個老婦人，我雖然聽過她的姓氏，但不知道她長什麼樣子。在電話中，她問我是否有幾個小時的空檔可以幫她一個忙？她並未多做解釋，只說有一個男人（我不認識他）死了，當天下午一點就要舉行葬禮，他們需要有人在「七日服喪期」（Shiva，猶太教傳統的禮俗，讓親友到死者家中弔唁並幫他們一些忙）去他家幫忙。她要我到死者家中和另外一個女人會合，以協助處理一些必要的事務。儘管我之前似乎沒有參加過「七日服喪期」活動，但約略知道那是怎麼一回事。她表示，那個女人會指導我，讓我知道該做些什麼。

我至今仍然想不通她那天為什麼挑中我。直到今天，我仍然覺得有些不可思議。

當時，我還是十年級的學生，正面臨生活中一個巨大的轉變：從之前就讀的小型私立學校轉到當地一所大型公立高中。那所學校位於一座龐大的建築裡。我除了不熟悉那裡的社交規則之外，還得面對一千五百個新面孔。除此之外，運動也不再只是校內的一種娛樂。由於選手很多，要真正的高手才能出頭，因此我雖然熱愛運動，卻感覺自己一下子變得沒戲唱了。每天早上我到學校時，總感覺校門上彷彿貼著一張告示，上面寫著：南邊的門是給「富家子弟」走的，北邊的藍色的門是給「科技高材生」走的，前門則是給「沉迷哥德次文化」（Goth）和無法適應環境的人走的。我感覺這些門都不適合我，但又不知道還有什麼別的門存在。

我還不到十歲時，父母就離婚了，而且分手的過程並不友好。當時，父親所經營的第一家餐廳瀕臨倒閉，而且他在外面好像有了女人。現在回想起來，我認為父親當時可能有點精神崩潰的現象，而母親則是被他傷透了心，但當時才九歲的我並不懂這些，只感到既困惑又孤獨。後來，母親回到學校念書，接著又找到了一份工作。在離婚三年後，她就再婚了。於是我和哥哥突然有了兩個繼兄弟姊妹。

我從私立學校轉到公立高中時，母親已經再婚兩年了。哥哥到外地去上大學，我的繼姐和繼弟則和我們住在一起。繼姐因為發生過嚴重的車禍，正在調養中，繼弟則比我小一歲。我們相處得並不融洽，彼此之間經常爭吵。繼父和母親對子女管教的方式並不相同，一個事事過問，一個放牛吃草。繼父比母親大十八歲，是個很古板的人，而我的繼姐和繼弟則個性複雜，而且一天到晚在我房間外面的走廊上遊蕩。由於這些緣故，家裡的氣氛總是一團混亂。我的親生父母老是彼此唱反調，讓我夾在中間，左右為難。我知道父母對我有何期望，但無論在家裡或學校，我總是感覺身不由主。我記得有一天，新來的英文老師給我們的作業是用一段短短的文字介紹自己，但我真的不知道該寫些什麼，更不知道從何寫起。

當那位聲音聽起來很耳熟的陌生婦人打電話請我去幫忙時，我一口答應了，接著便步行了十五分鐘，抵達她給我的地址，但一路上心裡一直嘀咕著，不知道自己為什麼要這樣做。不過，我並不怎麼害怕，而是有點好奇。事實上，我甚至覺得自己像個大人，可以幫助別人了。到了那棟樸實的磚房後，我敲了敲門，果然就有一個女人出來招呼我。她說那些來參加葬禮的賓客很快就會到喪家來弔唁了，並告訴我該做些什麼。於是，我依言行事，先依照猶太人的禮俗用一塊布把鏡子蓋上，並在門口擺一盆水，以供那些從墓地回來的人洗手，接著把前門打開，並用盤子裝了一些食物讓賓客享用。直到電話鈴聲響起時，我才發現屋裡只有我一個人。我猶豫了一下，不知道自己該不該接這通電話。但由於當時並非家家戶戶都有答錄機，因此當鈴聲響到第八下，仍然無人接聽時，我便把話筒拿了起來。

「請問莫里斯先生在嗎？」電話那頭有個女人的聲音問道。

「呃，他現在不在……請問哪裡找？」

「這裡是貝克醫師的辦公室。我想和他確認之前約定的星期二下午兩點的門診。」

「喔……呃……這個……我想他應該不會去了。」我說。「很遺憾，因為……莫里斯先生昨天過世了。」

「喔，這樣啊……呃，是的，我了解。很遺憾。」那個女人結結巴巴地說道。「很抱歉打擾你。哎，真沒想到。呃，好吧，謝謝你。我還是要說，我對這件事感到非常遺憾。」

說完她就掛斷了電話。我既沒有時間也不知道該如何告訴她我是什麼人，或者我為什麼會在莫里斯先生的葬禮這一天站在他的廚房裡幫他接電話。我記得我拿起聽筒時還有點緊張，但掛上電話後，心情變得不太一樣了，幾乎有一種充滿力量的感覺。

我依照指示完成了準備工作。當第一批弔唁的賓客開始抵達時，我就從邊門溜出去，走回家了。我想那時我一定有把這件事情告訴我母親，至於是否有跟其他人說，我就不記得了。人的一生當中，難免會有這樣的時刻：你抬頭一看，突然發現自己置身於一個與日常生活完全不同的情境，彷彿在別人的生命中扮演某個角色似的。這種感覺並不可怕，只是有些奇特。當那個女人請我幫忙時，雖然她提出的請求不太尋常，但我還是產生了興趣，願意去試試看，而且在嘗試的過程中得到了我之前從未有過的一種掌控感。如今回想起來，我之所以願意進入與眾不同的領域，不知道是不是受到這件事的影響。

當然，我之所以開始從事安樂死的工作，還有別的因素。我在十七歲時就離開了家，遠走高飛，並依照自己的興趣，在多倫多大學攻讀生理學。周遭幾乎都是一心一意想進醫學院的同學。之前我從未想過要習醫，但當我認真考慮時，發現它對我很有吸引力，因為我對醫學的研究內容（人體及其生理機能）很感興趣，也希望藉此幫助別人。但如今回想起來，我發現這也是因為醫學滿足了我對秩序的追求，讓我能學習如何有條有理地去解決問題並獲取更多知識。我感覺在行醫時，如果我努力工作並適當運用自己的知識，就可以獲取成就感，贏得社會大眾的尊敬，以及我長久以來一直想要得到的掌控感與安定感。

進入了一個講求科學的領域後，我開始質疑自己的信仰。但這並不表示我排斥宗教，而是比較喜歡從科學的觀點來解釋。我還是很重視我們的社區與文化傳統，只是我捨棄了那些盲目的信仰。最重要的是，我發現自己很想幫助別人。我知道，在進入醫學院後，終有一天我將能夠成為一個助人者。這給了我一股很大的動力。於是，透過醫學，我在這個世界中找到了自己的立足點。

第三章

哈維要進行安樂死那天早上，我站在臥室裡注視著我的衣櫥，足足有五分鐘的時間挑挑揀揀，拿不定主意，不知道該穿什麼衣服。去幫病人做安樂死的時候該怎麼穿才好呢？如果穿得一身黑，會顯得太過陰沉，因為連哈維自己都沒有表現出愁眉苦臉的樣子。但如果穿亮色的衣服，對家屬來說可能太喜氣了，似乎也不合適。我希望給人一種很專業、但又不致冷冰冰的感覺。既不能穿得太正式，但也不能穿牛仔褲。奇怪，挑選衣服怎麼會成了我這一天最困難的一件事呢？

走道盡頭的房間非常安靜。我的兒子山姆再過四天就高中畢業了。由於課程已經上完，考試也結束了，因此他終於可以大睡特睡了。我猜他現在可能正在夢見他畢業以後的生活。我那個剛上完十年級的女兒莎拉，則到附近藥局去採買夏令營時要用的防曬乳、蚊蟲叮咬止癢膏以及OK繃了。

我周遭的世界一如往常地運行著，但今天對我來說卻是一個異乎尋常的日子。這一天是二〇一六年六月十六日，也就是哈維要安樂死的日子。這個事件的主角是哈維，但對每一個相關的人來說都有無比重要的意義。

此刻，我仍站在更衣間裡，猶豫不決，心中有些焦慮，甚至或許還有一絲興奮，因為自己即將創造歷史。我身上裹著一條浴巾，頭髮仍溼漉漉的，想到今天要做的事，一時之間竟然有些卻步：早上十點鐘，我要去拿藥，然後在十一點前抵達哈維家，在十二點前他應該就已經嚥下最後一口氣了。

哈維的安樂死申請表已經填寫妥當，文件都已齊全，省政府所規定的每個步驟我們都核對了三次。這一天上午，我再度和丹碰面，確認所有文件都已填妥並歸檔無誤，其中包括我們送到「藥品補助方案」（PharmaCare，為卑詩省補助合格居民處方藥物和醫療用品費用的一項方案）辦公室的「特別授權單位」的表格。這些表格都是剛出爐的，前一天下午我們才拿到手。這一天早上我又親自和「藥品補助方案」辦公室通話，確認他們可以給付所有的藥費，然後便和丹一同在那六頁的處方表上簽名。之後，丹將這六頁文件拷貝了一份，以便我們能各自保存。等到這些手續都辦完後，我才帶著那些藥物驅車前往哈維家。

當時，我身上穿的是黑色毛衣和灰色牛仔褲，戴著眼鏡，希望能給人知性但又不致過於正式的印象。我手裡拿著藥物，感覺自己終於已經準備好了。

藥品袋的重量比我預期的輕很多。由於丹給了我一組額外的藥劑以備不時之需，因此袋子裡有兩個大大的透明塑膠盒，其中一個的蓋子是藍色的，另一個則是綠色的，上面分別標示著「第一盒」與「第二盒」。兩個盒子疊在一起，把袋子裝得很滿。我心想，這是多麼諷刺，這樣一個輕巧、看似無害的袋子卻賦予了我如此沉重的責任。我唯恐別人知道裡面是什麼東西，盡可能不動聲色地把那些致命的藥劑放在後車廂裡。

在前往哈維家大約三十分鐘的路程中，我一直想像著各種荒謬的場景。萬一我因為超速行駛、尾燈故障或遇到臨檢而被警察攔下來時，該怎麼辦呢？「小姐，你開這麼快幹嘛？」他可能會問，然後說：「請把後車廂打開。那個袋子裡面裝的是什麼？」

這時，我該如何回答呢？當然，我不能騙他，但我猜或許有很多警察還不知道安樂死已經合法化了。

我開得很慢，但很快就到了哈維家。我把車停在他家旁邊人行道邊上一個離他家很近、但又不致被房子裡的人瞧見的地方。我看到一位戴著高爾夫球帽的老先生牽著一隻小小的傑克羅素犬在社區裡靜靜地散步。我深吸了一口氣，想到之前在醫學院念書時，老師教我們要「觀察、實作、教學」。但對於如何施行安樂死，我根本沒有機會可以觀察，因為法令是幾天前才修訂的，所以我只能自己摸索著大步向前。

我看著後照鏡，默默地為自己打氣。這是我的一個習慣。在大考或重要的會面之前，我會直視著後照鏡三、四秒，目的不是為了整理衣領或頭髮，而是要提醒自己我可以辦得到。我希望這一招能管用，但在這一天，光是這樣似乎不夠。我的心臟還是撲通撲通地跳著。我真的準備好了嗎？

那一刻，我很遲疑，但繼而想到我並不是這件事的主角，於是提醒自己：無論我心中有何感受，都應該成為今天的在場人士當中最從容冷靜、最有信心的一個。同時，無論有幾雙眼睛盯著我看，我都不應該成為眾人注意的焦點。當然，要如何拿捏得宜是一門藝術，但我必須相信這些年來照顧成千上百位孕婦、為她們接生的經驗，已經讓我有能力扮演這樣的角色。

於是，我下了車，頭也不回地大步走到哈維家門前，然後逕自走了進去。看到門內凌亂擺放著幾雙鞋子，我便把我的鞋子脫掉，沿著鋪了地毯的階梯往上走，來到那個寬敞的起居室兼餐廳。我看到諾瑪在房間的另一頭看著我，但我還沒來得及走過去和她打招呼，便碰到了那位應邀前來幫忙的護理師潔西卡。她穿著醫院的工作服和襪子站在樓梯頂端。我們彼此相視而笑，悄悄地握了握手。她將負責安裝我們今天要用的靜脈注射器，但此時此刻，我的腦海裡只想到一件事：可不要讓這家人發現我們兩人從未見過面，以免他們發現我之前從來沒有做過這種事。從潔西卡刻意裝得很熟絡地跟我打招呼的樣子，我看出她也是這麼想的。當下，我就知道我們兩人以後一定會很合得來。

這天上午，房裡共有八個哈維的近親。諾瑪為我一一介紹，而我也很有禮貌地和他們打招呼，但我知道，對他們來說，我所代表的是一個令人不安的未知，而且可能令他們感到焦慮。我請他們讓我私下和哈維談個幾分鐘，然後就被告知哈維此刻正在他的臥房裡。於是我沿著右邊那條短短的走道走了過去。進入臥房後，我把裝著藥劑的袋子放在靠門口的地方，然後在床邊的一張椅子上坐了下來，問哈維：「你昨天晚上情況如何？」

「就那樣。」他答道。「我已經準備好了。希望今天就能把事情做個了結。」

他說得很直接，毫不避諱，讓我知道我並不需要拐彎抹角。這一回，輪到我感謝他的直率了。

這次談話，我主要的目的就是要確認他還有能力做決定，也就是說，我必須確認他頭腦清醒，而且仍然想要安樂死。如果答案是肯定的，他必須做出最後的同意。

「你有沒有改變主意？」

「一點也沒有。」

「好的，那麼我們就一起來看看接下來會如何吧。」

於是，我開始向他說明安樂死的程序。哈維告訴我他已經把後事安排好了：葬禮已經做了規劃，錢也付了，也把他的律師和會計師的姓名都寫了下來，以方便家人連絡。但他有點擔心他走後家人不知道會怎樣。我請他放心，並說雖然他走了以後家人會很難過，但我會提供一些管道與資源，幫助他們渡過這段時期。我的態度就像他一樣，直截了當，毫無虛飾。

「謝謝你促成這件事。」

我不記得是誰先伸出手的，也不記得我們是從什麼時候開始握手的，但這次的時間比我預期的久了一些，力道也更強一些。當我以為我們的談話已經結束時，他還沒鬆開我的手，顯然心裡有話要說。於是我繼續坐在那兒，一語不發，靜靜等待。我知道當他準備好的時候自然就會說出來的。

「呃，我有點害怕。」

「這很正常……沒關係的。」

但我發現自己失言了，於是立刻住嘴。我希望能像他那般誠實地回應他，但我不太確定他指的是什麼，是他對接下來的事感到害怕，擔心會有什麼意想不到的疼痛或出現什麼不體面的狀況？還是他希望能再等一會兒？他是否改變了心意，不想要安樂死了？我在腦海中迅速評估了這些可能的情況後，決定給他一個台階下。「不急。如果你想要的話，我們可以再等幾天，甚至更久一些。」

「不，不，我希望今天就做。我只是……有點害怕。」他笑了一下，聳了聳肩，神情裡幾乎帶著一絲歉意。

這讓我有些意外。我知道他不是隨口說說，而且這不是一般的日常對話，我不能只是拍拍他的手或者說一些安慰的話。不，他是在表達他內心的感受，需要我仔細聆聽，需要……需要什麼呢？突然間，我開始對自己產生了懷疑。萬一我說錯了話，那該怎麼辦呢？我雖然有這方面的知識，但畢竟仍在學習。他應該找一個比我更好的醫師，一個知道自己在做什麼、能夠引導他、讓他比較安心的醫師。我為什麼沒請那些負責安寧照護的同僚過來呢？這不是他們最擅長的事嗎？我憑什麼扮演這樣的角色？我腦海中飛快地閃過了這些念頭，但我旋即明白，此刻，我是他唯一能夠傾吐的對象。他雖然有眾多親朋好友，但這樣的話他只願意對我說。於是，我試著了解他此刻的心情。「告訴我，你最害怕的是什麼？」

我們可以好好地、慢慢地聊。沒有人趕時間。

「葛林醫師，你認為人死了以後會怎樣？」

「哈維，我不知道。你覺得呢？」

「我沒有宗教信仰，甚至不太重視心靈方面的事物。但我不相信人死後就什麼都沒了。不可能是這樣的。」

「嗯，但哈維，萬一是呢？」我問他。「你會想做什麼改變？是否會想改變你從前的一些做法？或者，過去有哪些事情是你想要改變的？」

我繼續和他聊著。我知道提出問題本身就像找到答案一樣重要。我聽他說著，試圖了解他想要探討哪一方面的事情。他握著我的手，向我訴說他這一生當中有哪些遺憾（其實很少），又有哪些令他自豪的成就。我從中學到了很多。我很慶幸他是我第一個安樂死的病人。由於他願意說出心裡的話，我才得以了解這項工作所具有的深刻意涵。

到了某個時刻，我們兩人都安靜了下來。我告訴哈維我要去向他的家人解釋接下來會發生的事，並答應他我在五分鐘之後就會跟他的家人一起回來。他點點頭表示同意，然後轉頭看向別的地方。我們之間的交流就此中斷，但我希望這樣已經足夠。

這時，我已經確認哈維仍然具有安樂死資格，也有能力做出這樣的選擇。於是，我把省政府規定的表格遞給了他，並看著他在上面歪歪斜斜地簽下自己的名字，然後便將它收好。

接著，我請潔西卡進來，開始為哈維打點滴，然後走回起居室去找他的家人。我們分別在長沙發、雙人沙發和幾張餐椅上坐了下來，圍成一圈。坐定之後，我環顧四周，看到他們當中有兩個男的手裡各自拿著一杯蘇格蘭威士忌，一個女的則拿著像是琴酒的飲料。諾瑪不停揉著手裡的一團面紙，他們的兒女則眼神茫然地望著我。大家都一語不發，神色猶豫，希望從我這裡得到一些解答。

「我想先說明一下今天早上會發生的情況，讓你們到時不至於太過驚訝。」我開口說道。「我之所以會在客廳這裡跟你們談，是方便你們盡量提問。這些事情哈維都已經聽過了，而且他也知道我現在正在和你們談話。」

然後，我便向他們說明了安樂死的程序、注射劑的數量，以及他們可以向哈維告別的時間，還和他們討論了誰要站（或坐）在什麼地方，並問他們是否想要舉行什麼儀式或典禮。接著，我就開始談論細節了。

「我們最先用的是一種名叫咪達唑侖（Midazolam）的抗焦慮劑。它會幫助哈維放鬆，讓他感覺很舒服，而且昏昏欲睡。由於他的身體已經相當虛弱，因此我預期他注射了第一劑之後很快就會進入一種較淺的睡眠狀態。我們可能會聽到他打呼的聲音。這樣你就可以知道他處於一種很舒服的狀態。」

眾人都全神貫注地聆聽著。我盡可能說得清楚易懂，並且給他們足夠的資訊。

「第二種藥物你們可能曾經聽過。那是一種名叫利多卡因（Lidocaine）的局部麻醉劑，它的作用是痲痹血管。如果到時哈維已經睡著了，我們不一定會用到這種藥物，但我希望能夠百分之百確保他不會感受到任何疼痛。由於其他幾種藥物可能會讓他感到輕微的刺痛，所以我會用這種局部麻醉劑來痲痹他的血管，以確保那段期間他沒有任何不適。」

我看到哈維的弟弟和兒子不由自主地點了點頭，也看到諾瑪的臉上出現了一種如釋重負的表情。其他人則是目光空洞……他們開始明白實際會發生的狀況了。

「第三種藥物是我們會在手術之前為病人注射、讓他們能夠睡著的藥物，叫做異丙酚（Propofol）。不過我們用的劑量會高很多。它可以使哈維從淺眠狀態進入深層的睡眠，並且在兩三分鐘之內就進入昏迷狀態。表面上看起來，他好像還在睡覺，但如果你仔細看，就會發現他的呼吸間隔開始拉長……」，我把雙手張得越來越開，向他們示意接下來會發生的情況。「同時，他的呼吸也會變得越來越淺，很可能最後就會終止。」

我環顧周遭的面孔，想看看他們的反應，以確定他們都可以接受剛才所聽到的這些。

「我預期以上這些狀況都會一一發生，也預期我們用到第三種藥物時哈維就會死亡，但為了保險起見，我還是會依照標準程序，繼續使用第四種藥物。這種藥叫作羅庫諾林（Rocuronium）。它會確保哈維體內的肌肉都停止活動。當他的心跳停止時，我會告訴你們。從我們開始使用第一種藥物到他的心跳停止。這整個過程很可能只需要八到十分鐘。」

接著，我稍微壓低了嗓門。「我已經答應哈維，在這段期間，我都會待在他身邊，以確保整個過程能順利進行，也確保他不會感受到任何痛苦。除此之外，還有兩三件事情我應該先說明一下：你們應該不會看到他出現喘氣、抽搐或任何讓你們感到不安的現象。我的目標是讓他在整個過程當中盡可能舒服自在而且不失尊嚴，但在他的心跳停止之前，他的呼吸可能會先停止。這時你們可能會看到他的臉色發白或泛黃，嘴巴微微張開，雙唇有點發紫。如果你們因此感到不舒服，請隨時退到後面、找個地方坐下來或離開房間，不需要勉強自己留下來。我在工作的時候要很專心，所以到時候要請你們把自己照顧好，可以嗎？」

他們都點點頭，默不作聲。有幾個人吁了一口氣，彷彿沒有意識到自己之前一直屏住呼吸。

「我已經把詳細的流程講完了。現在你們應該可以約略感受到實際的情況了。關於這個程序或者待會會發生的狀況，你們有沒有什麼問題？」

沒有人出聲，也沒有人移動。他們仍然都盯著我看。在一陣意味深長的沉默之後，一個看起來已經七十五、六歲、之前一直默不作聲的老人突然問道：「醫師，你那種抗焦慮的藥有多的嗎？我現在需要來一點。」

我回到哈維的房間時，只有他的妻子和孩子跟在後面。他那雙綠色的眼睛雖然炯炯有神，但他的身體卻腫脹、瘀青，看起來已經不勝負荷。看到我走進房裡，他睜大了眼睛，仔細看著我把那些注射器排成一排，眼裡彷彿有千言萬語，但依然炯炯有神。我把椅子挪近床邊時，他一直看著我的眼睛，不知道在我的眼裡看到了什麼。雖然他知道我之前不曾為人做過安樂死，甚至不曾看別人做過，因此不是那麼確定，但我希望他看到的是一個胸有成竹、知道自己在做什麼的醫師，並因而感到安心，

哈維的神色平靜、從容，臉上帶著微笑，顯得十分篤定。打從一開始，我就看出他很愛他的家人，現在他們也都陪伴在他身邊。諾瑪坐在緊挨著床右邊的一張椅子上，傾身靠近他，和他臉貼著臉，一邊微笑一邊流淚。哈維的兒女則伸出手撫摸他的雙手和雙腳。我們大家都像他所請求的那樣：在他的床邊面對著他，圍成一圈。我覺得在這最後的時刻，他們能以他的需求為重，前來陪伴他、支持他，充分展現了他們的勇氣與對哈維的愛。當我問他們是否還有話要說時，坐在我身邊的哈維的兒子伸出了手，把手掌放在哈維的胸膛上，不斷對他說「我愛你」，並謝謝他，說他是一個好爸爸。哈維則告訴他們這是他想要的結局，請他們不要傷心。

我握住哈維的左臂。等到他直視我的眼睛，最後一次向我道謝我之後，我便準備啟動安樂死的程序了。當我宣布要開始時，突然感覺在我身後的潔西卡把手伸過來，放在我的背上。這時我才意識到自己的身體之前有多麼緊繃。當我感受到她的掌心傳來的暖意時，便知道這個圓已經完整了。我們大家已經連結在一起，沒有人是孤單的。因此，當我用針筒將第一劑藥物打進點滴裡時，感覺自己已經放鬆了。

「現在，你可以想著往日某個美好的回憶。」我對哈維說道。「想著你正在和某個人做著一件你很喜歡的事情……你可以試著回到那個地方，待在那裡，重溫當時的感受……如果你想睡覺，就閉上眼睛睡吧！這是你應得的。我們都在你身邊，而且會一直在這裡陪著你。」

而後，哈維就以他所期望的方式結束了生命。當他開始昏昏欲睡時，他的手被孩子們握著，他的眼睛則注視著已經與他結縭五十二年的妻子諾瑪。夫妻倆彼此頂著額頭，說著悄悄話。之後，諾瑪又用雙手捧著他的臉，並撫摸他的頭，對他說：「沒事的。」她告訴他她愛他，會想念他，但他走了以後她還是會好好活下去，而哈維聽到她在他耳邊悄悄訴說著兩人之間共同的回憶，臉上露出了笑容。我被這幅親密景象深深吸引，險些無法專心。諾瑪要哈維放心，說她會在這裡陪著他。他睡著時，最後聽到的是她說話的聲音，就像他生命中大多數的夜晚一般。

之後，哈維發出了微微的鼾聲。諾瑪聽見後擦了擦她那雙溼漉漉的眼睛。我繼續依照標準程序操作。不久，哈維的呼吸就停止了。他的家人雖然一語不發，但我相信他們都看到了。就在這時，我突然意識到自己雖然是整件事情的策劃人，但同時也扮演了見證者的角色。雖然到目前為止一切順利，讓我微微鬆了一口氣，但我仍然處處留心，以防出現什麼狀況。果然，當我開始注射最後一劑藥物時，便發現它流動的狀況不像之前幾劑那般順暢。一時之間，我有些心慌，深怕管路阻塞了，但不一會兒我就明白那是因為哈維的血液已經不再流動了。我確定他的心跳已經停止，但我還是繼續為他注射第四劑，直到打完後，才把注射帽蓋上並鎖緊。等到我把已經空了的針筒放回塑膠盒後，我才拿出聽診器，在哈維的胸膛上聽了整整六十秒。然後，我向眾人宣布：

「他已經走了。」

這時，他的家人才讓自己內心的悲傷流露出來。有人出聲啜泣，有人緊緊相擁，也有人默默流淚。可以看出他們今後必然會很想念哈維。但令我訝異的是，他們同時也紛紛向我表達謝意。我必須承認，這是我始料未及的事。

第四章

我至今還記得我得知安樂死可能會合法化的那個晚上。那是二〇一四十月十五日，是在我協助哈維安樂死將近兩年之前的事。當時，我剛在醫院裡值完二十四小時的班，正要和我的丈夫和六個朋友一起去吃晚飯。

那年我四十六歲，擔任產科醫師已經二十多年，正在考慮是否應該轉換跑道。我熱愛產科的工作，喜歡和病人互動，也樂於幫助那些孕婦和產婦，協助她們面對餵養並照顧新生兒的挑戰。同時，我也很慶幸自己能有機會親眼目睹嬰兒降生的時刻、分享大家的喜悅。不過，這份工作也有缺點，因為我經常要值班，而且一值就是二十四小時，負責接生嬰兒（通常是兩、三個）、安排出現產後併發症的婦女住院，幫她們檢查，並為生完小孩的婦女辦理出院手續。隨著我年紀漸長，我發現自己在值班之後體力越來越難恢復。我丈夫尚馬克也注意到了這個現象。有一段時間，他經常勸我，為了自己，也為了家人，我最好能縮短工作時間。我一直認為他想太多了，況且大多數時候我都能應付得來，所以並沒有打算轉換跑道。其中一部分原因是，我太喜歡我的工作了，簡直無法想像還有什麼更好的選擇。比起當產科醫師，其他工作對我的吸引力都沒那麼大。但在十月的那個晚上，我覺得自己已經快要被搾乾了，不知道還能撐多久。

我想到孩子還小的時候，每次我一進門，他們就會從屋角飛奔過來迎接我，抱住我的腿，彷彿我們已經幾十年沒見面似的。我背上還揹著背包，被他們這麼一抱，整個人搖搖晃晃，舉步維艱，但心裡卻樂開了花。然而，這樣甜美的時光並沒有持續多久。逐漸地，他們對我就沒有那麼熱情了，和我在一起的時間也越來越少，最後就只是坐在筆記型電腦後面和我說話了。

我聽到尚馬克在廚房裡忙著，一邊還隨著音響中播出的老歌哼唱。

「嗨！親愛的！」他微笑著，故意用一口英國腔的英語和我打招呼。「米奇和夢娜請我們今天晚上七點去俱樂部吃晚飯。」他在我的臉上輕啄了一下，並且提醒我。「有點趕，是吧？」

「是的，是的……我得換套衣服才行。」

洗完澡，換好裝後，我很快地看了一下手機，瀏覽當天重要的新聞：「伊斯蘭國」（ISIS）進入了敘利亞、股市又下跌等等，大多都不是適合在晚餐桌上討論的話題，但最後一則新聞吸引了我的注意力：「加拿大最高法院已經開始審理一件企圖推翻安樂死禁令訴案」。我認得該案的名稱：「卡特對加拿大政府的訴訟案」。這個案子已經有好一陣子沒有出現在新聞中了，但我還清楚記得其中的細節。

這並不是「安樂死」這個重要議題首度出現在國內的新聞中。事實上，這二十多年來，加拿大人一直針對這個議題進行各項探討與辯論。

加拿大安樂死合法化的漫長過程是從一九九二年開始的。當時有一位名叫蘇．羅德里戈（Sue Rodriguez）的年輕母親對安樂死禁令提出了質疑，而她剛好就住在卑詩省。

那一年我二十三歲，是蒙特婁醫學院三年級的學生，正在修習一門生物醫學倫理課程。在課堂上，我們會討論過往的判例，並探討臨床上可能遇到的各種狀況。羅德里戈案成立後，全國各地的報紙都大肆報導。當時，我們在課堂上學到的兩個醫學倫理守則是：「行善：做對病人最有益的事」，以及「不傷害：不做會傷害病人的事」，但透過羅德里戈案這樣一個活生生的例子，我卻發現這兩個原則可能會彼此衝突。

羅德里戈在四十一歲時被診斷出「肌萎縮性脊髓側索硬化症」（amyotrophic lateral

sclerosis，ALS）（譯註：這是最常見的一種運動神經元疾病，俗稱「漸凍症」）。這是一種進展很快的神經疾病，患者在確診後平均只能存活三到五年，而且會逐漸失去行走、說話、進食和吞嚥的能力，最終則會無法呼吸。醫學上已經有方法可以減輕這些症狀，但無法加以治療，病人最終還是會死亡。

羅德里戈確診的時間是一九九一年。當她得知自己將來的處境時，便想要依照自己所選擇的方式死亡。她希望到時醫師可以給她一些藥物，終止她的生命，以確保她能迅速死去。

於是，她錄製了一段影片，向加拿大國會發表聲明。在影片中，她提出了一個簡單有力的問題：「如果我不能決定自己的死亡方式，那這副軀體是誰的？誰擁有我的生命？」這個事件受到全球各地民眾的關注。

反對安樂死的人士雖然同情羅德里戈的遭遇，但仍堅稱生命是神聖的，不可加以侵犯，並且警告大眾要當心所謂的「滑坡效應」，免得事情一發不可收拾。此外，他們還認為政府不可能建立一套有效的防弊措施。贊成安樂死的人士則認為她有權決定自己死亡的時間和方式，因此政府應該尊重她的自主權，讓她自己做選擇。這兩派人士除了一致認為她很勇敢之外，彼此之間毫無共識。

就像千百萬個看過羅德里戈的影片的觀眾一般，我深深被她打動了，很同情她的處境。在此之前，我從來沒有想過安樂死這回事。隨著我們在醫學倫理課上討論得越多，我越發認為羅德里戈擁有主宰自己生命的權力。但這是否意味著她可以任意處置它，甚至做出傷害自己的事，例如酗酒、抽菸或吸毒等等？對這個問題，班上大多數同學的答案都是肯定的。更進一步來說，這是否代表她有權結束自己的生命呢？由於在加拿大，企圖自殺的行為已經於一九七二年除罪化了，因此我們的社會顯然在這一點上勉強達成了共識。那麼，協助羅德里戈結束自己的生命是否有罪呢？如果她有權結束自己的生命卻因為身體的因素而無法做到，政府有權禁止別人幫助她嗎？這樣做是否合理？是否符合各方最大的利益？禁止羅德里戈安樂死是否侵犯了她的權利和自由呢？對於這些問題，我逐漸有了自己的看法。

一九九三年九月，就在我從醫學院畢業後不久，加拿大最高法院以五票對四票的差距，判定羅德里戈無權請醫師協助她安樂死。天真如我，對這項判決感到非常震驚，認為這樣對她很不公平。我逐漸明白我們的社會還沒做好準備，所以無法接受這樣的做法，但我的觀念並未因此而改變。不到五個月後，羅德里戈無視該項禁令，在一位不知名的醫師協助下依照她所選擇的方式結束了自己的性命。我必須承認，當時我真是替她鬆了一口氣，因為她終於設法擺脫了她的困境。

當然，這個議題並非只有在加拿大才受到討論。

早在一九九〇年代初期，全球各地就已經有越來越多人關注「死亡權」這個議題。根據當時的民意調查，有超過半數的美國民眾支持安樂死，但相關議題一直備受爭議。一九九〇年時，美國有一位支持安樂死的病理學家傑克·凱沃基安（Jack Kevorkian）曾經公開協助一名人士進行安樂死，其後又陸續協助了一百多名病患，讓他們得以安樂死。他頗具爭議性的做法以及媒體對相關事件的大肆報導，或許對「死亡權」運動的推廣沒有助益，但他的行動卻在美國和加拿大引發了更多有關安樂死的討論。一九九四年時，美國奧勒岡州透過公民投票的方式通過了「善終法案」（Death with Dignity Act），成為美國歷史上第一個允許安樂死的州（不過，由於過程延宕，直到一九九七年十月，該法案才正式生效）。

到了二十一世紀，人們對死亡的觀念有了明顯轉變。在二十世紀初，北美地區的大多數病人都在家中過世，但到了一九九〇年代，有百分之八十的病人都在機構中死亡。可見人們已經不再認命地接受死亡，而是想靠著現代醫學來克服死神的挑戰。於是，許多病人在瀕臨死亡時仍然會接受侵入性的治療。然而後來，由於愛滋病蔓延全球或嬰兒潮世代逐漸老化的緣故，有越來越多人寧可致力於提升自己的餘命品質，而不再不惜任何代價地延長自己的生命。他們會透過良好的安寧照護讓自己得以善終。但有些地區的人則是選擇安樂死。

二〇一一年時，卡特事件首度出現在新聞報導中，顯示人們對安樂死的態度已經有了很大的改變。當時我已經結婚，家裡有兩個青春期前的孩子，已經擔任了十六年的家庭醫師。我喜歡我的工作，熱愛我的家庭，而且在產科還有一群得力的同事幫忙，讓我得以兼顧工作與家庭。雖然工作忙碌，日子卻過得很開心。我的孩子經常笑我連逛個大賣場都會碰到一、兩個被我接生過的女人。自從羅德里戈案落幕後，我已經鮮少想到安樂死這回事，但卡特訴訟案卻讓我重新關注這個議題。

凱伊・卡特（Kay Carter）是住在北溫哥華市的一位八十九歲女性。她罹患了脊椎狹窄症。這是一種漸進性的疾病，雖然並非絕症，卻會造成令人難以忍受的疼痛。她自認是「非常獨立自主」的人，因此決心要掌控自己的死亡。由於當時安樂死在加拿大仍未合法化，卡特便和她的女兒及女婿飛到瑞士（那裡允許外籍人士接受安樂死服務），並且在二〇一〇年一月十五日如願以償。

大約在同一時間，一名六十一歲、育有兩個孩子、酷愛騎乘摩托車的婦女葛洛莉雅・泰勒（Gloria Taylor），也像羅德里戈一樣罹患了漸凍症，而且也很想決定自己的死亡方式，但她並不想去另外一個國家進行安樂死。

二〇一一年，卡特的代理人提出了訴訟案，聲稱禁止安樂死的做法侵害了重病及絕症患者的生命權、自由權與人身安全。幾個月之後，泰勒也加入了訴訟的行列，並提出一個新的論點：如果像她這樣的人不能由醫師協助進行安樂死，可能會被迫考慮在自己仍有動手能力時提早結束自己的生命。這樣一來，他們就無法活得更久一些。這等於是剝奪了憲法所賦予他們的生命權。這是一個很大膽的論點，但確實產生了效果。

二〇一二年六月，法官琳恩·史密斯（Lynn Smith）做出了一項判決，宣稱全面禁止安樂死的做法侵害了憲法所賦予人們的權利。她所撰寫的那份長達三百九十五頁的判決書震驚了全國各界。倡導死亡權的人士為之歡欣鼓舞，反對者則深感憂心。但事情顯然並未就此結束。由於這項判決影響太過深遠，政府不久後便提出了上訴。二〇一三年十月，卑詩省上訴法院推翻了史密斯法官的判決，但泰勒的法律團隊以及幾名原告不滿意這項決定，於是將案子上訴到最高法院。

這個案子和二十二年前的羅德里戈案非常相似，但兩者之間有一個很大的差異：在羅德里戈案後，一般民眾的看法已經有了轉變，越來越能接受安樂死。最近的一項全國性民意調查就顯示：百分之八十四的加拿大民眾贊成安樂死，就連那些自稱是天主教徒的人也有百分之八十三贊同。①

最高法院開始審理卡特訴訟案後，這個案子再度成為媒體的頭條新聞。當天晚上，我和尚馬克與我們的六個朋友共進晚餐。菜色很豐盛，我們喝了不少酒，也聊了許多。我們的話題之一便是卡特案。我想當晚我們那一桌對這件事的反應該足以代表全加拿大人的心聲。當我們的朋友米奇聊到這個話題並宣稱他大力支持修訂法律，讓安樂死合法化時，大家一點都不意外，但我們也知道另外一個朋友賈姬一定會唱反調。

「原則上我同意你們的看法。」賈姬開口了。「但在現實面上，我看到了一個問題。對於人性，我實在沒有什麼信心。這當中很可能出差錯。舉例來說，核能發電同樣也是一個很棒的點子，但你們瞧瞧它現在變成什麼樣子了呢？我認為我們的社會在保障個人的權利之餘，也有責任保護那些真正的弱勢族群，但我們怎麼能夠確保不會有人因為受到他人左右而被迫做出這樣的決定呢？老實說，我認為這樣做的風險太大了。」

「你知道嗎？兩年前我讓我的狗瑪姬安樂死了。」米奇答道。「牠當時只有八歲。事後我足足難過了好幾個禮拜，但我還是認為那絕對是一個正確的決定。我的意思是，牠原先真的很痛苦，但是當牠在我懷裡死去時，看起來很安詳。」他微微地搖了搖頭，環顧桌邊的人，然後看著賈姬說道：「我們對寵物比對人類還慈悲耶！這樣對嗎？」

他說出了我心裡的話。我心想這回最高法院的判決不知道會不會導致相關法令的修訂。

四個月後，在二月份一個天氣陰沉的星期六早晨，六點二十八分時，我急急忙忙地出門，想在和我的產科團隊進行早餐會報之前，抽空去蹓一下我們的狗班吉。我一邊呼吸著戶外清新涼爽的空氣，一邊透過耳機收聽廣播。六點三十分時，他們開始報新聞了。

「昨天，也就是二〇一五年二月六日，加拿大最高法院裁定「卑詩省公民自由協會」（BC Civil Liberties Associatiion，BCCLA）、葛洛莉雅．泰勒以及凱伊．卡特的家人勝訴，廢除了加拿大的安樂死禁令。這意味著今後凡是有行為能力之成人且因罹患無法治癒的重症而遭受難忍的痛苦者，可以請醫師協助他們結束生命，而且這些醫師將可免遭刑事起訴。」

這項判決是由最高法院的法官一致通過，在判決書最後以「本院」的形式簽署。在加拿大的判決中，這是很少見的做法，旨在藉由全體法官的一致決議提高這項判決的權威性。

儘管這是我預期中的結果，但聽到這項宣布時，我還是有些驚訝，然後不由自主地想到了羅德里戈。雖然班吉不斷拉扯著狗繩，催著我繼續往前走，但我還是愣愣地站在原地，心想那三名勇敢的女性竟然憑藉一己之力就改變了國家的法律，真是令人讚嘆。

判決宣布後，反對安樂死的人士譴責法院濫權，為殘障人士爭取權益的團體則擔心殘障者可能會因此在受到脅迫的情況下結束自己的性命，也有許多團體認為我們不能因此而忽視提升安寧照護品質的重要性。「加拿大醫學協會」（Canadian Medical Association）則聲言並非所有醫師都願意參與安樂死的作業，而這確實是一個重點：誰願意挺身而出，提供這樣的服務呢？儘管如此，反對的聲音仍占少數。絕大多數人還是持贊成的態度。「卑詩省公民自由協會」對判決的結果感到欣喜若狂。加拿大民眾也紛紛對此表示肯定。一時之間，全國各地的人似乎都對這樣的結果感到滿意，甚至引以為傲。

在我看來，這項判決不只是一個司法決定，也體現了慈悲胸懷與人道精神。不過，它並不會立刻生效。為了讓政府有時間制定相關法案，最高法院已經宣布這項裁決將在十二月之後生效。

那一年，英國王位繼承人威廉王子生了一個女兒，有八十萬難民在德國尋求庇護，美國最高法院廢除了同性通婚的禁令，川普也宣布要競選總統。周遭的一切都在改變，我也希望我的人生很快能有一些變化。

我還記得有一天晚上我在醫院值班。當時，我剛接生了一個男嬰，正躲進值班醫師休息室，希望能利用空檔睡幾個小時。在關燈前，我查看了一下我的電子郵件，發現我丈夫傳來的一則短視頻。原來他們才剛辦了一場睡衣派對。看到他們耍寶時的滑稽模樣，我險些放聲大笑。我知道他之所以寄給我看，是為了讓我有參與感，但這卻讓我更加感受到自己與他們之間的距離。我開始清楚意識到自己錯過了什麼。看著他們搞笑的樣子，我不禁想到時間過得何其之快。山姆現在已經高三了，莎拉也長得很快。再過幾年，他們就要離開家了。

除此之外，我的產科團隊在歷經十二年的愉快合作之後就要解散了。其中一名成員即將退休，另一位要學術休假，其他幾人則打算在一兩年內縮短工作時間，改成兼職的形式。這使我們即將面臨人力嚴重短缺的局面。於是，我不禁想到我是否到了應該轉換跑道的時候了？這幾個月以來，我丈夫一直鼓勵我這麼做，但這是我首度認真考慮這件事。但我還能做什麼呢？要繼續行醫，還是去做別的工作？還有什麼是我想做的呢？

那年秋天，連我們的政府都換手了。新任首相發現他的團隊必須在二〇一六年二月之前完成安樂死的立法工作，但這是一個不可能的任務。於是，他請求最高法院寬延六個月，但後者只同意給他四個月的時間。也就是說，無論相關立法工作是否完成，從二〇一六年六月六日那一天起，在加拿大境內，安樂死將成為合法行為。這段期間，媒體再度開始報導有關安樂死的消息，我也開始越發關注這個議題。

當我開始越來越認真考慮轉換跑道的問題時，一度想到自己當初為何會選擇擔任產科醫師。那是因為照顧產婦和新生兒的工作極具挑戰性，也使我有機會得以參與人們生命當中一些極其特殊的時刻。此外，我也很自豪我能運用自己的專業知識幫助孕婦和他們的家人渡過嬰兒降生的時刻，而且經過多年的經驗累積，我在這方面已經非常在行。但除此之外，產科的工作之所以吸引我，有一部分也是因為它的強度很高。事實上，似乎狀況越是艱鉅（例如遇到十幾歲就懷了孕、想把孩子送人的青少女，或因為身體狀況而出現產後併發症的孕婦時），我就越想參與。當我能夠解決棘手的醫療問題時，就很有成就感。此外，我已經習慣從事具有爭議性的工作了，因為過去四年來我除了照顧產婦之外，也會幫新生的男嬰割包皮。

在我居住的地方，人們對割包皮這件事的態度非常兩極化。當時，從事這種工作的醫師只有我一人。事實上，當我開始宣告我將提供這項服務時，還有一小群人跑到我的辦公室外面抗議。而我之所以會這麼做，除了因為那是我很擅長的手術之外，也是因為我相信病人應該擁有自主權。美國和加拿大的兒科醫學會都曾經發表聲明，建議醫師應該站在客觀的立場提供家長有關新生兒割包皮手術的最新醫療資訊，並鼓勵他們根據自己的家族傳統、核心價值和文化或宗教信仰來做決定。② 正如美國醫學會所言：「男嬰是否應該割包皮，最終應該由家長做決定，而且醫師應該提供他們充足的資訊，並給予他們充分的支持。」並非所有人都贊成讓男嬰割包皮，但我認為如果為人父母者決定讓自己的兒子接受這項手術，我們就應該為他們提供專業的服務。

協助人們安樂死無疑是一項很特殊的工作，也是我很陌生的領域。這對我具有某種程度的吸引力，但除此之外，我之所以想要從事安樂死工作，還有其他原因。其中之一是：我並不認為幫助別人安樂死是在結束他們的生命，因為造成他們死亡的原因是他們所罹患的疾病以及所遭受的痛苦。相反的，我認為這是在協助別人完成他們的心願，而身為醫師，我們既熟悉藥物、知道醫療保健系統的作業方式，對病人的疾病也有一定程度的了解，因此很適合從事這份工作。但許多醫師無法接受這一點，因為我們所接受的醫學教育向來都教導我們不得傷害病人，而幫助人們結束生命向來都被視為一種傷害他們的行為。然而，在我看來，在若干特定的情況下，這樣做與其說是在傷害病人，不如說是在幫助他們。如今，我們的法令也認可了這樣的看法。

大多數人之所以會從事醫療工作，就是為了幫助別人。但對我來說，為病人實施安樂死也是一種助人行為。這種工作和為人治病並沒有多大的不同。在面對病人時，我會為他們診斷病情，並盡可能幫助他們對抗疾病。如果有機會，我也會協助他們預防疾病，讓他們變得更健康。當我已經無能為力時，我會坐在他們身邊，陪伴他們、聆聽他們的心聲，並盡可能回答他們的問題。這就是醫師在做的事：我們偶爾能治好一些疾病，許多時候也能減輕病人的痛苦，但無論何時，我們都要讓病人得到安慰。

二〇一六年一月底，我回新斯科舍省去探望母親時，滿腦子都在想著這個問題。在回程最長的一段航程中，我坐在有著一頭灰白短髮的中年婦女旁邊。我們寒暄了幾句之後便開始聊天。她告訴我她來自美國，正要去卑詩省內地探望她的兒子。她的名字叫伊妮德。

她告訴我她曾經是一個助產士，但現在已經退休了。當我繼續追問時，她說那是因為她受了傷，不能再繼續上班，但她非常想念這份工作。我可以理解她的失落感。當她聽說我是產科醫師，正考慮要轉換跑道時，便好奇地看著我。我意識到我這輩子可能永遠沒有機會再看到她了，於是決定向她說明我的情況。

這是我第一次把腦海裡所考慮的各種因素說個清楚，包括我的丈夫要我縮短工作時間、我想在孩子離家之前多陪陪他們，以及我的產科團隊即將解散等等。我告訴她，我已經越來越認真地考慮自己可能有的選項，也有機會進入一個自己感興趣的新興領域，但我一直覺得沒有一份工作會比我過去二十年來所從事的產科醫師工作更吸引我。

我就這樣把心裡想的事一股腦地說了出來。我感覺自己在面對陌生人時，反而比較能夠暢所欲言（許多酒保應該都有類似的經驗，只不過他們扮演的是聆聽者的角色）。我想在和我丈夫討論這個問題之前先釐清自己的想法，而眼前這位伊妮德不僅曾做過和我類似的工作，後來也離開了（雖然不是自願的），因此對我來說，她是一個很合適的聽眾。

我告訴伊妮德我對安樂死越來越感興趣，並向她說明了加拿大修法的情況以及我對安樂死的了解。我告訴她，安樂死的意義在於讓當事人有能力決定自己在什麼時候、什麼地方、以哪一種方式，以及在哪些人的陪伴下，結束自己的生命，讓他們死得安詳而有尊嚴。

說著說著，我越來越感覺自己已經開始認真考慮進入這個領域了，而且講得越來越起勁。

「你應該等到你覺得真正合適的時候再放棄產科醫師的工作。」伊妮德表示。「不要讓任何人或任何事情左右你的決定，否則你一定會後悔的。」她斬釘截鐵地說道。「現在或許是你該轉換跑道的時候了。但如果可能，你應該自己做決定。」

這次談話後，我就再也沒有看到伊妮德了，但她幫助我做出了選擇。說也奇怪，在和她談話後，我竟感覺自己彷彿得到了允許，可以放下原來的工作，迎向新的未來。

其後，我意識到，如果我真的想要投入安樂死的工作，就必須對相關作業有更進一步的了解。比方說，誰有資格從事這種工作？是家庭醫師？安寧照護師？還是內科醫師？大家似乎都對箇中細節一無所知，也沒有人在談。於是，我決定自己去尋找答案。

我打了一通電話給當初核發醫療執照給我的「卑詩省內外科醫學院」。他們告訴我，安樂死法令雖然是由聯邦政府制定，但相關的醫療照護工作卻是由省政府所管轄。他們還說，卑詩省有六個衛生機構，它們各自都在擬定自己轄區內的安樂死方案。接電話的那個人建議我直接去找 Island Health（溫哥華島負責籌措醫療保健基金並管理醫療機構的衛生當局），但他無法告訴我應該找誰。不過，他說有另外兩位醫師也打電話來問他們這些問題，並給了我她們的姓名。其中一位我認識。她是本地一家大型婦女健康診所的創辦人蔻妮雅・楚頓（Konia Trouton）。另一位則是我不認識的內科醫師傑西・皮瓦楚克（Jesse Pewarchuk）。我先打電話給傑西。他多次表示對安樂死經驗最豐富的醫師都在歐洲。

「如果你想了解這一行，應該考慮參加五月即將在阿姆斯特丹舉行的研討會。」他告訴我，又說他一定會去。

接下來，我又打電話給蔻妮雅。她說她已經和傑西通過電話了，又說她也打算去參加那個研討會，並鼓勵我同行。

這個研討會的名稱是「二〇一六年安樂死研討會」（Euthanasia 2016），預定五月十一日到十四日在阿姆斯特丹舉行。這是「世界死亡權利協會聯合會」（World Federation of Right to Die Society）每兩年舉辦一次的會議，旨在討論安樂死在醫療、法律和政治方面的問題。我第一次聽傑西提到這個會議時，實在很難想像會有一場會議是專門討論死亡的。我原本猜想與會的可能都不是正規醫師，恐怕會有一些爭議，但很快我就發現，這個研討會其實很受好評，而且開會地點就在阿姆斯特丹市中心區一座很大的會議中心，屆時將會有成千上百位來自世界各地的人參加，包括醫師、研究人員、學者、律師、倡導安樂死的人士、倫理學家和行政人員等等。一切都公開透明，毫不遮掩，讓我印象深刻。

於是，我開始興起了要去參加這個會議的念頭，但我知道，這會花去我不少的時間與金錢。

有一天晚上，吃過飯後，我和尚馬克一起坐在客廳裡我們最喜歡的那張老沙發上。我決定要跟他談一談，聽聽他的意見。我想知道，如果我打算從事安樂死工作，聽起來會不會很瘋狂？我應該去阿姆斯特丹參加那場會議嗎？由於這些年來他自己也轉換了幾次跑道（他離開了學術界，創辦了一家公司，後來又跑去 NASA 工作，現在則開始撰寫圖像小說），因此應該可以給我一些建議，而且我知道他會以開放的態度仔細聆聽我的想法，如果他認為其中有什麼問題，也會坦白告訴我。

果然他仔細聽著，沒有發表什麼評論，之後便問我為什麼對安樂死工作這麼感興趣。當我說明這份工作對我的吸引力以及想要轉換跑道的理由時，他立刻就懂了。

不過，他也是個很實際的人。「撇開意識形態不談，我必須說我對這種事情感到不太舒服。坦白說，我甚至覺得有點恐怖。你真的認為你能做嗎？你真的想嗎？從事這種工作難道不會讓你感到沮喪嗎？」

我告訴他，我確信自己有能力從事這樣的工作，也不擔心自己會因此感到沮喪，更不認為安樂死有什麼恐怖。我說我認為這樣做是在幫別人實現心願，更何況這樣一來，我就不用再輪班，也不必連續二十四小時都待在醫院，然後再花二十四小時的時間恢復疲勞，但我承認我對工作內容不太了解，因此還在猶豫。「所以我認為我應該去一趟阿姆斯特丹。」

要離家七天並不容易，但他也認為我應該去。

於是，第二天早上，我便訂了機票，心裡滿懷興奮，準備展開一場盛大的冒險。但結果將會如何，我絲毫沒有把握。

第五章

二〇一六年五月十一日晚上，我抵達阿姆斯特丹的「國際會展中心」（RAI Center）參加歡迎酒會時，第一個印象是這座建築真是巨大，看起來倒比較像是由會議廳和展覽廳組成的一個園區。儘管如此，我還是知道該從哪一個入口進去。這是因為有一個門口上方掛著一面巨型橫幅，上面寫著「二〇一六年安樂死研討會」。在朝著門口走去前我環顧了一下四周，既未看到抗議人士或額外的安全措施，主辦單位似乎也沒有企圖掩蓋會議的主題。儘管我知道荷蘭民眾對安樂死頗為支持，但我從那面橫幅底下走進寬敞的門廳時，仍然有點侷促不安。

會場裡聚集了大約一百人，另外數百人要到第二天才會抵達。裡面的景象和其他會場並沒有什麼兩樣，只是招待的酒水更加高檔。一些倡導安樂死的團體在會場邊分發著小冊子，有些人則在兜售教人如何自我了斷的書籍。但最熱鬧的地方是在會場中央。那裡有許多專業人士以各種語言談論著種種方案。他們似乎彼此都認識。

酒會開始幾分鐘後，我看到了蔻妮雅，心裡不由得鬆了一口氣，旋即便走過去和她打招呼。她把我介紹給艾倫・維比（Ellen Wiebe）。她是一位敢言的激進派人士，以支持墮胎權而聞名，也是最早倡導安樂死的人士之一，才剛從溫哥華抵達此地。不久，傑西、戴倫・柯佩茨基（Darren Kopetsky）和葛瑞思・帕克（Grace Park）也陸續到來。我們這六個加拿大人（其中有五個是醫師，一個是政府官員）全都來自卑詩省。我心中不免訝異，怎麼會只有這些人呢？我們原本預期由於加拿大的法令不到一個月之後就會修訂，加拿大各地應該會有很多人來參加這次會議，但除了我們六個之外，只有兩位來自安大略省的倫理學家出席。

當天晚上，我看了一下次日的議程，發現那天將會有好幾場會議同時召開，便圈選了我最想聽的幾場演講，分別是：「荷蘭審查委員會：監督機制的運作以及去年的數據」、「安樂死在歐洲：是否真的有滑坡效應？」以及「倫理的困境：反對者何以是我們的盟友」。

第二天早上，我因為想先獲得一些有關安樂死的資訊，便去聽了一場有關荷蘭的安樂死數據的演講。與會者多半是來自安樂死尚未合法化的國家，包括日本、法國、墨西哥、英國和美國的一些州。講者是一名女性，說話帶著濃重的荷蘭腔，但操著一口流利的英語。她看起來神色從容，準備的資料也很充分，同時也為我們這些來自其他國家的人解說了她所提供的那些資訊的背景。

她告訴我們，荷蘭的研究人員從二〇〇二年起就開始收集有關該國安樂死狀況的統計資料，因此她才得以把荷蘭的數據和其他歐洲國家的資料做個比對。聽到這裡，我有些迫不及待，很想知道：有哪些人會申請安樂死？這樣的服務由誰來提供？一般民眾對安樂死有何看法？荷蘭政府有何監督機制？

「在我們開始深入檢視荷蘭的數據之前，請記住，荷蘭有很紮實的基礎醫療系統。」她說。「在荷蘭，幾乎每個人都有一位家庭醫師。最新的數據顯示有百分之九十三的家庭醫師曾經接獲病人所提出的安樂死請求，其中有百分之七十九的醫師同意了這樣的請求，只有百分之七表示他們絕不會這麼做。」③

接著她出示了各式各樣的長條圖和圓餅圖，顯示各種性別、地域、年齡和疾病的安樂死數據。「在荷蘭的安樂死案例中，百分之七十三的人都患有癌症。」④她說。

這樣的數字並不令人感到意外，但其他一些數據卻令我頗為驚訝。我原本以為人們之所以會請求安樂死，是因為他們受到病痛的折磨⑤，但根據講者所提供的資料，最常見的理由卻是他們失去了獨立生活的能力、無法從事能為他們的生命帶來意義或喜悅的活動，讓他們失去了尊嚴。對許多病患來說，心理上的痛苦似乎和肉體上的症狀一樣令人難以承受，甚至更加不堪。我想這可能是因為肉體上的痛苦是可以藉著良好的安寧照護加以緩和的。

我聚精會神地聽著。到第一天的中午時，我已經大致了解歐洲各地的安樂死狀況，包括實施的次數、提出申請者的背景、他們要安樂死的理由以及這些人最常見的疾病。我發現這個議題甚至比我原先想像的更吸引我，而且其中所牽涉的倫理問題也比我想像的更錯綜複雜。顯然我還有很多東西需要學習。

中午時，一些我們剛認識的加拿大同業前來和我們共進午餐。我們一邊吃著主辦單位準備的湯和三明治，一邊互相寒暄並自我介紹。我們都很想知道其他人學到了什麼，因此不久我們就想到大家可以彼此分享聽講的筆記。

「我們為什麼不分頭進行，以確保每一場演講都至少有一個人參加呢？」有一個人建議。「我們可以在每天一早先商量誰要聽哪一場，到了晚上再透過電子郵件交換心得。」

大家都同意這個做法。於是，我們便互相告知自己的電子郵件帳號，並挑選當天自己想聽的演講。如今回想起來，正是因為這樣的合作精神，後來我們才得以共同創造出一番局面。事實上，在那個時候，我就已經意識到在步入這個極具挑戰的新領域時，擁有一群能夠支持你的同僚是很重要的一件事。

那段期間，由於每天的講座都排得滿滿的，我一刻也不得閒。透過這些講座，我了解了荷蘭的安樂死用藥規範，包括要用哪些藥物以及如何投藥等。這些規範後來被加拿大卑詩省所引用，而我在哈維和其他所有病例中所採用的便是這些方法。在會議期間，我遇見了一些曾在訴訟案中作證或因其他一些事情上過報紙的人，也和一些從事安樂死工作的醫師以及調查安樂死狀況的研究人員談過。那些醫師提醒我在從事安樂死工作時一定要把自己照顧好，如果不抽出時間休息、充電，可能會讓自己的心神耗損。就這樣，在那次會議期間，我不斷開會、聽講、學習、結識相關的人，也了解了管理機關、醫師、律師、支持者、靈性導師、倫理學家和病患家屬，在安樂死過程中所扮演的角色，每天都忙個不停，一個星期很快就過去了。

這次研討會最吸引我的部分是將在最後一天舉行的一場閉門會議。屆時將會有幾位經驗豐富的安樂死工作者分享他們的心得。這些人都是第一線的工作人員，因此我迫不及待想要聽聽他們的心得。根據我的經驗，從事醫療工作就是要不斷觀摩、見習。我之所以能學會接生，就是因為我曾經照顧過成千上百名產婦，並觀察資深的護士與醫師如何操作。然而，在加拿大，我沒有機會可以實習，所以很希望能向那些講者請教，以便了解醫師在為安樂死的病人投藥時可能會有什麼感覺，要承擔終止一個人生命的責任，又是怎樣一種滋味。進入會議室時，我看到前面站著一位衣著優雅的女性和四位男性。前者是某醫院的專科醫師，後者則是各社區的家庭醫師。他們都是荷蘭人，每人至少都有十五年的安樂死經驗。會議室大門緊閉，攝影機也沒有打開，甚至沒有麥克風或錄音裝置。我坐在第四排，努力吸收他們實施安樂死的經驗。到了提問時間，我決定提出我最想問的一個問題。

「我擔任產科醫師已經有超過二十年的時間了。經過不斷的學習，我對自己的工作終於有了一些把握。但由於安樂死在加拿大是一個全新的領域，現在我覺得自己好像又變成了一個學生，不知道該怎麼做或該如何著手。你們可不可以給我一些忠告，讓我了解有哪些事情是你們希望自己在剛開始從事安樂死工作的時候就已經知道的？」

「你要設法規劃好整個流程。」那位優雅的專科醫師答道。「甚至包括最微小的細節。」

我立刻明白了她的意思。這是我很熟悉的一個概念。遇到一個醫療事件（例如要為產婦接生）時，必須事先規劃整個流程，包括要邀請哪些人前來、每個人各自要扮演什麼角色等等，而這位專科醫師指出，在為病人安樂死時，還有一些事項也要考慮，例如當事人是否允許有寵物在場，以及在最後一刻要說些什麼。

「要事先想好你最後要說的話。」其中一位家庭醫師表示。「你可不能說『待會兒見』或『保重』。所以我建議你要先想好你在最後一刻要對病人說什麼。」

此外，他們指出，就像生產時要有生產計畫，死亡時同樣要有死亡計畫。我對這點深有所感，並且突然發現照顧產婦和幫助病人安樂死兩者之間有其共通之處，畢竟兩者都牽涉到強烈的情感經驗，也都深具意義。此外，兩種情況都會引發病人家屬之間複雜的互動關係，醫師在處理時也都需要以病人為主。這讓我想到，我或許可以把自己照顧產婦的技巧應用在安樂死的病人身上。或許我並不像自己所認為的那般沒有經驗。

「你要多帶一組藥劑，以備不時之需。」一位醫師提醒我。

「不要自己一個人前往。一定要找個同事陪你去，至少在最初幾次你一定要這麼做。」

我把他們給我的每一項建議都寫了下來。

當這場閉門會議結束時，我已經下定決心要投入這個新的領域了。我很感謝這些人所提供的實用建議，也打算以後一一照辦。

回到加拿大後，我不再擔心別人（反對安樂死的人士）會認為幫助人們安樂死是一件不祥的事，也不再擔心從事這種工作會如同尚馬克所說的那樣令我感到沮喪。相反的，我開始覺得這是一份重要、具有挑戰性而且新鮮的工作，何況還有一些經驗豐富的同行願意分享他們在這方面的專業知識，也有其他像我一樣初入行的菜鳥。他們都可以成為我的靠山，也都對我張開了歡迎的手臂。

回到家後，我滔滔不絕地向尚馬克訴說此行的見聞。雖然我不可能和他分享我所學到的一切，但還是盡量向他說明我為何決心要投入這項工作。他對我的決定表示支持，不過我看得出來，他還是有些忐忑不安。有一天晚上，當我們又坐在壁爐前那張我們最喜歡的沙發上時，他終於開口了。

「好吧！你說得很有道理，但你有沒有考慮過這樣做可能造成的後果呢？」他提醒我，之前不是有人因為我替男嬰割包皮而跑到我的辦公室外面抗議嗎？「我認為安樂死這個議題可能會更具有爭議性。」

「我想就算有人反對安樂死，那也可能只是極少數。現在大家對安樂死法案的支持度已經越來越高了，況且我們卑詩省在這方面是很先進的。」

「我想是吧。」他輕輕搖搖頭。「但只要有一個人激烈反對，就會把你搞得很慘。你難道沒有絲毫顧慮嗎？」

我必須承認，我確實有些遲疑。我雖然迫不及待想要開始，卻很擔心一件事情：如果我不小心越過了界限，幫助了一個並不完全符合安樂死資格的人，就有可能會坐牢。當然，我不可能會故意這麼做，但萬一我疏忽了，那該怎麼辦呢？

「我向你保證，我一定不會做出任何違法的事。」我告訴尚馬克。這也是我對自己的承諾。「我不會冒著坐牢的風險去做任何事情。」

距離安樂死正式合法化只剩三個星期了。我告訴兩個孩子我決定轉換跑道，去協助生了重病、一心求死的人結束他們的生命，並說如果他們有任何問題，我都會很樂意回答。我知道他們的年齡已經夠大，足以了解相關的問題，而他們對我的決定也表示支持。

和他朋友會合了。

「媽，這聽起來是很重要的工作耶！很酷唷！可是我得出門了。掰啦！」他說完便衝出去

剩下的時間不多了，但要做的準備可不少。我和「加拿大善終協會」在本地的分會連絡，告知他們我打算提供安樂死服務。他們說希望能和我碰個面，並問我他們是否能把案子轉介給我。接著，我又打電話給負責核發醫療執照的「卑詩省內外科醫學院」，向他們的代理註冊主任說明我在歐洲所學到的一切。他認為我符合取得執照的資格，可以從事安樂死工作，並提供卑詩省政府新訂的安樂死用藥處方供我使用。同時，我也和傑西與寇妮雅一起和溫哥華島負責安樂死計畫的衛生官員聯繫，而他們也同意頒發我們三人相關的證書，讓我們能在醫院內提供安樂死服務。

接下來，我得處理我的辦公室的問題。我打電話給我的辦公室經理凱倫，向她說明我要轉換跑道的計畫，並請她繼續留下來為我工作。由於我在我的產科團隊解散後，一直沒有再收新的病人，她想必很好奇我接下來有什麼計畫。當她同意繼續留任時，我對她表示感謝，而她也立刻著手擬定代辦事項，並提議我們第二天早上就開個會，討論一些需要準備的事項。

五月的最後一個星期，當我們一起坐在她的個人工作區時，我環顧四周，試著用新的眼光來看這間辦公室。裡面的空間不大，也不很現代化，但完全符合我的工作需求，而且大家都很

喜歡我們貼在牆上的那些我接生的嬰兒照片。我心想，這裡有哪些地方需要改變呢？為了符合我們未來的需求，我們應該如何調整我們的工作流程，甚至改造這裡的空間呢？

「要怎樣才能讓有需要的人能找到你呢？」凱倫馬上切入正題。

「我會建立一個網站，把我們的連絡資訊貼在上面，也會發文通知本地的所有家庭醫師，讓他們知道可以把病人轉介給我們。我想有些人可能會透過介紹找上門來。Island Health 有我的名字和電話，如果有人打電話向他們詢問，也可以找到我。另外，『善終協會』也知道我打算提供這方面的服務，所以他們可能也會把病人轉介過來。」我希望讓有需要的人能夠找到我，但不知道哪些管道最有效。

「病人可以直接打電話找我們嗎？」凱倫做著筆記。「還是要請他們的醫師先用傳真機和我們商量？」

由於傳真機是最能保護個人隱私的連絡方式，因此許多醫師仍然會透過傳真機彼此連絡。

「是的，就像從前在產科時那樣。」

我環顧四周，想起我剛搬到這間辦公室的那天，也想到當時我們在這裡所做的種種決定。這是我熟悉的環境，產科也是我勝任愉快的工作，但我已經下定決心要做個改變，也堅決認為我們應該讓需要安樂死的人能夠得到幫助。我看到擺在屋內那個鋪了一條毯子的嬰兒體重計，

決定要把它拿走

「那我們辦公室的答錄機呢？」凱倫又問。「要說明我們提供的是什麼樣的服務嗎？」這點我還沒想好。確實，答錄機裡的接聽訊息應該怎麼錄呢？

「還有，我回電話給那些人的時候，你要我詢問他們哪些資料呢？喔，對了，順便問一下，以後誰要負責回電話？是我，還是你？」

我看著坐在辦公桌前、手拿著筆、旁邊擺著筆記本的凱倫，心想：有時，我還真不知道這裡是誰在管呢。

多虧凱倫的勤奮，六月六日傳真機裡傳來有關哈維的訊息時，我們已經做好了準備。十天後，我就已經坐在他的床邊，在他的妻子與兒女的環繞下，為他做了安樂死。

第二篇

夏天

第六章

哈維過世的那天下午，我讓自己放一個假，讓自己好好咀嚼心中的感受。我做了週末版報紙上的猜謎遊戲，帶著我的狗散步到遠處的海灘上，看牠挖沙子、嚼樹枝。我留意著自己的感受，看看自己是否有任何負面反應，是否感到沮喪或不安等等，但發現自己並沒有任何異常，只是一度心想：我離開後，葬儀社的人不知多久才會抵達，並決定一個星期後打電話給諾瑪，問候她的狀況。事情已經結束了，但我不知道自己究竟應該扮演怎樣的角色。我看得出來，尚馬克也正在留意著我，彷彿有些擔心。

我發了一封電子郵件給我們在阿姆斯特丹成立的群組，和他們分享我幫助哈維和他的家人的經驗。自從那次大會結束後，這個群組的人數變得越來越多。除了我和寇妮雅、艾倫、傑西和葛瑞思之外，莊納森．瑞格勒（Jonathan Reggler）也加入了我們的行列。他是一位家庭醫師，出生於英國，也在英國受教育，但目前住在卑詩省的科莫克斯谷（Comox Valley）。我曾在本地報紙上看過他的名字，因為他曾經接受記者的訪問，並說他打算在不久的將來提供安樂死服務。在他的引薦下，他的同事坦雅・道斯（Tanja Daws）也加入了我們。坦雅是南非的一位家庭醫師，幾年前帶著幼小的兒女移居加拿大。除此之外，艾倫也把之前經法院特許和她一起為某個病人實施安樂死的一位同事——住在溫哥華的羅伊・馬勒森（Roey Malleson）帶進了群組。於是，我們的人數就突然增加到八位之多。換句話說，卑詩省現在已經有了八位願意提供安樂死服務的醫師。那天，我在寫給他們的電子郵件中描述了我幫助哈維安樂死時做了哪些準備工作、實施的過程，以及我在這段期間的感受。

「事情進行得很順利，但我仍然不太知道事後該如何輔導死者的家屬。如果他們不是你們門診病人的話，你們打算進行追蹤輔導嗎？」

那天下午，群組裡的每個人都回覆了我的訊息。他們聽到事情進行得很順利，都鬆了一口氣。坦雅和莊納森很羨慕我能找到一個可以幫忙打點滴的護士，並說他們已經在工作的醫院裡為自己安排了幾堂打點滴的課程，好讓自己在打點滴時能更有信心。

「史黛芬妮，謝謝你分享你的經驗。我相信我一定能從裡面學到一些東西。我不知道我是不是可以對你說：『恭喜恭喜，幹得好！』但這正是我心裡的感覺。」

這類來自同行的支持對我來說彌足珍貴。尚馬克雖然對我支持有加，但真正能了解我工作內容的人少之又少。

哈維是我的第一個病患，但並不是那個月的最後一個。第二個病患是透過藥師丹找上我的。這位老先生是丹的老顧客，已經癌症末期。當安樂死的立法通過時，他的妻子向丹提到他們想多了解一些有關安樂死的事。她說她雖然不願意失去丈夫，但因為他已經飽受煎熬，因此她希望他能接受安樂死。於是丹便請她和我連絡，後來我也發現他符合安樂死資格，於是他便成了我的第二個安樂死病患。

在那一個月當中，我又訪視了其他三名病患，但他們並非全都符合安樂死資格，而且其中有些只是想獲取相關的資訊而已。不過，由於提供這項服務的醫師實在太少，不久後，我每個星期都會接獲許多相關的詢問。事實上，在人口約略超過三十五萬人的維多利亞市，只有三名醫師（包括我在內）提供安樂死服務。整座溫哥華島（人口八十萬）也只有五名醫師。但我們已經算是很幸運的，因為據我所知，在人口將近六百萬的多倫多市，只有兩名醫師提供院外的安樂死服務。其他許多地區根本就沒有這方面的醫師。儘管民眾在得知安樂死已經合法化後，都鬆了一口氣，但根據我的同行們所提供的資料，有些人希望能安樂死，但他們所在的地區卻沒有提供這樣的服務，於是只好向外地尋求協助。

六月底、七月初時，我就接到了這樣的一通電話。那是一位名叫路薏絲的女士打來的。她住在卑詩省內陸的一個小鎮，距離我所住的維多利亞市大約有八百公里。

當時她已經六十九歲，罹患了乳癌，且癌細胞已經轉移。儘管她正在接受家庭醫師的治療，但由於她的母親在六十八歲時即死於卵巢癌，她的兩個姊妹也分別在三年前和五年前因乳癌過世，所以她很清楚自己在生命末期會是什麼樣的光景。因此，她雖然受到了良好的照護，但還是希望安樂死，以便能決定自己死亡的時間和方式。儘管她的家庭醫師願意為她申請，也願意擔任資格評估人，但她所居住的地區卻沒有一位醫師願意提供這種服務。她在網路上搜尋後，看到了我的網站，便打電話到我的辦公室詢問。

我們第一次通話時，她說她願意到我這兒來。「葛林醫師，如果你願意幫我，我和我的丈夫葛瑞格會飛到維多利亞市去。」她告訴我。「我們可以待在親戚家，他們說很歡迎我們去住。」

但我心想，從她居住的地方飛到維多利亞市，要花上好幾個小時，而且還必須在溫哥華轉機，以她目前的身體狀況，這樣的長途跋涉恐怕會使她精疲力竭。

「如果你願意考慮收我這個病人，我會非常非常感激。」她接著說。「我希望你能透過遠距照護系統評估我的狀況。這樣我只需要在最後的時刻跑一趟維多利亞市就可以了。」

雖然這樣的做法不太尋常，但我想不出有什麼理由要拒絕她。

這是我第一次有機會透過遠距照護系統評估病人的情況。自從安樂死法令開始實施，卑詩省政府就因省內有眾多鄉村地區，因此特別允許負責評估安樂死資格的兩位醫師當中的一位，可以透過醫院內安全性較高的遠距醫療系統進行評估，而我辦公室對街就有一家「皇家銀禧醫院」（Royal Jubilee Hospital）。我查了一下該院的名錄，發現他們有一個遠距醫療部門，於是立刻打電話去預約了一個房間和一台電腦，準備和路薏絲用視訊的方式晤談。

晤談的那一天上午，我坐在醫院的房間裡，面對著一台很大的螢幕。路薏絲和葛瑞格則坐在當地醫院內一個類似的房間裡。葛瑞格戴著黑框眼鏡，穿著幾件混搭風的外衣，一副工程師的模樣。路薏絲坐在輪椅上，看起來身體頗為虛弱，但臉上掛著微笑。儘管此時已是夏天，她仍舊穿著一件套頭毛衣。我心中暗自慶幸她沒有因為必須出門和我面談而太過辛苦。由於省政府規定醫師進行線上評估時必須有一位見證人在場，因此他們夫婦身邊還有一位負責居家照顧的護士。這樣的安排實在有些突兀，因為我們今天談話的內容將會涉及路薏絲心中的恐懼以及她最後的心願，但也只好如此了。

「路薏絲，你為什麼想和我談談？」我問。「你的生活是否發生了什麼改變？你上星期並沒有來找我，後來卻連一個月也不想等。我想知道你為什麼決定要打電話給我？」

路薏絲表示，她現在已經失去了味覺，也沒有食慾，所以已經吃不下任何東西，雖然勉強可以自己起床，走到她的安樂椅那邊，必要時也還可以自己上廁所，但如果沒有人幫忙，她就出不了門。

「我走起路來東倒西歪，跌跌撞撞的。」她說。「一天當中，有大半時間我都在看電視，要不然就是打盹。我甚至不希望有人來作客。看書也頂多只能看個幾分鐘，連填字遊戲都沒法玩了。說實話，現在的我並不是真正活著，只是沒死而已。」

她表示，她雖然持續接受治療，但病情還是不斷惡化，因此在大約一個月之前，她就不再做化療了，但身體從此越來越疼痛。

「我很清楚接下來自己會變成什麼樣子。」她說。「但我寧可不要這樣。無論是我，還是我的家人，都沒有必要經歷那種痛苦，如果有辦法可以避免的話。」

「那你的家人呢？他們對你這個想法有什麼意見？你有沒有告訴他們你考慮要安樂死？」

「我的好朋友和家人都知道我想安樂死，而且他們都記得我兩個妹妹當年的情況，所以全都支持我的決定，可是我的兒子彼特……」她看了葛瑞格一眼之後繼續說道：「他希望我能撐到最後一刻。」

那次我們談了九十分鐘。後來，我看了她的病歷，也和她的腫瘤科醫師討論過。過了大約一個星期，我判定她的情況符合安樂死資格，因為她的病情顯然正持續惡化，雖然有人幫忙時還可以過得去，但大部分時間都必須臥床休息。她的家庭醫師也認為她符合安樂死資格，於是我們打算依照她的請求，讓她兩星期之後在維多利亞市實施安樂死。

不幸的是，幾天後，路薏絲就出現了腸子部分堵塞的情況，以致她的身體非常疼痛，需要使用大量的止痛劑，而且完全無法起床。於是葛瑞格打電話來問我是否願意到他們那裡去。

「葛林醫師，我知道這聽起來有點瘋狂，但我答應過路薏絲要盡可能讓她依照自己想要的方法離開。無論你來不來，我都會在家裡照顧她，但我希望能實現她的心願。拜託你考慮一下好嗎？」

那段時間，我對病人可說是有求必應，因為我想證明安樂死是可行的，不僅可以做得很好，也能普及大眾。我心想，或許我可以搭飛機過去，然後當天來回。畢竟，兩個孩子都去參加夏令營了，而尚馬克應該也會贊成我這麼做。於是，我告訴葛瑞格我會在兩天之後啟程，不過有幾個實際的問題是我當時不曾考慮到的。

首先是航程的問題。加拿大的健保制度規定，醫師在提供醫療服務後可以根據公定收費表上的價格向省政府申請費用，但由於安樂死這個項目尚未被列入收費表中，因此我在提供安樂死服務時所支出的費用一直無法報銷，所以我很難指望任何一個衛生機構會支付我飛到路薏絲家所需的機票費用。儘管葛瑞格願意幫我付機票錢，但有鑑於安樂死已被納入全民健保給付範圍，我身為醫師，豈能讓病人自行負擔費用？更何況我如果接受葛瑞格的提議，有可能會違反相關規定。我左思右想，不知道該如何是好，於是便打電話到「卑詩省內外科醫學院」和他們討論這個問題。這回接電話的還是那位代理註冊主任。

「這並不衝突。」他告訴我。「那一家人可以幫你付機票錢，但我們顯然不能讓這種做法成為常態。這類開銷不應該由民眾自己來買單。省政府必須解決安樂死醫師人數不足的問題。謝謝你先問過我們。祝你好運。」

於是，我便接受了葛瑞格的提議。

第二個問題是：我因為太習慣有一位藥師跟我配合，以致根本沒有想到並非所有藥局都願意提供安樂死的藥物。

路薏絲所居住的那個小鎮只有兩家藥局。我先打電話給幾十年來一直為路薏絲調劑的那一家。那位藥師很和氣，但聽到我給他的處方時立刻顯得不太自在。當我請他至少考慮一下時，他立刻表示他不願意參與『這種事』，說完就把電話掛了。接著，我又打給另外一家。那位藥師表示她可能會願意加入，但並不認為她能在兩天之內取得那些藥物。然後，她建議我打給另外一家藥局。那家藥局位於一座較大的城鎮，距離路薏絲家只有大約一小時的車程。我打電話過去後，那裡的藥師說他或許可以幫忙，但他不相信安樂死已經合法化了，於是請我給他一點時間去和他們的總公司討論，了解公司在這方面的政策。不過，第二天下午，他向我回報，說他們將暫時不參與安樂死服務，我就決定要從維多利亞市把藥物帶過去了。

問題是：要怎麼帶？

那些藥物一旦分裝完成，只有二十四小時的效期，而且我必須去維多利亞市的那家藥局簽收，並親自保管，因此，我必須將它們帶上飛機，不能托運。這還不打緊，問題是：到時如果機場的安檢人員問我帶的是什麼東西、為何要帶時，我該怎麼回答呢？那可不是一小瓶胰島素，而是兩組分裝在許多針筒裡的致命藥劑。我請凱倫盡可能查出什麼東西可以帶上飛機、什麼不行，但我們已經沒有什麼時間了，因此要知道答案，只有一個方法。

在路薏絲預定要安樂死的前一天下午，我再次與她和葛瑞格確認我們所訂定的計畫。她雖然身體日益衰弱，但意識仍然清楚，可以和我通電話。這是一個好現象，顯示她將有能力在我開始啟動安樂死程序之前依照政府的規定，做出同意安樂死的表示。我去藥局領了藥之後，便把藥箱密封，放在我的冰箱裡保存（後來當我打開冰箱拿柳丁吃時，看到那些致命的藥物就放在剩菜旁邊，心裡不禁有點發毛）。第二天早上，我五點鐘就出門開車前往機場，身上只揹了一個背包，裡面裝著一副聽診器和路薏絲的病歷，手上則提著一個保冷袋，裡面裝滿了我細心打包好的針筒。

到了機場，我利用自助式機器辦理報到手續後，就直接走到機場的安檢處。雖然是一大清早，等候區裡仍然大排長龍。我利用排隊的時間事先想好幾套劇本：如果我被安檢人員攔下，那該怎麼辦？如果他們決定叫警察來，我該如何應對？萬一我錯過了飛機，又該怎麼辦？

沒想到，一切都很順利。我這才發現，原來處方藥物是可以帶上飛機的，而且不限數量。安檢人員甚至都沒有問我那些藥物是用來做什麼的。我必須承認，在預先設想了那麼多戲碼之後，這樣的結果讓我有些失望。

在轉了一次飛機又開了九十分鐘的車之後，我終於抵達了路薏絲的住處。她的房子位於靜謐的道路旁，前面有一小座雲杉樹林。從我停車的地方，可以看到屋後有一座湖，屋前則是裝有紗窗的寬大門廊。裡面已經有好幾個人。

我下車時，葛瑞格走過來迎接我，並把我介紹給他的客人，其中包括路薏絲的弟弟和弟妹、她的侄子、姪女以及他們家的兩個好友。他們雖然神情肅穆，但顯然都歡迎我的到來。

「幸好我們今天就做。」葛瑞格帶著我進屋時說道。「她的情況惡化得很快。但你不用擔心，她正在等你呢。她大多時候都在睡覺，但意識還很清楚。今天早上她還一直在問我你什麼時候才會到。」

我們經過他們家的開放式廚房後，便進入了路薏絲的臥房。她正在床上打盹，頭上戴著深藍色的無邊女帽，髮絲稀疏。一個看起來年近四十的男子靜靜坐在床邊。葛瑞格向我介紹，那是他們的兒子彼特。他有一頭蓬亂的黑髮，但嘴上的鬍子是紅色的。我記得路薏絲曾說過他對她接受安樂死一事感到很矛盾，心想不知道他此刻是否仍然如此。彼特看著我脫下夾克並打開我帶來的東西後，便和葛瑞格走出了房間，讓我能和路薏絲私下談談。

「葛林醫師，我真高興，終於見到你了。」路薏絲的聲音很微弱，顯然已經油盡燈枯，和幾天前的模樣相差很多。我不禁暗忖：我這麼大老遠來到這裡，有什麼意義呢？即便我沒來幫忙，她很可能也拖不過這個星期。等到事情結束後，她的家人會不會覺得他們花費那麼多心思和金錢把我請來，其實並不值得呢？彼特會不會覺得我奪走了他母親最後一個星期的生命？

我強迫自己把這些念頭拋開，把心思放在路薏絲身上。

「我很愛我的家人，但我已經做好離開的準備了。」她說。

我越來越珍惜像這樣和病人單獨相處、確認他們意識清楚，並且確實同意接受安樂死的時光。無論是哈維、我的第二個病人或眼前的路薏絲，他們坦率的態度都讓我印象深刻。他們心口如一，毫不隱藏。當我問他們現在情況如何時，沒有一個人回答「還行」。由於他們都很想早點開始，因此他們的回覆都是「我準備好了」或「我需要一個了斷」，沒有一句廢話。透過這類對話，我也能確保病人並非因為受到任何脅迫或勸誘才會想要安樂死，除了讓病人寬心之外，也讓我比較放心。

談話結束後，在程序開始前，我先檢查了一下路薏絲的點滴，看藥劑是否順暢流動。她的家庭醫師在那天上午就已經先把點滴裝上了。之前，由於他熱心參與，我還以為他會留下來目睹路薏絲安樂死的過程，但當我前一天打電話給他確認相關細節時，他卻說到時他不會在場。

「我想我沒有辦法待在那裡，因為……我一定會哭。」

他說得這般坦率，頗出乎我的意料之外。

「我完全支持她的決定，也很喜歡他們一家人。」他接著說道。「我認識他們很久了，但我想讓他們看到我掉眼淚，對他們也沒有什麼幫助。」

我原本想告訴他我並不同意他的說法，但後來還是打住了。畢竟，他只不過是說出他內心的想法，而且要不要留下來，都是他個人的決定。我感覺我此行所遇到的每個人——無論是那位藥師還是這位家庭醫師——都不太確定自己在病人的安樂死過程中應該扮演什麼樣的角色，而他們本能的反應都是退縮不前，不願參與。我希望隨著時間的進展，當大眾對安樂死更加熟悉後，這樣的現象會改變。

在確認路薏絲已經準備好，點滴也安裝妥當後，我依照她先前的請求，請葛瑞格和彼特回到房間，準備正式開始安樂死的程序。路薏絲看起來已經昏昏欲睡。她向家人表達愛意後旋即便閉上眼睛，請我開始動手。此時房間裡一片靜寂。

我施打第三劑時，彼特突然奪門而出。我聽見他走到屋外，以為他會在外頭踱步，後來才發現他似乎衝到了門廊，投入了某個親人的懷抱。遠處不斷傳來他啜泣的聲音。

「別擔心。」葛瑞格對我說道。「他不會有事的。他和媽媽很親。我想這是因為他是家中獨子的緣故。遇到這種事，他真的很難受。昨天晚上他們母子倆好好聊了一會兒，彼此道別……現在他的舅舅就在外面。他不會有事的。」

我不知道他想安慰的是我還是他自己。他說完就再次把注意力放在路薏絲身上，並握住她的一隻手。

路薏絲陷入了更深沉的昏迷狀態。過了幾分鐘後，她的呼吸就停止了，臉上也失去了血色，但葛瑞格仍然紋絲不動地坐在她身邊，定睛看著她，握著的手也一直沒鬆開。直到最後一刻，他仍然守護著她。

過了一會兒之後，我把聽診器放在路薏絲的胸膛上，聽聽她是否還有心跳，但只聽到一片死寂。於是，我向葛瑞格表達了哀悼之意，並暗自記下死亡時間。他看了我一眼，點了點頭後，便再度注視著路薏絲。我悄悄地把東西收好，試著不要留下任何我來過的痕跡。我心想，這屋裡有許多關於路薏絲的回憶，但那些用過的針筒或醫療器具不應該是其中之一。

然後，我向葛瑞格告辭，讓他能和妻子單獨相處，接著我便往餐廳走去，打算坐在那裡填寫一些必要的文件。在前往餐廳的路上，我經過了一個區域，那裡有著大大的窗戶，還有一扇門直接通向門廊。所有賓客仍然坐在門廊裡等候著。我一走出路薏絲的臥房，進入那間較為寬敞的起居室時，所有眼睛都盯著我看。他們想必都已經知道路薏絲目前的情況了，但似乎還是要等到我宣布之後才能置信。於是，我便走了過去，打開那扇通往門廊的門，站在門口，手上拎著藥劑袋，脖子上掛著聽診器，腋下則夾著路薏絲的病歷。

「她已經走了。」我宣布。「走得很安詳。葛瑞格正陪在她身邊。」

像這樣站在那裡，我感覺有些不自在，於是趁他們開始吱吱喳喳地彼此交談時，轉身進屋，走到餐桌旁坐下來，開始填寫死亡證明書。我把過程中的所有細節和施打每一劑藥物的時間都逐一記錄下來，並填寫了一份在宅死亡的文件，同時也在另一張表格上勾選，確認我曾在程序開始前取得路薏絲的同意。要填寫的表格很多，總共有十七張。我一一仔細填寫，並提醒自己以後要事先把可以提前填寫的內容都寫好。

不久，葛瑞格也走進餐廳，遞了一杯蘇格蘭威士忌給我。他看起來臉色蒼白，似乎受到了驚嚇，但也有些無可奈何的模樣。我向他要了一杯水後，便跟他一起走到廚房中央。不一會兒，有兩個人（路薏絲的弟弟和他們夫婦的一個好友）走了過來，說他們也想來一杯威士忌。不久，其他人也都加入了。

我心想：他們對剛才的事不知有何反應？這是不是他們生命中很糟糕的一天？他們是否覺得自己幫助路薏絲完成了她的心願？畢竟她已經如此接近生命的終點。彼特呢？他在哪裡？有什麼感覺？比起我自己對此事的感想，此時此刻，我更在意他們每個人的反應。

「我們已經打電話給高爾夫球場了。」他們夫婦的那個朋友宣稱。「他們今天會為她降半旗。」葛瑞格倚著櫃台點點頭表示認可。

此時，餐廳裡已經聚集了八個人。我告訴他們，他們對路薏絲的愛與支持令我印象深刻，並說在這樣的日子裡，他們難受的程度可能更甚於路薏絲，但他們的陪伴與支持對她而言是一份非常珍貴的禮物，希望他們能從這樣的角度來看這件事。

他們似乎都受到了觸動，紛紛默默地點頭，淚如泉湧。我暗暗提醒自己要記住這一點：如果能把人們未曾表達的感受說出來，似乎可以幫助他們化解心中的悲痛。

自從開始提供安樂死服務後，在最初的幾個月當中，我不斷在內心的一份清單上增列更多事項，包括：哪些做法管用、哪些不管用、什麼時候該說什麼、哪些話得體、哪些不得體等等。我之所以會對路薏絲的親友說出那番話，除了是基於我在她的床邊所目睹的情景之外，有一部分也是受到哈維家人的啟發。

我們繼續在廚房裡喝著飲料。這時我突然想到，我和他們當中的大多數人素昧平生，今天雖然在這種情況下見了面，但很快我就會從他們的生命中消失。我朝著窗外望去，看見日影已斜。我訂的是下午四點的飛機，因此還可以在這裡待上一會兒，但究竟該待多久才恰當？我無從得知。既然安樂死程序已經結束，我待在這裡要做什麼呢？關於這點，我並不清楚，但無論要做什麼，時間都很有限。今後我很可能再也不會見到葛瑞格或他的親友了。儘管我在這裡的工作已經完成，但我還是希望他們在遇到問題時可以來找我，於是我把我的連絡資訊給了葛瑞格。除此之外，在離開之前，我必須讓他們明白我理解他們失去摯愛的傷慟，但這要如何表達呢？

其他人我都和他們談過了，唯獨沒有機會向彼特致意。我朝著窗外望去，看到他正獨自站在門廊抽菸。

我意識到自己該走了。我不想失禮，但我確實還有很長的一段路要走。於是我拿起包包，向葛瑞格道別，然後走出大門，朝著我的車子走了過去，一路上還在想：這家人花費了這麼多金錢與心思請我過來，到底值不值得？

「葛林醫師！」我聽到彼特在叫我。

我轉過身去，看到他步出門廊，朝著我走了過來。這時，我心裡浮現了一個念頭：他可能是生我的氣，要來數落我了。

「我可以抱你一下嗎？」他以嘶啞的嗓音問道。

「當然。」我朝他邁近一步。「我很喜歡和別人擁抱呢！」

「非常感謝你能來到這裡。」他抱著我，輕聲說道。「你給了她我們都給不了的東西。」

第七章

「他得了胰臟癌……病情很嚴重，身體也非常虛弱……」一個名叫卡洛的女人在我辦公室的答錄機裡留下了有關她的丈夫查理的訊息。她的聲音一度變得嘶啞，但她還是克制住了，繼續以較為平靜的口吻說道：「我想他已經活不了多久了……希望你很快就能和他見個面。他懇求你，希望你能幫幫他。」

接著她又說道，查理目前正住在我辦公室對面的醫院裡。她相信我應該可以過去看看他。然後她留下了她的手機號碼。我一邊聽著，一邊回頭瞥了凱倫一眼，發現她已經被卡洛的聲音裡所流露的情感感動得淚水盈眶。這類訊息和從前那些孕婦的留言是如此不同。到目前為止，我們還不太能習慣這樣突如其來的沉重訊息，而且我發現悲傷是會傳染的。

「我希望我能幫上他們的忙。」我告訴凱倫。

我決定去醫院和查理面談。如果他符合資格，我會設法在醫院裡為他施行安樂死，而這將是我第一次在「公開場合」（而非病人的家裡）從事這樣的工作，而且到時我將置身於醫院的護士、醫師、清潔人員和接待員之間。我無從知道他們會如何看待我或我所從事的工作。醫院的目標是幫助病人活下去，但我這個醫師所做的事情卻正好相反。我希望那些醫護人員會像我一樣，認為安樂死是一種以病人為中心的照護方式，旨在讓已經不想活下去的病人能決定自己的死亡方式，讓他們走得有尊嚴，但我知道有部分醫界人士基於自己的道德觀念，仍然反對安樂死。儘管到目前為止，加拿大民眾很少出現反彈聲浪，也很少有人提出抗議，但我知道並非所有的人都支持安樂死。

聽到卡洛電話留言的第二天，我走進了她說的那家醫院，但心裡仍有些忐忑不安，不知道自己會面臨什麼狀況。

維多利亞市共有三間醫院，而且這三家我都可以自由進出。其中一間是小型的社區醫院，由幾位家庭醫師所創辦，距我家大約四十分鐘的車程。另一間是「維多利亞綜合醫院」（The Victoria General Hospital，VGH），位於不同的方向，距我家約三十分鐘的車程，是維多利亞市唯一有產科和小兒科的醫院，也是我在擔任產科醫師時很熟悉的一間醫院（我甚至知道院裡的餐廳哪一天會供應他們著名的奶油雞）。最後一間則是查理所住的這所「皇家銀禧醫院」，也就是之前我和路薏絲透過遠距醫療系統進行視訊的地方。這間醫院面積較大，歷史也比較悠久。不過，它雖然就在我辦公室對面，卻是我最不熟悉的一間醫院。

進去後，我將背包的肩帶拉緊，並確認自己的脖子上掛著醫院的識別證，然後便開始尋找電梯以及第 436 號病房。這次走進醫院的感覺和上次我到醫院探視病人時大不相同。這二十年來，我每次走進醫院都是為了要接生嬰兒，心情上是既興奮又期待，但如今我以安樂死醫師的身分進去，感受截然不同。儘管生產和安樂死都是人生中重大的轉捩點，彼此有著相似之處，但人們對兩者的反應卻是天差地別，這點我直到現在才充分體會到。

嬰兒出生時，人們的情緒反應都差不多：家屬欣喜若狂，護士心滿意足，大家都很興奮，我走進病房時，大多數人也都很高興看到我。差別在於每個產婦生產的過程各不相同，而且往往不是我所能控制的。有些產婦陣痛時間長達二十四小時，有些則只花三小時。有些人必須進開刀房剖腹，有些人則是在汽車後座就把孩子生下來了。但安樂死的情況卻正好相反。它的過程是可以預期的。我只要依照規定的程序注射藥物就可以了，而且最後的結果也都差不多，然而相關人士的情緒反應則比較難以預料。家屬可能會坦然接納（像是哈維一家），也可能會奪門而出（像是露薏絲的兒子彼特）。現在我還得顧慮醫院裡工作人員的反應。他們知道我要過來嗎？如果知道，他們能夠理解我所從事的工作嗎？在他們心目中，我是在幫助病人還是在傷害病人？

到了醫院的四樓後，我走到走廊中央的護理站，看到一位年輕的病房管理員正在那裡忙著。我很慶幸自己佩戴著寶藍色繩子的識別證。那是我在這家醫院自由通行的憑證。

「嗨，我是葛林醫師。請問溫斯洛先生的房間在哪裡？」

「溫斯洛先生……我看看……喔，他在 436 號房，在另外一邊，四樓北區。」她笑了一下，旋即便再度低下頭填寫表格，並對著耳機說話。

我轉過身，走了出去，經過一排電梯，來到了四樓北區。在進入病房探視查理之前，我想先看看他的病歷，但不確定那些病歷放在哪裡。不過我知道，要當個好醫師，除了要了解自己的能耐之外，也必須在心虛的時候表現出一副很有自信的樣子，於是我抬頭挺胸地從病房管理員身邊大步走進護理站裡的房間。

房裡有五、六個醫師正坐在那兒看著或寫著病人的病歷。我進去時，有幾個人抬頭看了我一眼，但大多數人沒有理會我。我在檢視散放在桌面的活頁夾上的名字時，一個身穿紫色手術服的女人看著我，過了一會兒之後終於以她那出奇悅耳的聲音問道：「你在找誰的病歷？」

「436 號房的溫斯洛先生。」

「可能放在他病房附近的護理站那邊。就在走道的盡頭。他們喜歡把他們自己的資料放在那裡。你是哪個單位來的？」

「我是葛林醫師，是要來做 MAiD 資格評估的。」話才剛出口，我就開始擔心這樣說可能會侵害病人的隱私權，但如果不這麼說，我要如何讓她明白我的身分呢？

「MAiD……那是什麼？」她問。看起來她顯然真的不知道。

「溫斯洛先生已經申請要安樂死，我來的目的是要評估他是否符合安樂死資格。我是MAiD小組的成員。」事實上，這個小組根本不存在。只是我臨時杜撰的，因為我認為這樣聽起來好像比較正式。「MAiD是medical assistance in dying的縮寫，就是安樂死的意思。」

「喔，原來如此。現在安樂死已經合法化了嗎？」

「是的，但不是每個人都符合資格。你是哪個單位的？」我不太敢繼續和這個身分不明的女人說話，尤其是在旁邊有很多雙耳朵聽著的時候。

「我是物理治療科的。」

「太好了。很高興見到你。」我和她握了握手。

我心想，看來我們確實需要大力宣導，讓一般民眾和醫界人士都知道安樂死的法令已經修正了才行。不過，這並非我此行的重點，於是我很快讓自己的心思回到眼前的任務上，並往查理的病房走去。

走進房間後，我差點嚇一跳，因為查理已經骨瘦如柴，模樣頗為駭人。我想現在可能連他的朋友和家人也認不出他來了。根據病歷上的資料，他現年六十七歲，頭髮雖然稀疏，但仍舊烏黑。從他那輪廓分明的下巴來看，他年輕的時候可能是個帥哥。然而現在，他看起來就像是一個活生生的骷髏。他側躺在病床上，一雙瘦骨嶙峋的膝蓋和腳踝之間各夾著一個枕頭，背後也墊著幾個。他的皮膚發黃，住院服穿在他身上就像床單一般顯得異常寬鬆。此刻，他看起來像是在休息，而且彷彿快要死了。但我走進去時，他睜開了眼睛。這雙眼睛嵌在他黯淡凹陷的臉頰上，有如黑暗中的兩盞明燈，只是眼白的部分黃的嚇人。

他的妻子卡洛坐在床邊的一張椅子上，看到我來，連忙起身讓座。她穿著一套很時尚的運動服，顯得健康幹練，但臉上帶著愁容。當我介紹自己時，她便走到我身後的一張椅子上坐下。

查理的話語非常簡短，聲音也很微弱。儘管他的身體顯然很虛弱，思緒卻異常清楚。他告訴我他從出現症狀、去醫院檢查、做切片、一直到被醫師診斷為胰臟癌，以及後來病情迅速惡化的整個過程。說話時，他整個人紋絲不動，彷彿要把全身的力氣都用來說話。

「我這次住院是因為腸子塞住了……一直嘔吐不停……實在太痛苦了……他們幫我插鼻胃管……說我不能開刀……我還以為我會死掉，但後來腸子堵塞的地方自己通了……現在我已經比較不會痛了，但身體還是很虛弱……我不想再經歷一次這樣的折磨了。」

他說他身體太過虛弱，回不了家，目前正在等待安寧病房的床位。他很感激所有人對他的照顧，但他真的不想活了。如果可以的話，他希望能在住進安寧病房之前死去。

「他原來不是這個樣子的。」卡洛插嘴了。我轉過身去，看著她。「之前他的身體一直很健康，總是喜歡去戶外騎腳踏車、健行、親近大自然。」她俯視著地上，搖了搖頭。「那時沒有什麼事情能難倒他。」

為了早點死去，前一陣子查理已經不再進食，也不再喝水，但他承認口渴的感覺讓他很難受。「我還沒有膽量把我的點滴管拔掉。」

要評估查理的資格並不難。他顯然符合所有條件。我原本想聽聽他為何想要安樂死、有什麼心願想要完成，以及最困擾他的是什麼事情，但他病得太重，能說的有限。

「讓我活下去對我沒有任何好處。」他的語氣很堅定。

「葛林醫師，拜託你了。」卡洛插話了。「再這樣下去，他只會越來越難受而已。請你幫助他早點走，不要讓他再受更多苦了。」說到最後一個字時，她已經泣不成聲，只能把眼睛緊緊閉上，默默地流淚。

我明白她的意思，也答應要幫助他們，之後便向他們說明我接下來打算採取的幾個步驟：我會先請他們填寫申請表，並請另外一位醫師（最好是查理的主治醫師）來評估，然後會盡快回覆他們。說完，我便站起身來，把筆記本放回包包裡，拿起外套，並握了握查理那消瘦的手。他用雙手握住我的手，不發一語，然後抬起頭看著我說道：「謝謝你，葛林醫師……謝謝你。」

我告訴查理，我很遺憾我們是在這種情況下碰面，但我很榮幸能為他服務，並答應他我很快就會和他連絡，接著我就離開醫院，回到對街的辦公室，在辦公桌前坐了下來，開始把我的會談筆記打出來。

打完後，我撥了一通電話給查理的家庭醫師，問他是否願意去幫查理做個評估。當我告訴他的接待員我的來意時，她立刻把電話轉給了他。

「嗨，柏特，我是史黛芬妮．葛林。」我告訴他。「我是我們鎮上的安樂死醫師，想和你討論一下你的病人查理．溫斯洛的狀況。我今天去皇家銀禧醫院看他了。」

「不好意思……你是什麼醫師？」

「我是幫助人們安樂死的醫師。查理正在申請安樂死……抱歉，我還以為你知道呢。我今天去醫院看他，向他說明了有關安樂死的一些資料。」

「喔，是的，不久前他的妻子有問過我。我告訴她我對安樂死一無所知。」

「呃，沒關係的，幸好我知道！」我脫口而出，但旋即便感覺這樣說聽起來有點放肆。我停頓了一會兒，眼見對方沒有回應，便改變語氣，繼續向他說明查理的情況。我告訴他，查理確實想要安樂死，但他還需要一個醫師來評估他是否符合資格。「我知道你已經認識查理好幾年了。不曉得你是否願意幫他做評估。我很樂意向你說明安樂死的過程。我想與其找一位不認識他的醫師幫忙，我應該先問問你的意思才對。這樣對查理來說可能會比較容易一些。」

對方又停頓了一會兒，時間比上次更長。我意識到情況並不樂觀，便接著說道：「我知道你從前很可能沒有做過這樣的事……也沒有遇過這樣的狀況，但這是你能力所能及的事。不過，我不想讓你感到為難……或許你並不想討論這種事情？」

他清清喉嚨。

「呃……我明白查理的心願，也祝福他。」柏特說道。「我認識查理已經七、八年了，但我不想參與這種事情，你明白我的意思吧？安樂死在卑詩省已經合法化了，是吧？」

「是的，在全國都合法化了。」我答道。「好的，我了解你的意思。我可以請另一位同業來做評估。只是按照道理我應該要先問你才對。但請別擔心。」

「不，我不想跟這種事情有什麼牽扯。」他的語氣變了，一副例行公事的口吻。「好的，謝謝你。感謝你打電話來。」然後他就把電話掛了。

其實，他說得沒錯。這種事確實不是每個人都可以接受的。不過，在我看來，除了道德上的顧慮之外，人們對這個議題的不了解乃至不熟悉，似乎也是推廣安樂死的障礙。

後來，我打電話給我的同僚寇妮雅，安排她在兩天後去做第二次評估。接下來，我又打電話給我們這一區醫療衛生主管機構那位剛上任的臨床護理專家羅姍・布辛（Rosanne Beuthin）。她是負責執行本區安樂死計畫以及協調統合相關作業的人。她答應我她會連絡查理那一層樓的臨床護理長，請她幫我協調相關事宜，以確保院內人員都知道查理要安樂死的事，並詢問他們是否願意參與。她說，之前曾有位醫師在一間醫院內協助病人安樂死（我很高興聽到這個消息），事後向院內的醫護人員彙報當時的情況，而他們也很肯定這樣的做法。

「那當然……我很樂意這麼做。」我回答。「我只需要有人幫我裝設點滴。其他的我都可以自己來。」說完我便掛上了電話。

我很感謝羅姍願意幫忙打點。之前我都是在潔西卡和一位藥師的協助下自行作業，但在醫院裡，如果沒有護理人員、行政單位和同業們的配合，我是無法完成任務的。

在和查理見面的五天之後，我在他的病房內為他施行了安樂死。在場有他的弟弟、妻子和兩位好友。我走進病房時，裡面播放著他最喜歡的爵士樂，讓這個制式化的病房多了一些美好的個人色彩。查理的責任護士——一位名叫巴爾雯德的女士，也依照規定在一旁負責記錄我施打藥劑的時間。我想，如果是在查理自己的家中進行，這時房間四周應該會擺滿照片以及各種有意義的紀念品，他的親朋好友應該也會在場。但查理似乎並不在乎自己身在何處。他只想趕快開始。

「在場的人還有什麼話要說嗎？」在開始動手之前我先問道。

「想說的都說了。」卡洛答道。她的目光仍在查理身上。「他知道我們有多愛他，以後也會非常想念他。」她親了一下他的手。

「謝謝你們大家來到這裡，也謝謝你們支持我的決定。」查理表示。他的眼睛仍然閉著。

「現在我們就開始吧！」

看到他如此篤定，我就放心了。我對他點了點頭之後便開始動手。打了第一劑藥物之後，查理就睡著了。他的身體如此虛弱，我猜想他應該會在施打第二劑藥物之前就死去，但我還是按照標準程序把該打的藥劑都打了。結束後，查理的弟弟轉過身去，默默地打開窗戶。

「他希望能獲得自由。」卡洛向我解釋。「以便回到他所熱愛的大自然。」

我告訴他們我為他們失去心愛的人感到遺憾，之後便離開病房，讓他們能和查理相處片刻。當他們做好準備時，我們在走廊一邊的日光室會合。

起初氣氛安靜得有些尷尬。查理的家人似乎仍然處於震驚的狀態。我因而了解到，即便我們知道自己的親人將在何時死亡，但到了事情真正發生的時候，我們並不會因此更有能力面對事實。我靜靜地站在那裡，等著他們平復情緒，但過了一會兒，還是沒有人打破沉默，彷彿大家都不知道下一步該怎麼做。我想我應該先開口，於是告訴他們，從技術上來說，事情進行得很順利。

「是的。」他的弟弟表示。「他走得很平靜。」

「嗯，非常安詳。」卡洛補充道。

就像從前的那些案例一樣，我很在意他們如何看待這種事。我知道這是他們生命中很不尋常的時刻。即使相關細節會隨著時間變得越來越模糊，但那種感受仍然會縈繞不去。

我向他們表示，他們能夠支持查理的決定，就是他們所送給他的一份珍貴的禮物。聽到這話，他們就像路薏絲的家人一樣情緒潰堤了。眾人都默默點頭，一邊伸手去拿面紙拭淚。

「謝謝你這麼說，史黛芬妮。」卡洛說道。「這對我們來說很不容易，但我確定這是他想要的，而且他很感謝你對他的照顧，讓他能夠實現他的心願。」

她直呼我的名字讓我很開心。通常我的產科病人都不會這麼做，除非是在她們再度懷孕又回來看診的時候，因為那時我們已經共同經歷了嬰兒出生與照顧新生兒的挑戰了。聽到卡洛叫我「史黛芬妮」而非「葛林醫師」，我感覺我們在這短暫的時刻裡已經建立起某種連結。於是，當下我決定以後要請我所有的安樂死病人和家屬直呼我的名字，如果他們願意的話。

接著，我告訴他們醫院裡有一個部門可以提供喪親輔導的服務，並再次把我的電子郵件帳號和電話號碼留給卡洛。這是我在開始提供安樂死服務之後的新作風。之前，我從來不曾把我個人的連絡資料留給我的產科病人，因此她們如果要找我，就必須到我的辦公室去或者在我的答錄機上留言。但對於安樂死病人的家屬，我希望他們遇到問題的時候能夠直接和我連絡，因為能夠解答他們問題的人很少，而我希望能盡可能幫助他們渡過這段難熬的時光。這或許是因為當時大家對安樂死都還很陌生，而我幫助過的病患也只有幾個而已。不過，比起我在產科的病人，我覺得我對安樂死病患家屬能有更大的幫助，更何況經歷了這樣的事件，我和他們之間已經建立了一種親密的感覺。

填寫完所有文件後，我便通知護理長我準備要和院裡的工作人員見面了。我要遵照我對羅姍的承諾，向他們彙報這次安樂死的經過。

我們在位於另外一條走廊邊上的教學室裡集合。護理長告訴我，她手下的所有護士全都會出席，另外還有一個護工、一位實驗室技師和一名清潔工也會參加。他們似乎都對安樂死很有興趣，也有好幾個人提問。「葛林醫師，你能不能告訴我們究竟什麼樣的人才符合安樂死資格？還有，你用的是哪些藥物？劑量如何？」我回答時盡可能簡明扼要而清楚。

我還沒說完，就看到一名年輕的護士搖搖頭，彷彿想要釐清自己的想法似的。幾分鐘後，她突然站起身來，往外面走去。

「辛蒂！」護理長試著打圓場。「你如果感覺不舒服，可以離開，但在離開之前，你有沒有問題想問問葛林醫師？」

「我不認為這是一種正確的做法。」辛蒂答道。「我不贊成安樂死，也不想參與。」她的嗓門越來越大。「你們不能強迫我參加。」她似乎沮喪多於憤怒。

「我完全理解。」我說。「你絕對有不參加的權利。」辛蒂站在門口看著我，想聽我把話說完。「每個人都有自己的想法和價值觀，而我們也應該予以尊重。如果你對發生在這層樓或這個單位的任何事情感到不舒服，請你和你的護理長談一談。我知道她在必要時可以幫你換班。無論你有什麼想法，無論你決定要不要參加，我都會予以尊重。但我也希望你能尊重你的同事所做的決定。但更重要的是，你要尊重病人所做的決定。」

「謝謝你。」辛蒂答道。她的眼神看起來很真誠。「這我明白，也可以做到。雖然我不了解人們為什麼要安樂死，雖然我自己永遠不會這麼做，但我會尊重溫斯洛先生的心願。」說完她停頓了一會兒，並直視著我的眼睛。「可是，葛林醫師，請你告訴我，當你這樣做的時候難道不會有罪惡感嗎？」

我沒料到她會這樣問，所以有些措手不及。這時，房間裡一片寂靜，每個人都轉頭看著我。

「說實話，這是我之前沒有過的經驗，但到目前為止，我並沒有罪惡感。相反的，我覺得我是在幫助他們。在這方面，我們有相關的法令，在程序上也有嚴格的規範，還有好幾項防弊措施。我是根據規定行事。如果病人符合資格，我會告訴他們，然後由他們來做決定。如果他們想做，我就會幫忙，但並不是非做不可。如果我覺得不自在，也可以拒絕。就像沒有人會強迫你參加一樣，我也沒有義務要幫忙。但如果人們能夠遵守規則，我會很願意這麼做，而且到目前為止，病人和他們的家屬都很感激我。」

「葛林醫師幫忙溫斯洛先生的時候，我也在場。」查理的責任護士巴爾雯德突然開口說道。「我必須說那是我所見過最安詳的死亡場景之一。事實上，其中甚至還有某種美感。」

此話一出，氛圍為之一變。大家紛紛開始分享自己目睹死亡的經驗。有人描述在家中照顧親人的經驗。其中有些死得很安詳，有些則沒有這麼幸運。但大多數人所談的都是他們在醫院裡目睹病人死亡的經驗。這些病人大多死得很慘，有人在臨死前出現了幻覺，有人則必須被綁起來，也有家屬向他們求助。

辛蒂站在門邊，又聽了好一會兒，然後悄悄離開，回去病房工作了。我繼續待了四十分鐘，然後收拾東西，離開了那一層樓，從我之前進入的大廳走了出去，進入七月午後的晴朗陽光下。

這是我第一次在醫院施行安樂死的經驗。這種感覺和我從前擔任產科醫師時截然不同。在產科工作時，我不僅身處自己熟悉的地盤，身邊的人也都能配合或支援。我希望經過這次對話後，院內的醫護人員會比較容易面對未來的安樂死案例。此外，我也很慶幸查理和他的家人沒有受到任何批判，也沒有因此感到不自在，更慶幸我們能夠聯手實現他最後的心願。我想，對我們每一個人來說，這都是一次奇特的經驗。就像一個人進入陌生的房間後會在黑暗裡尋找電燈開關一般，我們也剛開始在這個新的領域裡摸索。

第八章

快到八月時，我在辦公室接到了本地電台打來的一通電話，想要約個時間訪問我。這並非媒體首度和我連絡。在安樂死合法化之後的頭幾個星期，就有媒體訪問過我，請我談談我對相關法令的看法，以及它對我的醫療業務產生的影響。起先我挺緊張的，擔心自己會在受訪時說錯話或者說得不夠清楚，但逐漸我意識到我可以藉此機會和大眾分享安樂死的正確知識。

這次訪問安排在星期四上午，於是當天我依約抵達我的辦公室，並利用訪問前的時間和凱倫討論幾件待辦的公事。討論完畢時，她又補了一句：「我已經和那家人確認蓋瑞的呃……他的呃……他的……好吧，他的安樂死已經安排在明天。明天下午一點半他們會在家裡等你。」我還沒來得及回答，電話鈴就響了，於是我點點頭，表示我知道了，然後在她離開後關上了辦公室的門。

電台主持人問了我幾個問題，不久我們就開始說說笑笑，氣氛相當輕鬆。但我注意到他就像以前訪問我的那些記者一樣，不知道他們在詢問我的工作內容時該用什麼樣的字眼。比方說，他會問：「葛林醫師，你可不可以告訴我們關於這個……呃……這種事有什麼樣的規定？」「到了實際的……呃……情況時……，會發生什麼事？人們會看到什麼景象？」

我回答時盡可能說得簡明扼要，提供所有必要資訊。我把安樂死稱為「醫療程序」，但偶爾也會用「計畫性的死亡」這樣的字眼。就像先前凱倫結結巴巴、不知該如何措詞一般，我和這個主持人也不知道該用什麼樣的字眼才恰當。

訪問接近尾聲時，主持人問了我一個從來沒人問過的問題，讓我躊躇了一會兒：「什麼樣的人可以從事這種工作？要受過什麼樣的訓練呢……你是如何學到必要的知識的？」

我告訴他我曾經到阿姆斯特丹去參加一場會議，並提到我在那裡獲得的資訊，包括用藥規範、過來人的提點，以及實際施作時要了解的一些事項。但我坦承我在第一次嘗試時有些膽怯，因為那是國內最早實施的安樂死案例之一，但我很慶幸我有一群同行，可以和他們一起學習、不斷精進。

訪問結束後，我掛上電話，對自己最後的回答並不滿意。「你是如何學到必要的知識的？」我想，針對這個問題，應該要有一個更周延的答覆，但究竟怎樣的回答才算周延，我還在琢磨中。

我第一次目睹死亡的景象是在二十二年前。當時我還在蒙特婁一所醫院的家庭醫學科擔任頭一年的住院醫師。有整整一個月的時間，我必須在「心臟科加護病房」（Cardiac Care unit，CCU）輪班。那裡有一位名叫金恩先生的病患，已經七十一歲，罹患了很嚴重的心臟病。在那個月當中，我每隔兩天都必須值大夜班。換句話說，從當天午夜到翌日早上八點，院內那些最嚴重的心臟病患者都由我負責照顧。但老實說，大部分的工作都是護士在做。儘管她們遇到問題可以問我，萬一出了什麼狀況也可以找我，但所有人都知道，心臟科加護病房的護士對心臟病的治療比大多數住院醫師（包括我在內）懂得還多。

金恩先生的心臟病已經發作過好幾次，也做過不只一次心臟手術。最近，他開始出現心律異常的現象，必須接受侵入性的治療才能讓心跳恢復正常。同時，他還有其他一些嚴重的症狀。整體來說，他的健康狀況很差。

之前整整有一個星期的時間，金恩先生的家人一直在討論最佳治療方案，直到今天才在金恩先生的堅持之下同意放棄急救。這意味著，當他再度出現心律不整或心跳停止的現象時，我們將不會對他施行心肺復甦術或運用任何侵入性的療法（包括體外心臟按壓或心臟電擊）讓他的心跳恢復正常，以搶救他的性命，而只是提供他氧氣並採取一些舒緩措施。事實上，金恩先生之前就一再表達他的這個願望，但一直到今天他的女兒才勉強同意。這是因為她終於明白了一個事實：在他生命的盡頭以如此激烈的方式施予治療，不但徒勞無功，甚至有損他的尊嚴。

身為值班醫師，當院內的廣播系統宣布有緊急事故時，我就必須趕緊跑到走廊的另一頭，衝上樓梯，去為心跳停止的病人做心肺復甦術並施打藥物。儘管大多數時候病人的性命還是無法保住，但至少我們可以說我們已經盡力了。

那天，在凌晨一點三十分，我正和同事們聊天時，突然接到了金恩先生的護士打來的電話。她說他的心臟病又發作了，而且似乎很嚴重，問我可不可以盡快趕到病房。不到一分鐘之後，我就抵達了，而且發現他的情況正如護士所描述的那樣。然而，這回我什麼也不能做。這讓我很不習慣，因為這違反了我多年來所受的醫學訓練。對當時還年輕的我而言，身為醫師就是要診斷病人，開立處方或採取其他治療方式。

我明白這是金恩先生的意思，也知道對他施行電擊，讓他的心跳恢復正常，縱使有效，也只是延遲死亡的時間，而且很可能會讓他非常痛苦。儘管如此，我還是被身上所背負的沉重責任感壓得透不過氣來。

當我正站著思索這件事時，金恩先生的女兒從門口衝了進來。她已經接到了通知。看到我們便聲淚俱下，氣急敗壞地要求我們搶救她的父親。我趨前向她解釋眼前的狀況，但她根本不聽，還大發雷霆，再度要求我們幫幫他、拯救他。當時，病房裡的其他病人想要睡覺，於是值班護士和藹而堅定地將她帶到病房外的家屬等候區，並留在那裡和她談話，我則繼續待在金恩先生身邊，為他施打事先已經準備好的止痛針。

他的性命已經危在旦夕。我從監測儀上可以看出他的心臟正逐漸衰竭。我為他打了止痛針，確定他已經不再疼痛後，便站在床邊，看著他的生命一點一滴地流逝。那種感覺就好像看著兩輛汽車在我眼前對撞，令人極度無助。過不了多久（可能只有十五分鐘），金恩先生就去世了。當我意識到他已經快要嚥下最後一口氣時，便取下他臉上的氧氣面罩，並請他的女兒進入病房。此時，她的情緒已經變得較為平靜，也接受了父親今晚就要死去的事實，只希望能陪他最後一程。她坐在床邊，握著他的手，把頭靠在他的胸膛上，向他道別，默默流淚。我們把監測儀的聲音關掉，以免心跳停止時的警示聲驚擾到她。等到她抬起頭來，想要了解當下的情況時，我們才告訴她他已經走了。她點點頭，又哭了起來，但這次聲音比較微弱。接著，她拍了拍她父親的胸膛後，就去打電話給她的家人了。

我和護士分別站在病床兩邊，面面相覷，感覺事情彷彿就應該如此，但又有些茫然。

人們是否應該以這種方式結束生命？我們這樣做到底對不對？儘管我知道我們並沒有做錯

什麼，但心中還是惴惴不安，頗為矛盾。我想：我到醫院來實習，就是為了學習該如何救人，但如今我卻奉命什麼都不要做。這是否也能算是一種作為呢？

或許我除了為金恩先生注射止痛劑之外，也應該和他的家屬談一談。這是在醫院裡實習的好處。在這裡，我可以學到行醫的「藝術」，而這是課堂上學不到的。我感覺自己似乎可以多做一些，好讓金恩先生的女兒比較容易面對他的死亡。

然而，當時我並不知道該怎麼做。

——

實習結束後，我選擇了家庭醫學科，專門照顧產婦和新生兒，因此很少有機會面對死亡，但這並不表示我從來沒有這種經驗。這類事情你通常不會從產科醫師和護士口中聽到，因為我們寧可把重點放在嬰兒誕生時所帶來的喜悅與驚奇。但事實上，我在產科的那些年偶爾也不得不面對人生中若干令人痛苦的時刻。

我永遠記得我病人當中一對夫婦的故事。有一天，我正在醫院替同事代班時，接到了通知，要我過去產房，因為有個產婦在丈夫的陪同下到了醫院，準備要分娩。她名叫茱莉亞，已經懷孕二十週，但因為她腹中的胎兒罹患了嚴重的遺傳性疾病，已經胎死腹中，所以茱莉亞便住進醫院，準備引產。我心想，這將是一個哀傷、難熬的夜晚。

引產手術是在院內的一個特定區域進行，和一般自然產的產房隔開，較為安靜，病人也比較有隱私。

這是我第一次見到茱莉亞和她的丈夫道格。他們兩人都約莫三十出頭。先生是銷售員，妻子是會計。她說他們兩人都很希望能有個小孩，因此當他們得知基因篩檢的結果時，簡直傷心欲絕。

道格沉默寡言，但遇到這種情況，他會這樣也並不令人意外。通常遇到這種人，我都不會打擾他們，但在當時的情況下，我不得不和他們夫婦談談。雖然這類對話讓人很難受，但我還是跟他們討論了一些細節，例如他們是否想要留下孩子的照片或腳印、要不要抱抱她等等。

道格先回答了我的問題。他說他不想要抱她，但這並不是因為他不愛她，而是因為他很怕看到她的樣子。茱莉亞則明確表示她想抱抱女兒，但不知道她的身體會不會冷冰冰的。當她聽到我說不會時，似乎鬆了一口氣。顯然他們兩人先前都已經討論過這些事情了，而且很確定自己要什麼。

當我把海草根放進茱莉亞的子宮頸，以刺激她的子宮收縮時，病房裡非常安靜。起初，我只是每隔一陣子回去查看一下她的情況，但當她開始陣痛後，事情就進展得很快了。她的子宮從原本的偶爾收縮一下，變成每隔三、四分鐘就收縮一次。期間道格一直在窗邊踱步。當她的陣痛越來越強烈時，我幫她注射很多止痛劑，以緩解她的疼痛，但她還是不斷哭泣。不久，胎兒就生下來了，而且過程頗為順利，讓她非常意外。

那嬰兒的身體很小，約莫只有一個成年男人的手掌那麼大，已經沒有生命跡象了。我把她抱到一旁，很快地檢查了一下，發現她身上果然有許多羅患那種遺傳疾病的嬰兒特徵，但因為她才幾個月大，有許多缺陷是她的父母看不出來的。我用毯子將她裹起來，問茱莉亞是否已經準備好了，她點了點頭。這時，道格正坐在房間一角的椅子上，雙手掩面，無聲啜泣著。我把小嬰兒遞給茱莉亞，看到她滿臉淚水地抱著自己的女兒，喉頭不禁發哽，但我沒動，也沒開口，只是靜靜看著這一幕。

剛開始時，茱莉亞雙眼緊閉，並沒有把孩子抱到胸前，但過了兩分鐘後，她睜開了眼睛，深吸一口氣，俯視著那小女嬰，然後將她抱到懷裡，開始審視孩子的面容。沉吟了一會兒之後，她說女兒的眼睛像爺爺。道格聞言也站起身來，悄悄走到床邊，但仍然有些畏怯，不敢伸手去碰她，只是看著他的妻子審視他們的小女嬰。最後，他終於低下頭去看她，過了一會兒之後便說她眼睛的形狀確實像爺爺。接著，他又抬頭看著茱莉亞，彼此相視而笑。然後，茱莉亞便緩緩地掀開毛毯，女嬰那幾近半透明的光亮肌膚逐漸露了出來。最後，她終於把毛毯完全掀開，從頭到腳檢視裸露在外的小小身軀：她的雙手各有五隻手指，腳趾也很齊全。起先茱莉亞只是喃喃自語，描述著她所看到的一切，後來便開始對女兒說話，告訴她她身上有哪些地方像哪些親戚，並說她很愛她。

十分鐘後，她的神情有了明顯轉變。她雖然還是坐在床上，將女兒緊緊抱在胸前，但已經不再說話。只見她再度閉上雙眼，把頭往後仰，靠在枕頭上，開始哭泣，聲音比之前更大。此時的她看起來已經疲累至極，但還是哭得撕心裂肺。道格站在她身旁，但兩人都沒有說話。不久，茱莉亞又再度睜開眼睛，俯視著她的女兒，然後緩緩地用毯子將她裹起來，神情專注，動作仔細。

她包好後，道格便接過孩子，回到角落的椅子上坐下，將她抱在懷裡，然後彎下腰，在她的耳邊說些什麼，臉上滿是淚痕。接著，他又抬起頭來看著我，並告訴我孩子的名字。那是一個雖不常見但很可愛的名字，意思是「來自天堂的小寶石」。茱莉亞向我說明這個名字的來由後，道格便說他們已經向孩子道別了，接著他將她那比毯子還輕的小小身軀輕輕地遞給了我。

我想起自己還有工作要做，便小心翼翼地把女嬰交給病房外的護士，再回到病房內檢查茱莉亞的狀況。一開始我先向他們致哀，然後才開始檢查，確認茱莉亞並沒有異常出血的現象，生理跡象也都穩定，然後告訴他們，茱莉亞的乳房可能會開始分泌奶水，之後也還需要做追蹤檢查。

幾個小時後，他們便出院了。但在他們出院之前，我特意回到病房去探視他們，並告訴他們我對先前所看到的那一幕的感想。我說，他們今天除了像其他新手父母一樣仔細看著自己的孩子，向她道愛之外，還得和她道別。這是很不容易的一件事，但他們做到了。我曾目睹無數個家庭在嬰兒出生後歡欣鼓舞的情景，但他們的情況完全不同。他們能夠在如此短暫的時間內迎接自己的女兒並旋即向她道別，充分展現了他們的堅強。我告訴他們，今後有很長一段時間，他們無疑還是會為此事感到悲傷，但他們是一對很了不起的父母，我會一直記得他們以及他們美麗的女兒。直到今天，我從來不曾忘記。

在開始提供安樂死服務的頭幾個月，我確實不曾接受正規的訓練，學習安樂死的「藝術」，但我經常想到道格和茱莉亞。他們提醒我，在為病人施行安樂死時，除了選擇要施打的藥物之外，還有一些更重要的事。或許在這類場合中，我除了要扮演引導者的角色之外，也要當一個恭敬的見證人，有時甚至要懷著悲憫之心向病人的家屬訴說我所觀察到的一切。

我原本像訪問我的那位電台主持人一樣不知道該如何稱呼安樂死。但經過了一段時間的思索之後，我發現答案就越來越清楚了。在和同行討論時，我會稱之為「程序」（procedure），但在家裡和辦公室，我開始以「接引」（delivery）這個詞來稱呼它。一方面是因為我曾經是個產科醫師，另一方面則是因為這個字眼簡潔扼要地描述了我在安樂死過程中所扮演的角色。從前，我「接引」嬰兒來到這個世界，現在則「接引」那些重病之人進入死後的世界，讓他們脫離難以忍受的痛苦。我喜歡這個用詞所含有的對稱之美與詩意。後來我發現我的病人也很喜歡。

第九章

八月時，我發現自從在六月協助哈維安樂死以來，我已經有了很大的改變。我不再站在衣櫥前面猶豫不決，拿捏不定自己該穿什麼衣服（我知道我只要穿一套樸素的長褲和上衣就可以了），不再那麼擔心當天可能會發生什麼狀況，不再需要努力記住安樂死資格審查標準，也不再害怕填寫那些多如牛毛的文件。同時，我也能更加坦然地向病患家屬解釋安樂死的程序，並鼓勵病人的主治醫師參與其中。那一整個夏天，我不斷接獲來自溫哥華島北部以及海灣群島（Gulf Islands，介於溫哥華島和加拿大大陸之間的幾座小島）上的一些小城市的訊息，請我前往那裡提供安樂死的服務。也有一些家庭請我飛到卑詩省北邊的內陸或沿海小鎮去幫忙。要前往那些地區，我必須搭乘渡輪、私人出租船，或者獨自開車或搭乘飛機，還會有很長一段時間都不在家，並且必須承擔一些風險。但在頭幾個月，我還是盡可能有求必應。事實上，不光是我，同行的夥伴也是如此。我們都覺得，在有更多醫師挺身而出參與安樂死工作之前，我們必須盡量幫助那些受苦的人。

在那幾個月當中，我從未想過要限制自己的工作時間。我不知道自己會變得多忙，也不知道病人會提出什麼樣的要求。只要病人需要我，我就盡可能前往，即便他們希望在傍晚時分安樂死，我也不會拒絕。只要工作需要，任何地方我都願意前往。畢竟事關病人的生死，我覺得我有義務要幫助他們。有時我因此無法與家人在一起，但我相信情況很快就會穩定下來，到時我就能在工作與家庭之間取得某種平衡。對我來說，安樂死是一個陌生的領域。身為少數的從業人員之一，我不免會遭遇一些實際上的困難以及自身的挑戰。幸好有越來越多夥伴加入我們的行列。我們互相支持打氣，並透過電子郵件分享彼此的情況、提出問題並給彼此一些建議。

儘管我們很小心維護我們在阿姆斯特丹會議後所成立的那個小組，但我們也明白如果能經過審慎篩選，讓更多人加入，可能對大家都有好處。雖然加拿大很少有醫師公開宣稱自己正從事安樂死的工作，但我們猜想有些人可能正默默進行。於是我們便主動邀請我們在其他地區聽說過的一些醫師加入我們的小組，而其中幾位又引進了一、兩個相熟的同事。其中包括新斯科舍省的黎安和提姆、安大略省的艾德與尚塔爾以及後來的傑瑞、琴恩和比爾。之後，又有兩、三個來自大草原地區（Grande Prairie）的醫師加入。接著，一個來自亞伯達省（Alberta）的醫師也成為我們的一分子。於是，在頭兩個月當中，我們的人數就增加到二十個，而且背景各不相同。有些跟我一樣是家庭醫師，有些是專科護理師，有些是麻醉師或安寧照護醫師，還有一位婦產科醫師，以及至少一位內科醫師。

在幫助路薏絲和查理安樂死之後，我曾經透過電子郵件問小組內的夥伴，是否也曾遇到病人的主治醫師不願意參與安樂死的情況？他們所在的地區是否很難取得安樂死藥物，或者找不到願意參與的藥師？那裡的安樂死情況如何？雖然加拿大的安樂死法令是由聯邦政府所制定，但各省的醫療保健制度不盡相同。很快的，我們就發現各地區在這方面有著很大的差異。

住在多倫多市的艾德在回函中指出：「在安大略省，我們必須向驗屍官彙報所有細節。事實上，政府規定我們在病患過世後必須立刻打電話到驗屍官的辦公室，報告整個過程以及我們當初如何判定他們符合安樂死資格等細節，再由驗屍官當場透過電話和病人的家屬一一核對。這樣做真的很麻煩，不但要花很多時間，也讓大家都很尷尬。」

位於加拿大中西區大草原省分的一位同行則面臨另一種難題：「死亡證明書上的死因要怎麼寫呢？你會寫安樂死還是病人所罹患的疾病名稱？薩斯喀徹溫省（Saskatchewan）政府規定我們要寫『自殺』，但我覺得這並不恰當，很多家屬也不認同。」

通常我如果是在早上提問，可能一小時之內就會收到一、兩則回覆，在中午之前，可能就已經有好幾個人來函了。遇到某些議題，我甚至在一、兩天之內都會陸續接到回覆。透過分享自己所學到的東西，我們得以彼此學習、互相幫助。如果某一種做法在甲地行得通，就會被提供給乙地的同行參考，再根據當地的狀況加以調整。莊納森和坦雅花了兩個月的時間在某個鄉村社區成立了一家安樂死診所後，就撰寫了一本相關的手冊供全國各地的同行參考。群組裡某位成員在聽到其他幾個人說他們的病人填寫了安樂死申請書卻找不到見證人時，就建議他們和「加拿大善終協會」連絡。她說安大略省的「善終協會」已經開始派遣志工去有意安樂死的病患家裡或他們所待的照護機構，為他們做見證，並且已經開始討論是否要把這項服務推廣到其他地區了，因此或許「善終協會」在這方面可以幫得上忙。艾德也分享了他所擬定的一份詳盡的安樂死資格評估表的樣本。還有好幾個人（包括我在內）提供了自己製作的介紹安樂死的投影片。同時，大家也都會毫無保留地分享自己在協助病人安樂死時覺得管用或不管用的方法。

不過，有一些問題是我們都無法解決的。

「不好意思，我想問一下……你們有人在案子結束後拿到錢嗎？」

在這方面，各省的情況不同，但所有省分都沒有適用於安樂死的請款代碼，因此我們只能以其他名義向醫療保健機構請款。

「我目前是以老年疾病評估的名義請款。」一名同行表示。

「我是用安寧照護的名義請款。」另一位說道。

「我什麼款項都還沒申請。」

有些省分（例如卑詩省）已經有臨時的請款代碼，但能申請的款項少得可憐，因此許多人根本懶得申請。我們都希望政府能召集相關從業人員，根據現有的類似請款代碼擬定出一套請款方針，但我們所提出的請求一直沒有得到回應。

在這個人數與日俱增的電子郵件群組中，我們可以很安心地探討我們所面臨的許多問題。除了彼此提供寶貴而實用的建議之外，我們也會在不透露病人身分的前提下分享他們的故事，包括他們在臨終時所做的安排以及我們自己的感想等。

當時，我從事安樂死工作雖然只有兩個月的時間，但已經見過形形色色的病人。有人很有主見，知道自己要如何渡過最後一段時光，有人則只希望他們的痛苦能夠早日了結。有人所做的安排僅僅是在兩個日期當中挑選一個，有人則會精心規劃。有人選擇獨自告別人世，有人在播放著古典音樂的寧靜空間裡嚥下最後一口氣，有人則在自家後院的露天平台上辭世，身邊不僅賓客環繞，還有搖滾樂和香檳助陣。每個人的選擇通常都反映出他們本身的性格。

有人在電郵中寫道：「今天，當事人的兩個兒子在程序開始前為他們的母親朗誦了《夜鷹頌》這首詩，而且念得有模有樣。我們坐在她的床邊，感覺就像置身於劇場中……他們朗誦得真是精彩。我相信他們兩個人當中至少有一位是專業的舞台劇演員。他們這樣做是應母親的請求，把這當成他們送給她最後的禮物。她雖然身體已經很虛弱，但還是跟著他們一起念了好幾行詩句。顯然這首詩對她來說意義非凡。」

「今天下午，我聽到了最動人的風笛音樂。」另一人也在電郵中寫道。「我通常不怎麼喜歡風笛的音色，但今天的音樂實在非常感人，而且演奏的曲子不是我們時常聽到的法蘭克・辛納屈的那首 My Way，讓人耳目一新。」

這些都是我們曾經目睹的場景，時而美麗，時而詼諧，時而悲傷。

住在科莫克斯谷的莊納森則表示：「最近我在進行時忘了把手機關掉，結果我的病人陷入昏迷的時候，我的手機響了，讓我嚇了一大跳。」我看到這裡也心裡一驚，趕緊提醒自己以後在開始作業之前務必要提醒在場的人把手機關掉。「不過那鈴聲聽起來很熟悉，後來才發現那是 Stairway to Heaven（通往天堂的階梯）（譯註：這是英國搖滾樂團「齊柏林飛船」的經典作品）開頭的一段樂句，很適合當時的情景，於是我和在場的賓客都不禁莞爾一笑。」

看到這裡，我也笑了出來，忍不住和他們分享了我最近的一次經驗：「有一位先生準備了一首歌，請人在他開始注射藥劑時播放。後來，他就這樣聽著 AC/DC 樂團唱的那首 Highway to Hell（通往地獄的高速公路）逐漸陷入沉睡，臉上始終掛著燦爛的笑容。」

我問那些夥伴他們在施行安樂死之前如何讓自己心情安靜下來，做好心理準備，回到家之後又會做些什麼。

喬西表示：「我們這裡規定醫師必須自己準備所有要用到的藥劑。所以，到了病人家裡後，我會刻意找一個房間，獨自在裡面準備藥劑。這並不會花太多時間，但我會利用這段時間思索有關病人的種種以及他（她）的一生。這是我自己用來放空、把心思專注在病人身上的一種方式。我發現這種做法能讓我的心情變得安穩。」

雪莉則表示：「在我們所在的社區，我們要執行任務時，一定會至少出動兩個人。事後，我們也一定會對所有相關的人做彙報。事情結束後，我會放自己半天假，同時我也會把每位病人安樂死的過程記錄下來。」

一位新進成員也說：「上次我要為病人做安樂死時，前一天晚上一直睡不著。事情結束後，我感覺自己已經心力交瘁，只好請我的搭檔開車來載我回家。」

「我喜歡在事後自己找個地方待上兩、三個小時，但這不是因為我覺得心力交瘁，而是要好好體會一下生命中的一切——包括我的孩子、我的嗜好，甚至還有新鮮空氣——是何等的寶貴。」提姆說道。

儘管每個人對事情的反應各不相同，所提出的建議也形形色色，但看到每個夥伴似乎都還能應付得過來，我不禁鬆了一口氣。

我們在阿姆斯特丹認識的那些同行曾特別囑咐我們一定要照顧自己。因此，我們便持續透過電郵群組分享自己如何在工作與生活中取得平衡，以期在盡心盡力照顧病人之餘也能兼顧自己和家人的需求。大家都明白，這是很重要的一件事。

就這樣，我們這些安樂死醫師不斷彼此切磋請益。然而，有時，我發現我從病人身上學到的更多。

凱蒂是個精力充沛、非常活躍的女人。她和丈夫肯恩已經結縭六十九年，婚姻幸福，但她向來獨立自主。她和肯恩已經在他們的農地上居住了七十年，親手在那裡建造了一座莊園，種植莊稼，收成頗為豐厚。肯恩來自有著十一個小孩的家庭，凱蒂的原生家庭有十五個小孩，他們自己則生養了六個兒女。一家人都住在附近，而她也一直幫忙照顧他們的孫子孫女及曾孫。

九十歲時，她的心臟已經不堪負荷。由於她同時有瓣膜性心臟病以及心律不整的問題，醫師所做的治療並不見效，因此她的情況在幾個月內便迅速惡化。她的家庭醫師應她的請求打電話到我的辦公室，請我去探訪她。

我不知道他們的莊園占地有幾英畝，但它座落在一座小山坡上，俯瞰著一片綠意盎然的荒野以及崎嶇不平的土地，風景甚為美麗。不過，這裡的土地面積雖然遼闊，他們的房子卻不是很大，裡面有開放式的廚房、餐廳和起居室以及幾間較小的臥房，房裡擺的是夏克式（Shaker-style）的木頭傢具。

我第一次見到凱蒂時，她側躺在臥房裡的床上，身上蓋著毯子，一直蓋到胸口。我估計她的體重頂多只有七十五磅，而且她的嘴巴張開，呼吸非常急速，嘴唇也很乾燥，讓我很難想像她之前曾經是一個忙裡忙外、精力充沛的農婦。

「我好累……什麼事也做不了。」她告訴我。「連坐都坐不起來。」

以凱蒂的情況，她顯然符合安樂死資格，而且她的心臟科醫師也願意擔任另外一個評估人，於是整個過程進展得很快。到了她要安樂死的那天早上，我和潔西卡（我在本地的社區工作時，總是請她幫我打點滴）抵達了她的住所。儘管安樂死的程序並非一成不變，會隨著個案而不同，但我和潔西卡已經有了一定的節奏。我們發現我們經常可以預料到家屬或我們彼此的需求。於是那一天，我向他們介紹潔西卡後，她便進入凱蒂的房間去架設點滴，我則把大家請到客廳裡開會。

那天在場的家屬大約有十二位，包括凱蒂的丈夫、幾名子女（他們都已經六十幾歲了）和他們的伴侶以及幾個姻親。我向他們說明了接下來會發生的情況。由於客廳較為寬敞，凱蒂原本想在那裡進行，以便讓大家都能參與。當我們正考慮要如何把她從臥室搬到客廳時，她的兒子吉姆卻表示反對。他說在這個時候搬動她，會讓她很不舒服，對她來說是很殘忍的事。凱蒂聽了也欣然接納。於是，我們決定在臥房裡進行。但由於那裡的空間有限，只能容納七、八個人，於是其他人只好待在客廳裡。我們緊挨著彼此，在她的床邊圍成了一圈。肯恩坐在凱蒂左側一把小巧的木頭椅子上，握著她的手，不發一語。

凱蒂已經筋疲力竭，做好了開始進行的準備。我依照慣例問大家是否還有什麼話要說，但他們都已經和她道別過了，於是我請凱蒂交代她的遺言。

「我愛你們大家……不要傷心……希望你們能好好照顧彼此。」

她說完後，我開始施打藥劑。才打完第一劑，她就睡著了。此時房裡悄無聲息。過了三十秒後，有人開口了。

「草莓果醬。」

說話的似乎是站在我右後方的一個女孩。她是凱蒂的么女。我盡量不動聲色，但感覺在這種時候，她這樣說真的有點奇怪。房內一片死寂。但突然間房間的另一頭有個人「嗯！」了一聲，表示贊同。

「聖誕節的蛋糕。」另一個角落裡有人說道。然後左邊的那個人小聲附和：「是啊！」

「為大家織羊毛襪子。」

有人小聲笑了出來。大家開始懂了。

「不聲不響地把孫子孫女帶走。」

「把番茄裝罐。」

每隔幾秒，就有人說出一件凱蒂從前常做的事，藉此向她致敬。這種自發性的情感流露，形式簡單卻充滿力量，讓我感到驚異。此時，陽光正透過窗外的一棵大橡樹照射進來，在房間裡的陳設以及凱蒂身上的毯子上灑滿斑駁的光影。我站在那兒，看著眼前這幅美麗的景象。

那一天，離開凱蒂家後，我特地開車繞遠路，經由水岸返回辦公室，一路上不停想著先前所見的情景。在那八分鐘之內，我得知了關於凱蒂的種種，知道她對她兒孫的生活有著什麼樣的影響，知道她為他們做了許許多多的事情，讓他們愛她、感激她。凱蒂一生慷慨，而她的家人用這樣一種別有深意的方式向她致敬，可說再貼切不過。顯然，她是他們這一家的主要人物，是型塑她家庭的一股特殊力量。我不禁想到，我已經將近五十歲了，或許還有幾十年可活，但當我的時日到來時，我的親人會怎麼談論我呢？我希望他們記得我做過的哪些事情？想到這裡，我已經來到了水岸，便將車子靠邊，停在一座正對著奧林匹克山脈的小瞭望台上，看著峰頂陽光普照、雲朵飄移的景色。

我想起了凱蒂臥房內的那幕景象，開始問自己：「當我要走的時候，我希望誰能握著我的手？」是尚馬克，這點我很確定。在經過二十年婚姻之後，還能有這種感覺真好。「我是否希望我的孩子到時也能在我身邊？」是的，我希望如此。除此之外，還有哪些人是我所看重的呢？理由何在？我最近有沒有跟他們說話？我走的時候身邊會不會擠滿了人？還是只有小貓兩三隻？當死神逼近時，誰會陪在我身邊呢？

凱蒂死時，她的家人本能地就想到了她之前所做的種種對他們來說別具意義的事情。輪到我要走的時候，我的家人是否也會如此？我之所以會放棄產科那份需要值班二十四小時的工作，就是為了要多陪陪丈夫和孩子，但現在我陪他們的時間有比以前多嗎？我是否有可能因為太投入這份新工作而忽略了我對家庭的責任？上個星期，我才錯過了一次家庭晚宴，因為我在工作結束後留下來和病患的親友一同悼念他。我喜歡了解病人的生平，並從中得到一些啟發，甚至回到家後還會細細琢磨。這固然沒什麼錯，因為我想為孩子樹立一個榜樣，讓他們明白人必須找到自己在人生中的使命，但我是否因此忽視了家裡所發生的事情呢？我有沒有花足夠的心思在家人的身上？

究竟哪一件事情比較重要？是讓病人隨時都可以找到我？還是花更多時間陪伴家人？

我重新發動汽車引擎，離開了水岸，但一路上仍不停思索著。我在想：現在這份工作感覺和從前是多麼的不同。從前我擔任產科醫師時，是把自己的生活經驗應用在工作上，希望能對那些新手父母有所幫助。但現在，病人的生活經驗卻給了我一些啟發。凱蒂的例子讓我明白，我必須花更多時間陪伴我生命中的重要人物，並且慷慨待人、樂於付出。這才是我想要的生活。

或許今後我還會從我的病人身上學到更多東西。

凱蒂的案例讓我下定決心，從此不在週末或下午五點以後工作。到目前為止，我一直根據這樣的原則來安排工作日程，以便留一點時間給自己和家人。我不知道以後我是否能百分之百做到，但我希望每次我想要打破慣例的時候，就會想到凱蒂。

第三篇

—　秋去冬來　—

第十章

我遇見海倫時，她已經七十多歲了。連續五十六年菸不離手的日子使她罹患了肺病，已經變得憔悴而虛弱。儘管她的胸腔科醫師已經盡力予以治療並持續追蹤檢查，我去她家評估她的狀況時，她已經到了連去浴室都必須攜帶氧氣罐且光是講話就會喘的地步。她告訴我，她向來很喜歡抽菸，直到她在家裡也必須使用氧氣時，她才戒了菸，但她很懷念那種感覺，希望死前能再抽一上根。

海倫住在維多利亞市郊的一個小鎮上。她的孫子提姆在七歲時便因母親進了勒戒所而搬來和海倫同住，直到他長大成人。如今提姆已經三十一歲了，因為還沒找到新的工作，仍舊和海倫一起住在她那棟有兩個房間的公寓裡，但每當我問起提姆的時候，她總是翻了翻白眼，不搭理我。當我繼續追問時，她說他「不是個好人」，不僅自我中心、不負責任、經常說謊，而且十幾年來一直竊取她的財物，將變賣所得的錢用來賭博。提起提姆，她時而憤怒，時而害怕，但大部分的時間，她都不想談他。我去探視她時，她也不肯讓他在場。

在海倫預定實施安樂死的那天早上，我抵達了她家，發現她身邊有三個閨密陪伴，其中一、兩位在我們之前的會談中曾經出現。她們三人一直照顧海倫，幫她採買食品雜貨、打掃房子並和她作伴。她們認識已經將近五十年了，還曾經告訴我她們年輕時做過的一些荒唐的事。我彷彿可以看到她們就像電影上的那些好姊妹一樣，在晚上打扮得漂漂亮亮地出門，四個人手挽著手，說說笑笑，引得路人回頭。如今她們都已經七十出頭了，但仍然情同姊妹，互相照顧，令人欣羨。她們曾經一起渡過生命中每個重要的時刻，如今海倫即將告別人世，她們也要陪伴在她身邊。

令我驚訝的是，這一天，提姆居然也在。

他穿著一件寬大的帽T，手裡反覆轉動著像是電子菸的東西，看起來坐立不安，甚至有點煩躁。我在進行準備作業時，他大部分時間都待在另一個房間裡，而海倫就像我先前的幾位病人一樣，顯得冷靜從容、意志堅定，而且做好了準備。當我們的談話結束，我請她簽署最後的同意書時，她猶豫了一下。「等等！」她說。「我還沒完全準備好。」

這是我從事安樂死工作以來，第一次遇到這種狀況。奇怪的是，我之前並未察覺她有一絲猶豫的跡象。

「好的，你是不是對待會兒會發生的情況還有一些疑問？」我問。「還是你需要更多的時間？」

她沉吟了一會兒，拿起筆，又停住了。「不，我只是還沒準備好。」

「沒問題，我了解。那我就先離開，過幾天之後再打電話給你，看看你覺得如何。這樣可以嗎？」

「什麼？不行，你得留在這兒！我只是需要和提姆談一談罷了。請你幫我去找提姆，好嗎？還有，把我那幾個閨密也找來，我需要她們陪在我身邊。」

於是，我請那幾位進入客廳。他們原以為安樂死程序即將開始，但我告訴他們海倫尚未做好準備。聽到這個消息，那幾位女士就像我一樣，一副困惑的表情。不過，當我告訴提姆他的祖母想先和他談談時，他的臉上閃現了一絲沾沾自喜的神色。於是，他便走到海倫對面的椅子上坐下，並握住她的手，問她有什麼話要說。

一般說來，病人一旦決定了安樂死的日期後，就會利用剩餘的時間去完成一些之前沒來得及做的事。有些病人會打電話給遠在他鄉的朋友，和他們道別。有些病人會把生意上的一些業務或實際的事務處理好，例如把密碼和一些重要資訊交代給身邊的人。他們經常告訴我，他們很慶幸自己有機會及時把事情處理好。有些病人會在臨終時向身邊的家人和朋友訴說他們的愛意、痛苦、感激或寬恕之意。這時，我多半都在現場。他們的語氣很溫柔，現場的景象也令人鼻酸，但這次海倫所說的話卻完全出乎我意料之外。

她雖然上氣不接下氣，話卻說得毫無顧忌。

「什麼樣的男人會偷自己的奶奶的錢？」她開口了。「我辛辛苦苦把你養大，不是為了讓你變成這樣的人。你浪費了你所有的機會，不但抽菸、喝酒，還吸毒……你以為我不知道嗎？」

提姆聞言，起先非常震驚，一句話也說不出來，接著開始抗議，但他的話立刻就被海倫打斷了。「我給你的遺言就是：你要放聰明一點。」她酸溜溜地說道。「沒有人會像我一樣愛你的。別人絕不可能會受得了你的滿口謊言。你太卑鄙了，老是占我便宜，但事情到此為止。我走了以後，什麼都不會留給你。無論是錢財或家具都沒有你的份。我對你只有一句忠告：收拾你自己的爛攤子吧！」

這些話似乎讓提姆從驚訝轉為憤怒。他握緊拳頭奪門而出，跑到公寓外面。透過那扇半開的門，我可以聽到他在走廊上一邊踱步、一邊喃喃自語的聲音。海倫要我們等著。大家都目瞪口呆，默不作聲。我走到廚房，和負責打點滴的潔西卡小聲討論該如何應變。

「不曉得情況會怎樣……」我說。

「是啊，頭一回碰到這種事。」她面帶微笑但語氣嚴肅。「我看你還是把那些備用藥劑帶在身邊。」

最後，提姆還是回來了。他在海倫對面坐了下來，握住她的手，深吸一口氣，把頭微微偏向一邊，開始說道：「奶奶，我很抱歉今天的場面有點失控……」

但海倫並不想聽。她打斷他的話，繼續數落他。我一直待在廚房旁邊，以免打擾到他們，但我擔心她這樣做會讓大家陷入險境，因為我們都不清楚提姆究竟會乖乖聽她數落，還是大發雷霆。我只能屏住呼吸，靜觀其變。幸好提姆只是坐在那兒，一動也不動，不發一語。後來，我便聽到他啜泣的聲音。

「老天，奶奶……我真是個渾蛋。」他說。

他請求海倫原諒他，說他確實一直對她很殘忍，又說她走了以後，他會想念她的。她聽完便點了點頭，拍拍他的手，要他離開。他很驚訝，但還是一動也不動。

「葛林醫師，我已經準備好了。」她向我示意。「而且我不希望提姆在旁邊。」她的目光又回到她的孫子身上，並對他說道：「現在請你離開，你聽見了嗎？我走了以後你要學乖一點！」

說著她便抽出她的手，把頭轉開。提姆滿臉通紅、神色困惑地站起身來，彎下腰，在她的右臉頰上笨拙地親了一下，然後離開了房間。

這時，海倫轉頭看著我說：「我總得發洩一下。現在我準備好了。來吧。」

海倫死後，我在開車回家的路上，一直想著她，對她臨終前的決心印象深刻。幾十年來，她一直隱忍，最後終於把心裡的話說了出來。我挺高興她能藉此機會一吐為快。看來她似乎對自己的做法非常滿意。

每次我離開病人家，開車返家或回辦公室的路上總是思緒洶湧。這些日子以來，我每每會下意識地把自己和家人之間代入我所看到的場景，想像自己就是其中一個角色。有時，我是那悲傷的女兒或妻子，有時則是那垂死的母親。總有一天，我必須扮演其中一個角色。想到這裡，我總是痛苦不堪，但也因此得到了一些啟發。

我清楚看到海倫生前有些情緒一直沒有抒發出來。這讓我想到了我的父親。

將近十年前，也就是二〇〇六年十月時，我的父親過世了。當時我正好在哈利法克斯過感恩節。在加拿大，感恩節雖然不像在美國那般受到重視，但也是人們闔家共度一個長週末的時機。當時，我的孩子還小，我在產科的工作也頗為繁忙。從我所在的維多利亞市回到位於東岸

的哈利法克斯，我至少須要搭乘兩班飛機，還得花上一整天的時間。不料，出發前夕，我接到了我父親的電話，說他正在醫院看急診。他雖然只有六十五歲，但有糖尿病以及病態性的肥胖症，幾年來已經多次進出醫院，不僅心臟開過刀，還做過截肢手術，把一隻腿切除了。他在電話中告訴我，他這個週末不會在家，如果要看他，得去醫院才行，他希望我不介意。

我和父親的關係一直有些緊張。自從他和母親離婚後，我們就只是維持表面上的關係，每次連絡多半是在他健康出了問題的時候。這樣的父女關係對我而言並不是很滋養。我感覺我小的時候他從來不曾真正的陪伴過我。雖然我上了大學後，開始試著與他和解，自己有了小孩以後，也逐漸看出他其實有他的優點，但我還是經常覺得我對他似乎只剩下某種我無法擺脫的責任。我知道他愛我、關心我，但這些年來，我已經學到了一件事：你無法要求別人給你他沒有能力給予的東西。他離開母親後，又結了三次婚，但每次都以離婚收場，因此我去看他時，總覺得他好像又變得不太一樣了。這對我們的關係可能也沒有什麼幫助。我一直試著降低我對他的期望，也盡量履行我對他的義務，希望藉此讓我的孩子能認識他。或許他當了外公後，和孫子的關係會比較融洽。因此。儘管我們父女相隔五千公里，一年頂多只見兩次面，也很少通電話，但我還是努力維繫我們的關係。

那段期間，我每次回哈利法克斯時，總是住在我母親那兒。她從一九九〇年代末期就一直為一種慢性的神經疾病所苦。這種病會逐漸惡化，慢慢破壞她的身體功能，使得她雖然腦筋清楚，卻無法獨立自主，毫無尊嚴可言。看到她的病情逐漸惡化，我總是非常難受，但她的韌性也令我印象深刻，因為她雖然生了病，還是毅然和她的第二任丈夫離了婚。

接到我父親的電話後，我便打電話給她，告訴她他已經住院了。他們兩人離婚後，彼此之間仍然充滿敵意，而我經常被夾在中間，左右為難。每當我和他們其中一位在一起時，總會不自覺地重新回到小時候所扮演的角色。平常我是兩個孩子的母親，是個醫師，也是個成人，但在哈利法克斯，我總是又變成了一個小孩子，夾在父母中間，試著安撫他們兩人。有許多年的時間，我總是設法找出時間，跟他們分別見面，遇到畢業典禮、假日和婚禮的場合，也要格外費心安排。這對我來說並不容易。無論在技術層面或感情層面都是如此。如果我花太多時間和他們當中的一位在一起，或者特別為另外一個著想，我的心裡就會有罪惡感。

這趟返鄉之旅似乎也不例外。

「呃……很遺憾聽到他又住院了。」母親答道。「你會去看他嗎？」

難道她以為我有可能會不去嗎？

我懷著忐忑不安的心情，帶著兩個孩子（當時他們分別是六歲和八歲）去醫院探視他們的外公。一看到我們走進病房，他立刻眼睛一亮，喜形於色。兩個孩子最初有點害羞，不敢靠近他，但在我半強迫式的引領下，還是走到他身邊。結果，我們都很慶幸自己來了。第二天，我接到父親的妻子琳達（他們四年前結了婚）的電話，說他的病情已經急遽惡化，建議我去看他但不要帶上孩子。於是，那天下午，我到醫院探望他，發現他的情況確實很糟，幾乎已經處於昏迷狀態，而且呼吸頗為急促。我答應琳達第二天還會再來。但當我後來又去看他時，情況並未改善。

我原本已經預定要在第二天早上帶著孩子搭機返家，但我知道在這個時候離開並非明智之舉。既然父親有可能即將死去，我怎麼還能走得開呢？只是兩個孩子並沒有必要留下來，但他們也不能在沒有大人陪伴的情況下上路。於是，我打電話給尚馬克，和他商議對策。他也認為我最好留下來，多待幾天，讓孩子自己回家。最後，我們決定讓孩子自己飛到卡加利市（Calgary），再由尚馬克飛到那裡去接他們。於是，第二天早上，我帶著山姆和莎拉上了飛機，並依照航空公司的規定，待到飛機要起飛時才離開。之後，我便立刻趕回醫院。

那一天，父親的病況不斷惡化，讓深愛著他的琳達憂心如焚，不知道該如何是好。到了下午，我們開始和醫院討論是否要讓他住進加護病房。由於我是醫師，琳達便讓我來決定。

突然間，我陷入了一個自己從未預料到的困境。有人問我：我的父親是否會願意插管？是否要住進加護病房？是否會想要接受心肺復甦術等問題，但我對他幾乎一無所知，怎麼能替他做決定呢？一來，我們之間的緊張關係才開始緩解，二來，我從不曾和他討論過這類事情，況且照顧他的是琳達，她對他的了解應該遠勝過我，因此我實在不想在他臨終時替他做這些決定，但我又能怎麼辦呢？想到這裡，我不禁滿腔忿恨，但更多的是無助。

我打電話給住在溫哥華的哥哥，他聽到消息後很難過。由於他和父親的關係較親，因此我真希望我們兩人的角色能夠互換。經過一番討論，我們一致認為父親不會想要插管，因為一旦插管，很可能就再也無法拔除了，而琳達也同意這樣的做法。於是，我們請醫師讓他留在原處，不要送進加護病房，並請他們設法免除他的痛苦。醫師警告我們他有可能在那天晚上就會死去，後來果然如此。

事情發生時，我正站在床尾，琳達則俯身在他的胸膛上哭泣。就這樣，我眼睜睜看著父親嚥下了最後一口氣。

我非常難受，心想如果可能，我真想逃離。如今我們已經沒有機會化解彼此之間的心結，我只能面對眼前的事實，並且擔負起我無可逃避的責任。於是，我告訴琳達他已經停止呼吸了，接著便請醫師過來，並在琳達終於鬆開父親的遺體時，將她抱住。然後，我又分別打電話給我們的拉比和我哥哥。幸好，他說他會打電話給叔叔等親戚們。

當我告知母親父親已經死去時，她顯得非常震驚。我和猶太社區內負責為死者籌劃喪葬事宜的治喪義工委員會（Chevra kadisha）連絡，請他們幫忙安排喪葬儀式並照看遺體。那天晚上，我一直輾轉反側，無法入眠，反覆想著我和父親的關係以及我為他做決定時的那種矛盾心理。第二天上午，我和拉比見了面，規劃葬禮的細節，並安排了「七日服喪期」的相關事宜，包括要在哪裡舉行、由誰來備辦食物等等。然後，我又去了當地的賣場，買了幾件得體的黑色服裝。等到哥哥抵達後，我們就在殯儀館碰面，並一起參加第二天的葬禮。「七日服喪期」的地點是在一家旅館裡。等前來弔唁的親友都離開後，我們便和叔伯姑姑們一起守喪，並享用了父親最拿手的乳酪蛋糕。那是冷凍櫃裡僅剩的一塊，味道非常可口。

這是我頭一次在哈利法克斯感覺自己像個大人，但我不確定我是否喜歡這種感受。

父親的死，讓我首次體會到家人的死可能會導致的混亂，也讓我感受到有些話沒來得及說出口的遺憾。同時，我也發現，人們如果沒有及早考慮或安排後事，會使在世的親人感到困惑和恐懼。有哪一個孩子、配偶或手足願意承擔這樣的責任呢？要減輕這種負擔，我們唯有在不省人事之前向身邊的人透露自己的願望，並和他們好好談一談。我知道這種事說起來簡單，做起來卻不容易，我自己也還沒能做到。不過，重要的不只是把後事安排好。海倫和她的孫子提姆的例子也提醒我，把怨氣埋藏在心裡不說出來，對任何人都沒有好處。

那個星期，我最難忘的時刻之一是我走出母親的公寓，要去和拉比討論喪葬事宜時，轉身看到母親站在門口。

「你知道嗎？我和你父親也曾有過一段很美好的時光。」她說。

我聞言大感震驚，因為之前我從未聽她說過這樣的話。他們離婚時和離婚後彼此仇視的模樣一直讓我倍感沉重，對她來說或許也是如此。如今，聽到她這麼說，我竟然感到如釋重負。如果她能早些承認這一點，我們是否會有不同的感受呢？

透過父親的死亡，我明白了人們在自己心愛的人過世時可能會有的惶惑與不安，也開始思考我們是否可以有不同的做法。在照顧那些臨終病患以及他們的家屬時，我也開始更深刻地思考自己的人際關係，並重新審視過往的經驗以及將來應該採取的做法。

第十一章

維多利亞市的秋天往往不經意間悄然而至，讓人難以察覺。到了十月多，中午的天氣仍然很溫暖，陽光也依舊晴朗，但是天色已經開始變得很快了。清晨五點半，太陽依舊在啁啾的鳥鳴聲中露臉，但上午的天空卻一天比一天陰暗，空氣也明顯變冷。熟悉、令人安心的船隻鳴笛聲從喬治亞海峽（Strait of Georgia）或胡安·德·富卡海峽（Strait of Juan de Fuca）海峽處傳來。這些都是秋日降臨的明顯跡象。我喜歡秋天給人的感覺，那絕對是我最鍾愛的一個季節。

我養成了一個新習慣。在要為病人實施安樂死的日子，我一早會先帶我的狗去海灘上散步。我很享受這樣的時光，因為這段時間我可以暫時忘卻白天要做的事，呼吸著新鮮的空氣，欣賞一覽無遺的山色。因為這段時光太過寶貴，我規定自己不可以看手機。早晨的海灘，到處都是喧鬧的狗兒。牠們追逐著小鳥與皮球，和新舊朋友打招呼，讓主人們得以互相認識，並享受當下。

這段期間，我發現自己不再像從前那般專注於工作上的細節，例如到哪裡去買點滴管、什麼時候要把表格傳真給誰等等。相反的，我越來越能察覺我先前沒有發現的一些比較微妙的層面。我注意到病人在等待資格審查期間往往會感到緊張不安，於是我盡量加速面談和檢核病歷的時間，以便早點給他們一個明確的答案。病人在聽到自己不符合安樂死資格時，都極度失望；而當我告訴病人「你符合資格」，他們的模樣就會出現某種變化：他們的身體會變得比較放鬆，肩膀會微微往下垂，臉上則往往會浮現一抹微笑，頭部也會微微擺動，顯然有一種如釋重負的感覺。因此，我發現，光是告訴病人他們符合安樂死資格，這句話本身就具有某種療癒作用。一旦他們不用再害怕自己可能會在什麼樣的情況下死亡，就能夠把心思放在生活上，讓自己更充分運用剩餘的時間。從這個觀點來看，安樂死其實比較無關乎死亡，而是關乎一個人想要如何生活。

有些病人在得知自己符合安樂死資格時，反而會想多活一陣子，哪怕是一兩個星期也好。在確定他們能夠依照自己的心意辭世後，他們就不再感到如此痛苦，也可能會因而願意嘗試活久一點。正如同每個醫師都明白的一個道理：只要給病人一些抗焦慮的藥物，哪怕他們只是把藥放在浴室的櫃子裡，不去吃它，也能發揮減輕壓力的效果。

在開始提供安樂死服務後的最初幾個月，我們這些安樂死醫師都不免會犯些小錯，例如忘記簽名或見證表上填寫的日期格式不對。但更重要的是，在認定病人是否符合安樂死資格時，標準不能太嚴苛，也不能過於寬鬆。當時，安樂死的法令才通過不久，尚未經過現實的考驗。我雖然已經記住相關規定，不需要在每次與病人面談之前再背誦一次，但仍然不太確定怎樣才算是「不可治癒的重症」。這個定義有一部分很明確，另一部分則有些含糊，但有一件事情是很確定的：我只要違反法律的規定，協助某個不符合資格的病人安樂死，就有可能會遭受刑事起訴，甚至可能會被判處長達十四年的有期徒刑。我不想觸犯法令，因此總是戰戰兢兢，擔心自己可能會犯錯。我想，安樂死醫師的人數之所以一直不多，很可能和這一點有關。

到了那年秋天時，我已越來越有信心，但這一方面也是因為我有一些管道可以求助。遇到我不太了解的醫療問題時，我可以和同行討論。遇到程序問題，我可以請教我信得過的行政人員。遇到法律和道德之類的問題時，我也可以向學者討教。從前我在擔任產科醫師時，為了避免醫療糾紛，我會打電話給「加拿大醫療防護協會」（Canadian Medical Protective Association，CMPA），詢問他們的意見。現在，為了避免因提供安樂死服務而受到刑事起訴，我也會徵詢該會的看法。從一開始的哈維到後來的路薏絲，乃至其他每個安樂死病患，我都會打電話給CMPA。他們會請我說明個案的細節，並請我把晤談記錄和病人的病歷寄給他們，也會問我一些問題，然後再交由他們的律師審議。審議完畢後，他們就會告訴我那是屬於高風險或低風險的個案。那段期間，我遇到的案子似乎都很單純，讓我沒有不接的理由。

直到我遇見尼文。

尼文是一位老先生，已經七十九歲，住在溫哥華北邊的一個社區。從那裡搭飛機到溫哥華要花上好幾個小時。我們初次交談是透過電話。他的聲音聽起來很溫暖，但語調頗為急促。儘管他表現出一副若無其事的模樣，但每說完幾句話，他就要屏住呼吸，顯然正處於痛苦中。他告訴我，他和羅伯特住在一起。後者比他小十一歲，是他的主要照顧者。後來，我們越來越熟時，他才向我透露他們兩人是伴侶關係，已經同居了三十七年。在那次電話中，他說前一段時間，他的身體出現了一些奇怪的症狀，體力也越來越差，到了最近，這些毛病已經開始令他難以忍受了。

他告訴我，這一切都是從四年前開始的。最初，他只是覺得視線模糊，臉頰有刺痛感。後來，他的顱底開始作痛，接著臉部也時常劇痛。其後逐漸喪失了味覺以及右耳的聽覺。最後，連嗅覺也失去了。近年來，他的身體逐漸變得痲痹，甚至到了看牙醫都不需要打麻藥的地步。那些尚未痲痹的地方則異常疼痛，如今連頭顱的大部分區域也都開始痛了起來。除此之外，他老是頭暈，以致這兩個月之內已經兩度跌倒，有一次甚至跌到手腕脫臼、手肘扭傷。現在，他的體力已經變得很差，人也越來越虛弱。因此，他想要安樂死。儘管他的家庭醫師支持他的決定，並且願意擔任評估人，但他所住的地區卻沒有醫師願意提供這項服務。

由於尼文已經沒有力氣到醫院和我進行遠距晤談，於是我請他用羅伯特的平板電腦和我視訊。我告訴他，如果他符合資格，我願意去他住的地方為他做安樂死。

我們第一次視訊時，他告訴我：「葛林醫師，我無時無刻不感到疼痛。套用你們這些醫師的術語，我吃了藥之後，疼痛指數會降到十級中的六級。但如果吃太多，就會頭昏腦脹，吃得太少，疼痛程度就會讓我更難以忍受，所以我都讓自己的疼痛指數保持在六級或七級的程度，以免頭腦太過昏沉，但疼痛的感覺一直都在，而且痛得很厲害。只有在睡著之後，我才感覺不到疼痛。但為了要睡著，我又得吃些別的藥才行。」

現在尼文已經吃不下任何固體食物，連喝水也很困難。他的體重原本有一百四十五磅，但六個星期以來，已經掉了二十七磅。他知道自己快死了。他的醫師和伴侶也知道。現在，我也知道了

尼文看過四個專科、六個醫師，其中包括好幾位疼痛專科醫師。他們給出的診斷各不相同。最初他被診斷為遲發型多發性硬化症，後來又被診斷為三叉神經痛，最後則是「不明原因的結締組織疾病」。最近，又有醫師說他可能得了類澱粉沉積症。這是一種罕見疾病。患者體內有一種被稱為「類澱粉蛋白」的不正常蛋白會沉積在各個器官中，干擾它們的正常運作。這種疾病有時很難被診斷出來。那些專科醫師都無法斷言他得的究竟是哪一種病，而他們開立的

許多藥物也無法將他的病情控制住。由於他已經沒有力氣到處求診，因此他決定不再探究自己的病因，也不要住院，只想在羅伯特的陪伴下死在自己家中。尼文告訴我，如果他不符合安樂死資格，他就會設法自我了斷。「我會找一座我有力氣攀登的懸崖，然後從那裡跳下去。」但他又怕萬一死不成時該怎麼辦。

我問他身邊有沒有人支持他、照顧他，他說羅伯特就是他的支柱，而且羅伯特保證會努力幫他完成在家中安樂死的心願。他知道自己的情況只會越來越糟，羅伯特照顧他也會越來越吃力。他還提到他有一個和他很親近的弟弟艾爾比反對他接受安樂死，並要他去找看護或住進醫院的安寧病房。聽到這裡，我不禁有點遲疑，不太確定自己是否該接這個案子。到目前為止，我病人的家屬和親友都很支持安樂死。我知道我如果違反法律，會發生什麼事，但如果一切合法，病人的親友卻不贊成，那該怎麼辦？

事實上，法律的規定很清楚：病人是否要安樂死，決定權操之於他們自己手上。如果他們具有足夠的心智能力提出請求，那麼只要他們未受脅迫並符合法定的要件，無論哪一個人反對，我都可以協助他們。儘管在這種情況下，我的處境會有些為難，但由於親友並沒有資格反對，因此我並不會觸犯法律。

當然，那些反對的親友還是有一些管道可以投訴。比方說，他們可以向負責管理醫療行為的「卑詩省內外科醫學院」（CPSBC）指控我處置不當並提出申訴，理由或許是我不夠專業、態度粗魯或不尊重他們，也可能是我沒有遵守法令或省政府的方針。有些人也可能會因為太過悲傷而責怪我。無論如何，由於CPSBC的職責就是保護一般大眾免受醫療危害，因此他們勢必會認真看待這些投訴。然後，他們就會展開相關調查，收集資料並加以審核，同時還會要求我們撰寫書面聲明。如果有必要，他們甚至還會約談相關人士，並成立一個小組，負責審核資料，再做出一個具有約束力的裁定。這個過程通常要花六到十二個月的時間。如果認定醫師有過失，他們所採取的行動可能包括：判處罰鍰、要求醫師進修、限制執業範圍，乃至予以停職或撤銷行醫執照。不過，就像其他地區的醫療管理機構一般，CPSBC已經頒布了一套安樂死施行標準，規定醫師在病人請求安樂死時應該告知的事項。我已經熟記其中的內容，而且一直照章行事。我知道，只要我恪遵這些規定，將它們視同法令，就不會受到任何懲處。

家屬的抗議是一回事，檢察官的態度則是另外一回事。由於聯邦政府的安樂死法令涉及刑事罪，因此醫師只要不按照法規行事（無論是有意還是無心）都會有嚴重的後果。安樂死合法化後的初期，我和為數不多的同行都密切注意檢察官的動向，想知道他們是否會對我們出於善意而犯下的一些過錯視而不見，還是會伺機而動，拿那些行事鹵莽的醫師開刀，以殺雞儆猴？這點大家都不敢輕忽，因為沒有人想當那隻猴子，也沒有人願意坐牢。所幸到目前為止，我所認識的人沒有一個因此入獄，希望將來也不會有。這些問題我在面對初期的幾位病人時，都曾經考量過，但直到遇見尼文時，我才真正開始擔心：如果我同意幫助他，說不定真的有可能會坐牢。

我看得出來，尼文確實很希望能安樂死。在我眼中，他也符合安樂死資格。但我覺得我還是應該謹慎行事，於是便向一些人透露他的狀況（當然，我隱匿了他真正的身分），並請教他們的看法。

其中有一位行政人員表示，這個案子沒有那麼單純。他不認為像尼文這樣的病人符合「罹患不可治癒之重症」的標準。他說：「我擔心的是醫師們並沒有對他做出明確的診斷。」

這是事實。尼文的醫師們一直不確定他得的是哪一種疾病，但他已經沒有體力再做更進一步的檢查了。所謂「不可治癒之重症」的定義究竟為何？

要符合安樂死資格，首先必須罹患嚴重的疾病或肢體有嚴重的殘缺。我知道尼文病得很重，但沒有人知道他究竟生了什麼病。而醫師的診斷要精確到什麼程度才能符合「重病」的條件呢？舉例來說，如果病人的癌細胞已經轉移到全身，我們一定要知道他的腫瘤最先發生在哪一個器官嗎？

「尼文到底得了什麼病，這是一個學術問題。」我說。「雖然值得探討但並不相干。他已經快要死了。」

安樂死的第二個要件是：病人的身體功能必須退化到很嚴重的程度。但這指的究竟是什麼意思？由誰來判定呢？這點我們都不太清楚，也經常在我們的電郵群組中討論。

「我想它指的是你因為生病的緣故不能再像從前那樣生活了，而且退化的程度不是只有一點點。」一位同行提出了他的看法。

它所涵蓋的範圍可能包括你的日常生活，例如你是否能行走、穿衣、進食或上廁所等等，但也可能包括其他方面。

「我想這要看每個人的狀況。」另一位則表示。「對一個建築工人來說，『大幅退化』的定義可能和一個語言學家並不相同。」

討論過後，我們達成了一個合理的共識：這應該由醫師來判定。我也認為應該如此，而身為醫師，我判定尼文的身體功能已經大幅退化。

安樂死的第三個要件是：這種退化必須是不可逆轉的。至於尼文情況是否不可逆轉？有些人認為，如果我不確定他的病因，就無從加以判定。但也有些人認為，這項規定指的是：病人的退化已經無法逆轉到他們自己可以接受的程度，而尼文已經明確表示他不想再做任何檢查，也不想再接受任何實驗性的治療了，因此我認為他符合這個要件。

安樂死的第四個要件是：病人除了罹患無法治癒的重症之外，還必須在肉體或心靈上遭到難以忍受的痛苦。基本上，這是很主觀的感受，必須由尼文自己來判定，但他曾告訴我他有多麼痛苦，而我沒有理由不相信他。

安樂死的最後一個要件是：病人必須會在可預見的未來自然死亡。就尼文看來，他正處於這樣的狀況，但對許多人而言，這點仍有疑義。

關於這項規定的涵義，全國各地的律師都有自己的見解。根據我的同行們所提供的資料，他們在這方面並沒有達成共識。此外，究竟何謂「可預見的未來」，醫師們也有自己的看法，而且有些看法和部分律師的觀點大不相同。病人本身對此也有自己的詮釋，而且他們的看法不見得和他們的家屬一致。各地的醫療衛生主管機關顯然也不清楚這句話的涵義，但有好幾個機構根據自己的詮釋制定了政策，從而引發了一些值得探討的問題。究竟「可預見的未來」是什麼意思？應該由誰來決定？

醫師們必須根據自己對法令的詮釋來決定是否要幫助一個病人。問題是，法律雖然建立了一套標準，規定我們什麼可以做、什麼不能做，但意思並不明確。所謂「重症」的定義是什麼？由誰來決定？我雖然沒有法律方面的專業知識，無法詮釋《加拿大刑法》的條文，但我懷疑，除了醫療人員之外，誰能判定一個人是否得了重症、身體功能是否已經大幅衰退、是否會在可預見的未來自然死亡呢？

那一年，關於安樂死法定要件的辯論持續在網路、報紙、法律界和學術界以及全國各地的醫院延燒。同一時間，飽受痛苦的病患也不斷請求協助，因此我和同行都必須面對一些前所未有的困難決定。我不想驟下結論，但我越來越相信，病人是否符合安樂死資格，應該由病人和他們的醫師來做決定，不應該成為會議室裡辯論的題目。

這段期間，尼文的情況越來越糟。他連自己的口水都嚥不下去，而且很擔心自己會被噎死，尤其是在夜裡。因此，他不太敢睡覺。同時，他的身體虛弱到連站都站不穩，一不小心就會跌倒。於是，他不斷請求我幫他安樂死。

我相信尼文符合安樂死資格，但由於狀況不明，各方意見也不一致，我無法採取行動。此外，關於尼文應該在家裡安樂死，還是住進醫院的安寧病房？他的親友也一直無法達成共識。在大家持續討論或爭辯時，尼文的體重又掉了三磅。於是他問我是否可以在兩、三天之內搭飛機到他那裡去幫他。

就在這個混亂的時期，我認識了蘇珊。她今年六十二歲，罹患了一種惡性的乳癌，只剩不到兩年可活。無論對任何人來說，這都是一大打擊，對她而言尤其如此，因為她曾是個很活躍的三鐵選手，但現在她連走到街尾的力氣都沒有，只能關在家裡，必要時才外出。同時，她一直覺得很疲倦，身上也總是這裡痛、那裡痛。她做過化療和放射線療法，但因為副作用太大，令她難以忍受，於是便放棄了。儘管她知道如果繼續接受這些治療，或許可以多活好幾年，但她並不願意這麼做。

蘇珊向我求助，希望我能為她施行安樂死，並期盼能在幾個星期內就進行，以結束這種生不如死的日子。她的腫瘤科醫師說明了她的病情，並寫了一封信告訴我她的預後並不樂觀。安寧病房的醫師雖然為了她不願意用藥物減輕疼痛而感到挫折，但也認為她有權這麼做。他們都相信蘇珊有足夠的心智能力選擇適合自己的醫療方式，而且根據我的觀察，她也沒有精神方面的問題，因此我感覺蘇珊應該符合安樂死的標準，也打算幫她，但並不確定所謂「可預見的未來」指的是多久以後，於是便請教了一些人的看法。

「喔，我認為她的死亡確實是可以預見的。」一位學者表示。「而且我相信她很痛苦，只是我不確定她的身體功能是否已經大幅衰退。」

「什麼？」這可把我難倒了。

「呃，在這方面，法律的規定並不明確，何況你說她還能在房子裡四處走動。」他說。

「我想安樂死立法的宗旨是要幫助那些快死的人，而不是減輕活人的痛苦。」

我一時無法理解這話的涵義。他的意思和我心目中最高法院判決書的精神正好相反。

「呃，所謂『身體功能大幅衰退』通常是無法定義的，因為每個人的狀況不同，況且這不是應該由醫師來決定嗎？」我說。「你的意思是我應該等到她退化得更厲害、身體功能更差、受更多苦，更接近死亡時再來幫她嗎？可是她現在已經無法出門了。安樂死立法的意義不就是要讓人在已經不想活的時候決定自己的死亡方式嗎？你的意思是按照法令，我可能要再等一陣子，直到她已經臥床或痛得更厲害時再來幫她嗎？我覺得這似乎有點殘忍。」

尼文快要死了，但我不確定他的病因。蘇珊也即將死去，但或許還不夠快，而且有些人認為她的情況還不夠糟，不符合安樂死資格。身為醫師，我必須提供病人最好的醫療照護。律師的角色則是提供醫師一些建議，以降低他們被起訴的風險。各地的醫療主管機關的工作則是監督醫師，以確保他們恪遵應有的程序，並讓轄區內的病患都能得到他們所需要的幫助，而學者則是不停針對各種題目進行辯論。大家都各有看法，但沒有一個人能全權決定，而我卻必須為自己所採取的行動負起責任。

———

一個陽光普照的美麗早晨，我決定去透透氣，於是便騰出幾個小時的空檔，帶著我的皮艇去附近的海邊划水。離開岸邊後，我彷彿置身於另一個世界裡，觸目盡是成群的海鷗與野雁，老鷹在天空中翱翔，蒼鷺在巨石上棲息。然而，面對眼前的美景，我還是不由得想起了尼文的案子。我意識到問題最終還是和權限有關：應該由誰來判定？由誰來下定義？又有誰能夠加以檢測？

在流行文化和媒體報導的影響下，一般人都認為醫師有幾種類型。有一類博學多才，什麼都懂，什麼都能做，而且表現往往超乎預期，例如電視影集《醫門滄桑》中的馬庫斯・韋爾比（Marcus Welby）醫師。有一類則是會獨排眾議、冒險一試（他們多半是外科醫師），結果不是大獲成功，就是捲鋪蓋回家，例如電視影集《急診室的春天》或《實習醫生》中的角色。另一類醫師則滿懷熱情、富有使命感與行動力，會挑戰成規甚至不惜違反法令，以幫助病人或證明自己的看法，例如傑克・凱沃基安（Jack Kevorkian）（譯註：人稱「死亡醫師」，是美國病理學家及安樂死運動推廣家）或亨利・摩根塔勒（Henry Morgentaler）（譯註：醫學博士，是加拿大的醫師和人工流產權利倡導者）。但我不屬於其中任何一類。我不願意、不喜歡，也不需要違反任何法令。雖然對於法規恰當與否，大家各有各的看法，但這些規範畢竟已經存在。只要遵守規定，我們就不致違反，如果稍有疏失，就有觸法之虞。我自從擔任醫師以來，無論從事的是婦女保健、新生兒的照顧或安樂死的工作，始終期望自己能以慈悲心為病患提供高品質的服務，並且事事為他們設想，但前提是一切都必須合法。我所面臨的難題已經超越了尼文、蘇珊或我自己的層級。安樂死是一個新的醫療領域，其中存在著一些值得討論的問題。對於這些問題，我或許有自己的觀點，但我所敬重的人士也有不同的看法，我不能不加以重視。

我抵達一個安全的海灣後，便把皮艇划到岸邊，擱在岩石嶙峋的海灘上，然後將我的手機從防水袋裡拿出來，發了電子郵件給幾個我信得過的人，徵詢他們的意見。我們一來一往討論得很熱烈，但還是沒有得到明確的結論。於是，我打電話給尼文的家庭醫師，向他表達了我的惋惜之意，接著又向羅伯特說明情況，過後才使勁地划著皮艇回家。

那天早上，我意識到自己並沒有勇氣在不確定的情況下，冒著危險去幫助尼文安樂死。我很清楚，如果我做出正確的決定，就可以幫助痛苦難忍的病患。但萬一做錯了決定，我的醫療業務、家庭生活以及個人自由，都可能會蒙受損害。

這段期間，尼文身邊的人仍然意見分歧。羅伯特還是試著讓他留在家裡，艾爾比則懇求他去住院。儘管尼文仍舊擔心自己如果接受了安寧照護，就無法進行安樂死，但他更害怕自己會在半夜窒息而亡，因此最後他還是無可奈何地住進了醫院。

最初我認為這樣很好，但尼文所擔心的事情果然發生了。他入院後，醫師就增加他止痛藥的劑量，以致他變得昏昏沉沉，失去了做決定的能力。於是，醫師便宣告他已經無法做出同意接受安樂死的表示，並接管了他的照護工作。儘管我相信這個決定是出自善意，但羅伯特好幾次都含著眼淚打電話給我，說這正是尼文所害怕的結果。他請求醫師減輕止痛藥的劑量，好讓尼文能夠自己決定要接受什麼樣的照護，但醫師斷然拒絕了，理由是這樣做太殘忍了。當我建議尼文的家庭醫師考慮介入時，他說：「我們鎮上只有一個安寧照護科醫師，我不能不聽從他的建議，因為以後我還得和他合作。如果我們之間的關係不好，可能會對病人很不利。」這樣的回答固然可以理解，但也令人傷心。

看來政治、法律的模糊性和人們心中的恐懼，都產生了作用。

那個星期，我去探望蘇珊，並試著向她解釋她尚未完全符合安樂死的要件。她表示能夠理解，並告訴我她會設法自行解決。我請她和我保持連絡，等到她的情況變得更糟的時候再告訴我。她謝謝我為她花了那麼多時間和心思，並說這點對她而言非常重要。同時，她還說我很勇敢，願意這麼做。

但我並不覺得自己勇敢。相反的，我覺得我很自私，把自己的顧慮看得比她和尼文的處境更加重要。但實際上原本就不是每個人都符合安樂死資格，而且政府之所以會制定一些防弊措施，必然有其道理。即使我想要幫忙，也不代表我應該幫忙。即使我能夠幫忙，也不代表我必須幫忙。在我眼前有法令的規定、施行的規範、醫師的意見以及個人的限制。我必須尊重所有的界限，明白自己應該涉入到什麼程度，以及如何才不會讓自己感到不安。

不久後，我聽說蘇珊又找了另一位安樂死醫師。那位認為她符合資格，而另一位醫師也認同。於是，最後蘇珊實現了她的心願，接受了安樂死。沒有人提出申訴，也沒有人遭到起訴。

蘇珊死後，她的妹妹南西打電話給我。她不知道那兩位醫師是否曾經和任何官員討論過或請教過任何律師，而她也不在乎。她只是想告訴我她感覺鬆了一口氣，因為這樣一來蘇珊就不需要走上自殺之途。

幾天後，我得知尼文平靜地死在醫院的安寧病房。我很高興他終於不用再受苦了。

我想我永遠不會知道，就法律的層面而言，我沒有為尼文和蘇珊施行安樂死是不是一個正確的決定，但我真希望自己當初有勇氣幫助蘇珊，也希望我有勇氣跳上飛機到尼文家去為他施行安樂死。那是他想要的死法。對他來說，這樣的死法才有尊嚴。當初他在自己還能做決定的時候便提出了這樣的請求，但最終他還是進了醫院。從前他之所以向我求助，為的就是要避免這樣的下場。因此，直到今天，我還是覺得我辜負了他對我的期望。

第十二章

「請打電話給『聯合教會』的牧師。他有事想商量。」

九月末，我收到凱倫這封附上電話號碼的簡訊時，不禁嚇了一跳。當時我正在社區裡訪視病人，心想他不知道會提出什麼樣的請求。是他們社區有病人要安樂死嗎？還是他們不希望我幫助某位教友？

我心想，他可能是要告訴我他不認同我所做的事情。在卑詩省和全加拿大，支持安樂死的民眾越來越多，但偶爾我也會看到其他一些地區的同行分享一些負面的例子。他們在病房裡有時會聽到經過的護士悄悄說一些冷嘲熱諷、很傷感情的話；上班時也可能會有一些反對安樂死的老同事企圖羞辱他們；在公開場合演講時可能還會遇到觀眾鬧場。在另一個省分，曾經有一個精神病患在得知自己不符合安樂死資格後，揚言要殺死當地的安樂死醫師。在卑詩省附近的一個地區，有位同行的辦公室外牆被人用油漆噴了「殺人兇手」幾個字。但值得玩味的是，大部分的負面言論都來自醫療界本身。當然，教會方面也表達過一些不同的看法。有些教會人士曾在報上發表反對安樂死的文章，也有一些宗教團體曾在政府的辦公大樓外面抗議，但整體而言，宗教界對安樂死議題的反應並不如預期強烈。我心想，如果那位牧師想要表達他對安樂死的不滿，大可寫一封信給本地的報社，不必冒著被我掛斷的風險打電話給我。

然後，我提醒自己，我已經承諾要和所有願意花時間了解安樂死議題的人溝通。於是我拿起電話，撥了那位牧師的號碼。

出乎我意料之外，接電話的是一個女人。她說她正代理牧師的工作，之所以會打電話給我，是想邀請我去他們那裡辦一場講座。

「我們希望你能加入我們所舉辦的一個臨終議題討論會。」她解釋。「我們打算舉辦一個為期八週的系列研討會，每週花一個晚上的時間討論一個主題。我們認為其中一個晚上可以討論安樂死。有許多教友都對這個主題感興趣，大家都想多了解一些。不知道你願不願意在今年秋天前來發表一場演講？這一系列討論會通常都是在星期三晚上舉行，時間有九十分鐘。目前已經有四十五個人報名了。」

聽到這個教會願意主動做出努力，讓大眾對安樂死議題有更進一步的了解，我不禁對他們刮目相看。真希望其他社群的領導人也能這麼做。「這是我的榮幸。」我立刻答道。

由於一般人並不怎麼願意談論死亡，因此我很高興能有機會在公開場合打破這樣的禁忌。

正如同避免談論性教育會讓年輕人感到迷茫，且沒有能力處理相關問題一樣，我相信避免談論死亡也會讓即將要死去的人落入同樣的處境。我們有必要公開討論人們在面臨死亡時可以有哪些選擇，並提供相關資訊，讓一般大眾可以獲得充分的知識，並據以做出最適合自己的決定。

由於白天時我總是忙於工作，到了晚上往往已經非常疲累，於是我開始利用週末的時間構思這次演講的內容，並製作投影片。我打算快速講一下加拿大安樂死法律的由來，說明申請過程和施行程序，並解釋安樂死資格標準。為了讓演講內容簡潔扼要，我必須深入了解事情的來龍去脈，並將重點放在最關鍵的幾個部分。於是，我回頭溫習我過去有關安樂死訴訟的筆記，重新閱讀當時的背景、相關的案件以及法院的判決。我想，或許我可以用兩張投影片來概述羅德里戈案和卡特案的內容。但在談到加拿大的安樂死法令之前，我必須先說明當初最高法院對卡特案的判決內容，其實和後來加拿大政府所制定的法規有著重大的差異。

在最高法院廢除安樂死禁令後，加拿大政府就開始制定法令，建立安樂死的施行標準與規範。政府在擬定相關草案時對所謂的「不可治癒之重症」下了更詳細的定義，並擬定了一些防弊措施。但許多人認為政府在這方面做得太超過了，因為草案中增列了許多限制，並不符合最高法院的判決精神。特別是其中規定：只有那些將在可預見的未來死亡的人才能接受安樂死，卻並未定義所謂「可預見的未來」究竟是多久。此外，草案中也規定唯有身體功能已經大幅衰退的人才能請求安樂死。但事實上，卡特案判決書的核心精神是允許那些已經罹患無法治癒之重症且難以忍受病痛折磨的人士接受安樂死，並未規定他們必須符合「將在可預見的未來死亡」的要件（有許多人誤以為這指的是那些已經瀕臨死亡的人）。然而，這項被稱為「C14法案」的安樂死法令最後還是通過了。儘管部分人士不斷提出抗議，要求政府修法，但我在從事安樂死工作時，還是必須遵守這項法令，並根據其中的規定判定病人是否符合安樂死資格。這是我想向聽眾說明的一點。

就在忙著準備這場演講時，我接到了一通來自華盛頓州的電話。打電話的人是一位已經六十八歲、罹患了晚期多發性硬化症的老先生。他問我是否能在加拿大做安樂死。這讓我頗為意外，因為之前很少有美國人到加拿大來請求安樂死。

「我得了多發性硬化症已經超過十六年了。」他說。「但現在情況已經惡化到前所未見的地步。我幾乎二十四小時都需要別人照顧，雖然現在還能坐著電動輪椅出門，但臥床的時間已經越來越長，而且渾身無力，說話和吞嚥能力也大幅衰退，可是我並不想插鼻胃管。到了該走的時候，就走吧。只是我不確定自己還能活多久。醫師說大概是一、兩年，但這還要看我會不會再次受到感染。我多半都是尿道感染，但最近也得過一次嚴重的肺炎。」

他目前住在家裡，由家人、朋友和定期巡訪的居家護理師照顧，但他知道這樣下去也不是辦法。不久他就必須考慮是否要搬到養護機構去。他很不希望自己走到這個地步，也不想在活著的最後幾個月或幾年離開家人身邊，寧可在親人的陪伴下以自己選擇的方式早點上路。他問我是不是可以幫他？

很遺憾，我幫不上他的忙。我告訴他必須有資格得到加拿大的醫療保健服務的人才能申請安樂死。這並不代表他必須是加拿大公民，只要擁有加拿大永久居留權的人士或難民都可以，但外國旅客依法不得在加拿大境內施行安樂死。

掛上電話後，我才開始想到，他為什麼要打電話來問我呢？美國華盛頓州早在二〇〇八年十一月就通過了安樂死合法化的法律，而且從二〇〇九年三月起就開始實施了。他何必到加拿大來尋求協助呢？為了了解他的動機，也為了替我的演講蒐集更多背景資料，我決定要進一步了解美國的安樂死制度。

結果，我發現美國的安樂死制度和加拿大有所不同。二〇一六年時，美國只有五個州將安樂死合法化，而且他們所規定的資格標準和防弊措施也不盡相同。最普遍被採用的兩項標準是根據一九九四年奧勒岡州的「善終法案」（此法一直是後來美國各州安樂死立法的範本）制定的。

在美國，必須是罹患末期疾病的病人才符合安樂死資格，而且法條中明文規定：所謂「罹患末期疾病的病人」指的是預期會在六個月內死亡的人。然而，連醫師自己都承認，他們在這方面的判斷經常失準。我發現當時其他允許安樂死的國家或地區都沒有這樣的規定。荷蘭強調的是病人必須遭受難以忍受的痛苦；比利時則把重點放在疾病是否無法治癒；瑞士只規定安樂死的病人必須自己投藥，而且協助安樂死的人不得有任何為自己謀利的動機；加拿大的標準則是要罹患「無法治癒的重症」。這些國家的法令都沒有規定只有垂危的病人才能接受安樂死。它們在判定病人是否符合安樂死資格時所著重的是病人是否有自主能力、痛苦的程度，以及他們的疾病是否無法治癒。

更值得注意的是，美國這幾個允許安樂死的州都規定病人必須自己投藥，而且這往往是發生在沒有醫師在場的情況下。儘管美國法令規定醫師必須負責評估病人是否符合資格，並開立安樂死的藥物處方，但病人或家屬必須自己去領藥，而且病人必須在沒有任何人協助的情況下自行服藥（這類藥物通常是具有苦味的巴比妥酸鹽混合液）。因此，在美國，病人如果要安樂死，通常必須能夠將身體坐直，拿起玻璃杯服藥才行。至少，他們必須有能力用吸管啜飲藥液，將它嚥下並加以消化才行。但這些都是許多末期病人做不到的事。美國法令之所以會有此規定，或許是為了要確保病人的死亡是出於自願，但由於沒有醫師在場，往往就會出現一些問題：有些病人會把服下的藥物吐出來，有些病人則在服藥過後很長一段時間才死亡，有些病人則以失敗收場。

美國人並不知道，加拿大法令規定病人可以選擇自行服藥或由醫師注射點滴，而我遇到的病人沒有一個選擇自行服藥，全部都是採取由醫師注射點滴的方式。我進一步了解後發現，在那些允許病人自行選擇投藥方式的地區（包括比利時、盧森堡與荷蘭），絕大多數病人都選擇由醫師注射點滴。荷蘭的一份研究報告則顯示，在二〇一五年時，有百分之九十六的安樂死案例是採用由醫師打點滴的方式，而且這種方式不僅出現併發症的機率遠比由病人自行服藥低，適用的對象也更廣。⑥

至此，我總算明白那位老先生為何要遠從華盛頓州打電話來向我求助。一來，他不確定自己還可以活多久。二來，他的吞嚥能力已經衰退。此外，他也不希望自己因為病情越趨嚴重而必須離開家人住進養護機構。事實上，他根本不願意見到自己的身體功能進一步衰退。他想要以自己喜歡的方式結束生命。遺憾的是，他的這個心願無論是在美國或加拿大都不可能實現。雖然他可以飛到瑞士去，因為該國允許其他國家的公民進行安樂死，但我猜想對他來說這樣做或許費用太高，路途也太過遙遠。

我從以上研究中得到許多啟示，便決定在演講時提到其中的一些資料，以凸顯加拿大模式的好處。後來，我在準備卡特案和羅德里戈案的投影片時，突然想到，加拿大的情況非常特別，因為加拿大政府之所以會將安樂死合法化，是因為有人以安樂死禁令違反憲法所保障的人權為由向法院提出抗告。這意味著安樂死其實是一個與人權有關的議題。它不是由選民提出的一個構想，也不是某個政黨的政策（這兩者將來都比較有可能會出現變數），而是病人應有的權益。

由於我曾到阿姆斯特丹開過會，因此對荷蘭的情況頗為了解。儘管他們直到二〇〇二年才將安樂死合法化，但荷蘭的一些醫師早在一九七〇年代初期便開始挑戰該國的安樂死禁令。於是，荷蘭政府自一九八〇年代初期便不再嚴格禁止。後來爆發的愛滋病危機更讓荷蘭民眾開始正視安樂死的問題，因為在那段期間，有許多愛滋病患因為不堪病痛的折磨，紛紛懇求醫師幫助他們結束性命。然而，醫師一方面有責任幫助病人維持健康，一方面也有義務幫助病人解除痛苦，於是陷入了兩難。到了二〇〇二年時，荷蘭政府便修訂法令，雖未將安樂死合法化，但規定醫師若遵守所謂的「適切的照護行動規範」，就不會被起訴。⑦我把這些規範反覆讀了好幾次後，才發現它們和加拿大法規的主要差異。

荷蘭的規範為：「一、醫師必須確定病人是出於自願並經過深思熟慮後才提出請求；二、醫師必須確定病人有無法減輕且難以承受的痛苦；三、醫師必須……」

我不禁納悶，為什麼這些條文規範的對象都是「醫師」呢？想到這裡，我突然明白了：荷蘭的法律是以醫師為中心。相反的，加拿大法規的內容都是：「病人必須」已經成年、「病人必須」有無法治癒之重症、「病人必須」主動提出請求等等。⑧既然我們的法律是由國人提出訴訟爭取憲法權益的結果，這樣的條文就顯得很合理了。

這些細節看似無關緊要，但對我來說，卻凸顯了加拿大安樂死法令的本質。它是以照顧病人的權益為宗旨，因此所採用的語言自然以病人為主。它有助於建立一種以病人為中心的照護模式（包括基礎的醫療設施和支持系統），也是我心目中應有的模式。

那麼，美國的情況又如何呢？美國的安樂死法規之所以會通過，並非是人民爭取憲法所保障的權益的結果，也不是為了醫師而制定，而是人民行駛創制權或議會立法通過的結果。所以，它的重點放在模式，而非病患身上。它之所以規定一個末期病人必須拿起一杯藥物，將它喝下去，並非因為這樣做對病人最好，而是因為立法者認為這樣比較安全。

美國法律學者暨臨終關懷專家薩德斯・波普（Thaddeus Pope）在談到美國安樂死法令的起草過程時表示：「起草人不得不做出各種妥協。為了能得到足夠的票數以通過法案，他們只好增列各種麻煩的規定和防弊措施。」

在我演講之前，教會的系列講座已經討論了有關預立醫療自主計畫、遺囑與授權書、安寧照護，以及聖經關於生命盡頭的說法等議題。我抵達那座看起來很現代化的大教堂時，發現裡面果然如他們所言有將近五十個人等在那裡了。

我環視四周，發現聽眾大多是老年人。這似乎和我演講的主題有關。根據統計，我的病人平均年齡是七十五歲，男女人數相當，其中百分之六十五患有癌症，百分之十五有神經方面的病變，另外百分之十五左右則有末期器官（心臟、肺臟、肝臟）衰竭的現象。我步上講台時，場內鴉雀無聲。我深吸了一口氣後便開講了。

我感覺自己有責任把安樂死的種種講得盡可能清楚透明，尤其是在眼前這一群人可能會因為宗教信仰的緣故而無法接受安樂死的情況下。我原本以為我會聽到一些反對的聲浪，卻發現有許多人都很想了解安樂死資格審查標準、失智症患者是否可以安樂死，以及死後人壽保險的給付是否會受到影響等等。當演講接近尾聲，聽眾的提問沒那麼踴躍時，有一個人突然問我在施行安樂死時有什麼感覺、是否像他們所想像的那樣激動，以及我如何排解自己的情緒等等。針對這些問題，我決定用一個簡短的故事來回答。那是令我至今記憶猶新的一個個案。

為了保護當事人隱私，我並沒有透露太多細節，只說她是一位作曲家、表演家暨愛樂者。我初次見到她時，還聽到她嘴裡在哼著一首著名的詠嘆調。

「這位女士在預定要安樂死的三天之前，就安排自己住進了一家有著絕美水岸景觀的旅館。她的丈夫在房間裡放了一個大螢幕，上面不斷播放著成千上百張他們家人的照片。接下來的兩天，他們的朋友和鄰居陸續在他們所指定的時間前來探望她，和她道別，而她坐在房間裡特大號的床上接見他們。」我停頓了一下，發現觀眾似乎比其他任何時候都更加熱切地聆聽著。

「她要安樂死的那一天，我抵達時，發現她的房間裡已經聚集了十四個好友和家人。到了最後的時刻，她請他們給她最後一個擁抱。於是他們立刻走到她的床邊，彼此胳膊挽着胳膊，緊緊地圍成了一圈，開始面帶微笑地緬懷往日情景，並向她表達愛意。到了某個時間點，她請我把藍牙喇叭打開，開始播放音樂。那是她自己擬定要在當天播放的曲目。於是，房間裡迴盪著她最喜歡的一些古典樂曲。當帕華洛帝那首熟悉的《公主徹夜未眠》開始響起時，她看著我說道：「現在，葛林醫師，請你開始吧。」

「她抬起她孫女的手，親了一下，然後把頭往後靠，在帕華洛帝高亢的歌聲中睡著了。我繼續把剩下的藥劑打完。七分鐘後，她就一如她所期望的那樣，在自己所選定的時間和地點以及親朋好友的簇擁下，溘然長逝了。」

「你問我從事這樣的工作有什麼感覺？我覺得我遇到的那些人都很了不起。他們所展現出的愛與支持也讓我讚嘆。因此，我開始思考自己要在什麼樣的情況下死去，然後我就會回家，把我的家人抱得更緊一些。」

演講結束後，有好幾個人走到講台來找我。其中有一位是看起來身強力壯的老先生。他蓄著整潔的白鬍髭，穿著瀟灑的夾克，打著領帶，手裡還拿著優雅的手杖。他告訴我他名叫理查。

「謝謝你的演講。」他看著我的眼睛說道。「可以給我一張名片嗎？」

我從背包裡取出了一張，遞給了他。

「希望我們能夠很快見面。」他說。

他沒有像其他人那樣詳細對我訴說他的病史，因此我無法想像他會需要我的幫助。但他離去時，我發現他那根手杖其實是拐杖，而且他走得很慢，偶爾還會停頓一下。我心想，有些事情或許很難說。

第十三章

那年初秋，我照例去新斯科舍省探視我的母親。以往我通常會直接去她住了五年的養老機構看她，但這次我改為提前一天抵達，先住進旅館，等到第二天早上九點半再去找她，還打算推著輪椅帶她去逛商場，再一起去吃午餐。

我走進她的房間時，她費了好大的勁兒試著要起身迎接我。她向來都很固執，而且不願意依賴別人。之前我不知道花了多少時間才說服她不要再開車。我知道她之所以想要自己站起來，是為了保住她的尊嚴，但我也有點氣惱她不願意讓我過去扶她一把。只見她先用雙手握著椅子的扶手，撐住上半身，然後深吸一口氣，搖搖晃晃地站了起來，但半路上便停住了，接著砰然一聲坐回椅子上。我走到她旁邊，默默用手托住她的腋下，稍微施了一點力，她便站了起來。她低下了頭，我聽到她含含糊糊說了一聲「謝謝」。

父親過世迄今已經十年了。現在，母親似乎也走到了生命的盡頭。她已經七十幾歲了，困擾她多年的神經疾病正日趨惡化，看起來比上次見到她時又縮了一些，不僅背更駝，腿更抖，連頭也晃動得更厲害。如今她已經舉步維艱，轉起身來更不靈活，而且只要一往後退，就會發生危險。無論是寫字或一些要用到手的活計，她都不能做了。同時，她說起話來口齒不清，難以和別人溝通，出門時得帶著看護才行。我知道，如果情況再惡化一些，她在吞嚥食物時可能就會被噎住。

我和母親的關係雖然不像和父親那般緊張、疏離，但還是有些錯綜複雜。童年時，她是我的主要照顧者，餵我吃飯，幫我穿衣，在我生病時帶我去看病，並讓我明白受教育的好處。她讓我和哥哥有了一個家，而且我知道她很愛我們，但自從她和父親離婚、嫁給繼父後，我們的生活便陷入了一團混亂的局面。有時我甚至覺得，從小到大，我一直在擔心她過得快不快樂、好不好，但她卻沒那麼在意我。我知道她不是故意的，但長大成人後，我跟她在一起時，心裡經常有一種很矛盾的感覺，一方面想要幫助她，但另一方面心裡還是很委屈。

然而，那一天，我腦海裡閃過了一個念頭：無論我對母親有什麼感覺，我們母女倆可以說話的機會已經不多了。自從父親死後，我一直沒有和她談過有關死亡的議題，現在該是和她聊聊的時候了。她在意哪些事情？如果她得了嚴重的肺炎，會不會想要插管並住進加護病房？當她的心跳停止時，她會希望做心肺復甦術嗎？她會選擇土葬還是火葬？至於她會不會考慮安樂死，除非她自己主動提出，否則我不會問她，因為我不希望她有被強迫的感覺，也不想用我個人的看法或成見去影響她。但萬一她住進了醫院，不久於人世時，我該怎麼辦呢？我想到父親臨終時，我雖然完全不了解他的意願，卻必須替他做決定。我可不希望再度發生那樣的狀況。

那天，我帶母親去逛商場，買了一些東西後又去吃飯。我們聊了有關她的孫子女和朋友的一些事情，以及她當時還能從事的少數活動，也聊了鎮上的一些八卦消息。事實上，由於她的語言表達能力有限，我們的對話比較像是單向的，而我也一直沒能提出我心中真正想問的那些問題。她問及我的安樂死工作，我含糊回答了幾句，她也沒有繼續深究。她問我是否真的放棄了我向來熱愛的產科工作。聽到我說「是」時，她靜靜看了我許久，然後用食指對著我，嘴裡咕噥道「可別完全放棄呀！」

「我保證，我這樣做是有原因的，而且是經過審慎的思考之後所做的決定。」我回答道。

令我意外的是，她不但沒有再說什麼，反而問我是否有興趣和她玩一場橋牌。

由於我們母女倆從未一起玩過橋牌，因此我完全沒有想到她會這麼問。但我當下便答應了。之前，除了關心她的病情之外，我一直無從和她建立什麼連結。過去幾年來，我們在一起時所談的事情都和她的健康有關。但玩牌對我們來說應該是很自然的一件事，因為在我小的時候，我們就經常一邊玩克里比奇（cribbage）或金羅美（gin rummy）紙牌遊戲，一邊聊天。大多數家長都會利用開車的時間和小孩談論一些比較嚴肅的話題，因為這樣一來他們就不必看著彼此。但母親則是利用玩紙牌遊戲或雙陸棋的時間。這樣我們就可以一邊假裝自己正在專心思考玩牌策略，一邊談論一些比較棘手的事情，例如父親要搬出去或繼父的小孩要搬進來等等。

我的母親學會玩橋牌應該是我十一歲那年的事。當時，我的父母剛離婚幾個月，母親和哥哥住在老家。之前，母親曾經回學校念了一陣子的書，又收了一個房客，最後才找到了一份賣保險的工作，藉以貼補家用。我猜她之前一定沒想到自己會過著這樣的生活，但對我來說，她還是我的母親，也是我的監護人、支持者與保護者。那時，她還沒有開始和繼父往來。但後來，她就和他結婚了，接著繼父和他的小孩就搬了進來，此後我們的生活就變得越來越混亂，而我的家對我來說也不再是一個安全的地方了。

我到現在還記得當年我靜靜坐在廚房的桌子一角，看著母親發牌的情景。她只需要看一會兒牌就能從頭玩到尾。我記得那時我總是看著她，向她學習如何玩牌，並且對王牌的威力印象深刻。我不懂所謂的「競叫橋牌」（auction bridge）和「合約橋牌」（contract bridge）是什麼意思，只是跟著她打。那時，她在我心目中是一個聰明能幹的母親，而且就在我身邊。

我過十三歲生日的那個星期，母親再婚了，繼父和他的兩個孩子也搬了進來。過了一段時間後，我開始感覺自己好像已經沒有媽媽了。現在回想起來，那種感覺應該是從一通電話開始的。當時，我應該有十四歲了。有一天下午，我打電話到她上班的地方找她。我很少這麼做，但那天我需要幫助。

「我遇到了一個問題。」我告訴她。

那時，繼父的兒子老是糾纏我。他會求我幫他做一些事情，例如寫作業等等，而我為了讓他不要一直煩我，只好答應。但他一進入我的房間就不肯走，而且會一直嘲笑我、騷擾我。我們經常吵著吵著就打起來了。他比我小整整一歲，還沒長大，所以通常都打不贏我，但打架時他會故意碰觸我某些身體部位。

那天下午，我實在受不了了。

「他是個大笨蛋。」我告訴母親。「而且很討人厭，一直賴在我房間裡，趕也趕不走。不能再這樣下去了。媽，拜託你幫幫我。」

母親沉默了一會兒，接著說道：「喔，史黛芬妮。你知道他就是那個樣子……我也沒什麼辦法，而且我現在還在上班呢。等我回家以後再說好嗎？」她的口氣很敷衍。

這樣的回答不是我要的。後來，我們再也沒有談到這件事了。

那天晚上，我感覺她並不想跟我談。我也不好意思告訴她這種事情已經發生好幾次了。事實上，後來從不曾向她解釋到底發生了什麼事，主要是因為她的反應讓我很灰心。我感覺她沒有能力保護我（也可能是不想），也因為發生了這樣的事情而感到羞愧。

那是我第一次意識到我連自己的母親都無法依靠。當時的我是如此脆弱，但她卻不願意（或不能夠）替我解決問題。我因此感到憤怒，只是當時我自己也沒有意識到。但從那個時候起，我就好像是個沒娘的孩子。

然而，在她再婚、生病之前，我們曾經一起玩牌。那時，我常坐在廚房的桌子旁邊，看著她專注地練習並不斷學習，心裡真希望自己能像她一樣。因此，現在，當她問我要不要和她一起打橋牌時，我欣然答應了。

我是在擔任安樂死醫師的前一年開始學打橋牌的。當時我在鎮上一所老人中心上課，並因此認識了一對名叫葛藍和路薏絲的夫婦。他們的年齡大約是六十七、八歲，是那裡最年輕的學員之一。葛藍既聰明又風趣，路薏絲則溫暖而親切（但我也可能說反了）。那段期間，我和搭檔安妮以及他們夫婦每個星期五十二點半都會到我們當中一個人的家裡見面，一起打橋牌。我把這項活動寫在我的工作行事曆上，不肯輕易錯過。

我開始擔任安樂死醫師後，打橋牌便成了我照顧自己的一種方式。我喜歡這項活動，也很高興能藉此認識一些朋友。由於打牌時需要心無旁騖、全神貫注，因此儘管幾個小時之前，我可能還跪在某個人的床邊透過點滴管為他注射藥劑，並看著他的家人與朋友向他道別，但牌局開始後，那些事情就通通被我拋諸腦後了。在那兩個小時當中，我的手機處於關機狀態，我也不看任何電子郵件。那是一個沒有嬰兒出生、沒有病人死亡，也沒有家屬對我提出任何要求的世界，只有三個朋友和四組牌，而我必須集中精神，努力記住有哪幾張牌已經打過了，並試圖了解安妮在第二回合開頭打出一張小牌後又叫了2NT（two-no-trump）究竟是什麼意思。

—

回到家後，我看到母親拿起電話，安排第二天的牌局，心裡有些訝異。她三言兩語就表明了她的意思，剩下的事就交由電話那一頭的人來辦理了。

第二天下午兩點，我們坐在安養機構公共活動空間裡的一張橋牌桌旁。母親坐在我的對面，和我搭檔。另外兩位則是克拉拉和蘇珊。克拉拉已經八十二歲了，走路時要拿著拐杖，行動緩慢，而且背駝得厲害。蘇珊則是六十幾歲，因為最近中風的緣故，只能靠電動輪椅代步。她和我母親都是安養機構裡最年輕的成員之一。在中風之前，她從事研究工作，在學術界很活躍。上回我前來探視母親時曾見過她。她對我轉換跑道這件事一直很感興趣。我猜想這次她必然會問及我的近況，後來她果然也問了。

「這工作你已經做了幾個月。有什麼感想呢？有沒有遇到什麼反彈或障礙？」

我很高興能和她聊聊。我原本希望母親能提出這類問題，因為我很想和她分享有關安樂死的資訊，卻不知道她是否真的想要了解。她曾表明支持我的工作，但從來沒有過問我的工作內容。我不知道這是因為她在溝通上有障礙，還是她向來就沉默寡言，還是這類話題會讓她感到不自在。她很在意別人的想法，而我猜想哈利法克斯市的猶太社區就像維多利亞市一樣，對安樂死存有歧見。雖然有好幾個比較先進的團體能理解病人的痛苦，並贊成滿足他們對安樂死的需求，但一些正統的教派已經宣稱他們無法接受安樂死。我猜想母親可能聽了太多各派教士的說法。無論如何，我很高興蘇珊提出了這個問題，因為這樣一來我就可以向她們說明我的想法和做法。

我注意到我在回答時，母親一直很注意地聆聽。

「說實在，我們知道有一部分人士會反對安樂死，尤其是那些宗教團體，但我沒想到這種工作會有那麼大的挑戰性，而且感覺起來遠比我之前所想的更有意義。我們是在幫助人們完成他們最後的心願。這種感覺……呃……該怎麼說呢……挺深刻的。」

我母親似乎對別人所提的問題很有興趣，同時更想了解他們的想法。

「史黛芬妮，我認為你做的事情是很重要的。」蘇珊表示。

我們玩了將近兩個小時。沒有人計分，但兩隊的表現不相上下。當我母親叫了一張方塊五時，我真的對她刮目相看。玩牌時，我注意到蘇珊所用的木製牌架，心想母親因為手抖的緣故，出牌時偶爾會不小心碰到其他一、兩張牌，使它們掉落在地板上，因此說不定她也可以買一個來用，但我猜想她大概不會願意。儘管如此，由於打橋牌時並不太需要出聲，因此似乎很適合她，況且她的牌技非常高明。

牌局結束，我們回到她住的地方後，我謝謝她邀我玩橋牌。我感覺打牌時我們終於又可以像我小時候那樣，一邊玩牌，一邊對話了。我想她一定也感覺到了。當我說希望我們以後還有機會一起玩牌時，她似乎很高興。

當我起身準備離開時，她突然冒出了一句話，讓我非常驚訝。

「史黛芬妮……」她的頭點得更厲害了。她顯然已經很累了，但還是努力慢慢地把話說清楚。「你的工作……我以你為榮……」她看著我，臉上帶著微笑。「真的！」

這點我或許早就知道了，但聽到她親口說出來，我還是很開心。

「媽，謝謝你。」我親了她一下，向她道晚安。「明天見！」

儘管這次探訪母親的經驗非常美好，但我卻一直不曾和她談到臨終照護的問題。我不確定自己是開不了這個口，還是不願意問問題，但在此同時，我卻忍不住想像她臨終時的場景。當她躺在病床上奄奄一息時，我該怎麼做呢？我要對她說些什麼？是我愛她、感謝她、原諒她嗎？這當中有哪一句是真心話？除此之外，我還應該說些什麼？

是什麼原因使我開不了口？

第十四章

加拿大安樂死法令通過後的四個月期間，申請安樂死的人數越來越多。到了二〇一六年十月時，我已經訪視過三十六位有意申請的病患，其中有二十八位填寫了官方的申請表，但只有十八位符合安樂死資格。在我的幫助下，其中十二位已經告別了人世，還有四位尚待執行。這段期間，我從一個菜鳥變成了熟手，除了更確定自己的選擇之外，也對自己的工作方式越來越有信心。逐漸地，我的名聲在本地的家庭醫師和專科醫師之間傳了開來。有越來越多醫師把他們的病患介紹給我。

那個月，我接到了「維多利亞安寧療護中心」（Victoria Hospice Unit）惠特摩醫師的電話。該中心是本地的一個安寧照護機構，設有十七張病床，其地點雖位於維多利亞醫院內，但有一大部分經費來自社區人士的捐款。他們照顧的對象是維多利亞市內大約三百五十位中、重症病患，以居家照護為主，但也收治需要喘息照顧的病患、重病復發者以及臨終病患。在北美洲及全世界，有成千上萬家這樣的安寧或緩和照護中心。他們的目標是盡可能提升患者的餘命品質，所使用的方法包括：良好的症狀處理（如疼痛控制、腸道照護等）、提供病人情感或心靈上的支持（如在病房裡播放音樂、允許寵物探視病人，或協助病人撰寫他們要對親友訴說的話等）。總而言之，這些安寧照護機構會以各種極富創意的方式讓臨終病患感到舒適與安慰。在我看來，這是一種非常值得推廣的照護模式。

惠特摩醫師之所以會打電話來，是要告訴我她所照顧的一位病患的事：

「他的腹部和鼠蹊部布滿開放性傷口。他說他的陰囊下面也有。他身上到處都是結節，其中有許多都已經裂開，而且還流出膿水。最大的一顆在他右側的腋窩裡，膿水流個不停……說真的，他看起來像是胸膛上被人掃射過一樣。很難想像他痛得有多厲害！」

這個病人名叫雷，現年六十二歲，十四個月前被診斷出得了肺癌，而且已經轉移。三十多年來，他一直在一所學校擔任工友，沒有結婚，也沒有小孩，但有一小群往來密切的好朋友。一開始，他發現自己右邊的腋窩裡有一個腫塊，但並未加以理會。後來，他左邊的腰窩也長出一個。此外，他的腹部也有一個較小的腫塊。儘管如此，他還是照常工作。當右邊最大的那個腫塊終於破裂並開始流出渾濁的液體時，他才決定去看醫師。切片檢查後，確認是癌症。在做了進一步的檢查後，發現是從肺部轉移過來的。之後，每個星期都有新的腫塊冒出來，而且越來越痛。最大的那幾顆在做了放射線治療後，縮小了一些，他的不適也暫時得到了緩解。六十一歲時，他決定退休，並且同意接受化療。

然而，他的癌細胞還是不斷蔓延。隨著結節越長越多，不僅疼痛程度日益加劇，身體功能也逐漸退化。他告訴惠特摩醫師說，化療期間，他覺得自己有點像是在玩「打地鼠」的遊戲，一個結節被消滅後，又長了三個出來。之後，醫師為他做第二線化療，但同樣沒什麼效果。他痛得越來越厲害，體重也逐漸下滑。接著，他又接受了另外一種化療，但因為藥物的毒性太強，便停止了。這已經是兩個月前的事了。負責照顧他的居家護理師所能做的也非常有限。到了惠特摩醫師打電話給我的時候，雷已經是惡病體質，不僅虛弱無力，全身還布滿了大大小小流著膿水的腫瘤。四天前，他因為「整體性疼痛」（total pain crisis）住進了安寧病房，並請求要安樂死。

我在護理站後面的房間裡見到了惠特摩醫師。她說話的速度和我一樣快，而且一點也不拐彎抹角，同時還把我介紹給那裡的住院醫師、一位護士，以及一位剛好走進來要拿病歷的諮商師。

我曾聽一些住在其他城市的同行提到，有些（甚至是所有）安寧照護機構的醫師不願意參與安樂死過程。許多有宗教背景的機構已經聲明他們將遵守教會的教導，不提供安樂死服務，甚至連一些沒有宗教背景的照護中心也不願意參與。儘管他們也和我們一樣，相信醫院必須提供病人良好的臨終照護、尊重病人的決定並設法減輕病人的痛苦，但不知道為什麼在安樂死這個議題上，他們的看法就和我們背道而馳。

在加拿大和世界各地，有許多安寧照護醫師都明確表示他們絕不會以任何一種方式參與安樂死過程。他們經常引用「世界衛生組織」為安寧照護下的定義，其中宣稱安寧照護的目的「不是加速或推遲病人的死亡」。[9]但事實上，受到安寧照護的病人往往是最想要安樂死的人。對於安樂死相關人員來說，這是一個很大的難題。如果一個安寧照護機構公開排斥安樂死，安樂死單位的管理者會感到很為難，醫師也會深感挫折。最糟糕的是，這會使病人感到很困惑。在這類抽象的辯論中，「病人第一」的原則似乎被遺忘了。

惠特摩醫師開門見山地告訴我：「葛林醫師，我們很高興你來了。我們的醫療主任和所有醫師都認為病人應該有權知道他們擁有哪些選擇，但我必須讓你知道我這個小組的成員都不願意擔任資格評估人，也不願意提供安樂死服務。」

所幸「維多利亞安寧照護中心」和其他許多安寧病房不同。他們不會阻撓我提供安樂死的資訊給病人，也不會阻止我為那些已提出申請且符合資格的人提供安樂死服務。只不過，他們不想參與其中。

「我們也很掙扎。」惠特摩醫師表示。「採取這樣『開明』的政策可能會讓我們損失幾個成員。」

自從我們在二〇一六年開始提供安樂死服務後，全國各地有許多安寧照護醫師已經參與其中，有些人甚至成了安樂死醫師，但整體而言，安寧照護人員還是對安樂死頗為抗拒。我曾聽一些同行表示，有些安寧中心不允許安樂死醫師在院內為患者做諮商，因此他們只好在公車候車亭、交通繁忙的街角或人潮熙攘的咖啡廳內進行。有些安寧中心則會要求病人到院外去安樂死或接受評估。但這種做法會使已經瀕臨死亡的病患承受更多不必要的痛苦。他們為了讓自己能忍受遷移時的勞頓，往往必須使用大量的止痛劑，而這可能會影響他們在最後一刻表達自身意向的能力。很不幸的，有些病人甚至死在遷移途中。這樣的結果和他們所努力追求的自主而尊嚴的死亡，可說是相去甚遠。

惠特摩醫師和我談了一會兒之後，便帶我去見雷。

「我看過許多病人，也看過許多疼痛的案例。」在走進他的病房之前，她告訴我。「通常我們都能夠妥善處理，但他痛成那個樣子，讓人非常棘手。我們什麼方法都用上了，現在只好給他打K他命了！」

當效果最強的止痛劑都不管用的時候，該怎麼辦呢？根據我的經驗，病人之所以請求安樂死，很少是因為疼痛的緣故。我最常聽到的理由是：他們認為自己的生活品質已經大幅降低，或已經沒有能力從事任何會讓生命有樂趣或有意義的活動。其他一些國家的統計資料所顯示的結果也是如此。大致上來說，現代醫藥和緩和照護已經可以有效解決疼痛的問題，但雷的狀況似乎連專家也束手無策。

「我知道我們或許能夠再多做一些什麼，但有時卻覺得無論我們怎麼做，好像都沒有用。」惠特摩醫師表示。「他的情況就是屬於這一類。如果你認為他符合安樂死資格，我百分之百贊成你幫助他。他是個好人，但他的處境實在太淒慘了。」

走進雷所住的單人病房時，我看到他穿著淺藍色的睡衣和浴袍坐在柔軟的躺椅上，閉著眼睛，雙腳著地，兩隻手緊握著椅子的扶手。儘管床頭櫃上有一台薰香器正散發出尤加利精油的香氣，卻還是無法掩蓋房間裡瀰漫著的腐肉氣息。他的身形瘦小，睡衣下有一大塊敷料，覆蓋著他肚子上的那些傷口。他的坐姿非常僵硬，似乎一動也不敢動。看來他連呼吸也會痛。

當年在蒙特婁，我在家庭醫學科擔任完住院醫師後、去產科接受更進一步的母嬰照護訓練前，曾從事有關安寧照護的研究。

這個經驗讓我得以有更多時間和已經瀕臨死亡、飽受痛苦的病患相處。我發現不同的人在面對類似症狀時可能會有完全不同的感受。比方說，對一個教師而言，化療引起的周邊神經病變（指尖神經痲痹）或許只是一個不幸的副作用，但對一個吉他手來說，卻可能是翻天覆地的災難。這是他們的環境和背景所造成的影響。這個發現對我後來所從事的產科醫師工作頗有幫助。在接生時，我曾聽到許多婦女抱怨分娩時的疼痛，但基於我之前在安寧病房的經驗，我逐漸體認到「疼痛」（pain）與「痛苦」（suffering）並不相同。

「疼痛」是我們受到傷害（例如身體發炎、被割傷或遭到電擊）時的感覺。許多婦女在陣痛和生產時都感到疼痛不堪。但「痛苦」則和疼痛的經驗、對疼痛的想像、詮釋，以及他們所預期的後果有關。如果房間裡有三個人，我用相同的力道在他們身上各掐一下，他們所體驗到的疼痛程度會差不多。其中可能會有一個人覺得很奇怪，不明白我為什麼會掐他，但後來就忘掉這回事了。但另外一個人可能擔心我會帶著某種工具去掐他，或者要抽他的血，甚至可能會對他造成永久性的傷害乃至更嚴重的後果。在這種情況下，他感受到的痛苦就會比第一個人強烈。除了肢體的疼痛之外，情感的傷痛也可能會讓人很痛苦。這是一種很主觀的感受，而且因人而異，因為我們痛苦的程度取決於各自的過往、經驗以及對疼痛的詮釋。

我發現，要幫助陣痛中的產婦減輕疼痛，最有效的方法之一就是了解她們在害怕什麼，並且設法安撫她們的恐懼。有些產婦痛到以為自己快要死了。這時，當然可以使用硬脊膜外麻醉或止痛藥來減輕她們的疼痛。事實上，在過去，只要當事人提出要求，我也經常使用。但如果你能告訴她，雖然她痛得很厲害，但整個產程都很順利，而且寶寶也安好，就能緩解她的痛苦，其效果甚至比大多數止痛劑都更好。比方說，我會告訴她：「我知道這很不容易。你可能覺得快要受不了了，心裡或許也很害怕，但你的狀況很好，一切都很順利。我保證你一定可以撐過去的。生產過程原本就是這樣。你可以辦到的！你的寶寶情況很好，你的身體也正在努力。你要傾聽它的需求——你要不要試試看用蹲的？嗯，你做得很好，讓我印象深刻。」

只要安慰她們、讓她們感覺自己可以辦得到，就能減輕她們的痛苦。

從事安樂死工作時，我也發現只要仔細聆聽病患的需求，給他們一些選擇，並讓他們能夠自己作主，就可以減輕他們的痛苦。安樂死醫師的一項重要功課就是：要花時間去了解病人心裡是否有任何痛苦；如果有，原因何在。舉個例子，我可能會對病人說：「聽說你的弟弟明天會來。我知道你已經八年沒見到他了，心裡一定五味雜陳。但我很高興這個時候你的女兒能陪在你的身邊。醫師和護士已經幫你多準備了一些嗎啡，讓你在必要時可以使用，而且他們已經教你女兒如何幫你注射了。所以，如果你需要更多的止痛藥，請儘管開口。」

只要安慰他們，讓他們感覺自己可以撐過去，就能減輕他們的痛苦。

在我的經驗中，安寧照護人員都是幫助人減輕痛苦的專家。我很敬佩他們，也認為他們所從事的工作非常重要。然而，從事過臨終照護的人都知道，就像醫師有時不一定能夠緩解病人呼吸急促或末期時的譫妄現象一樣，他們有時即使用盡全力，仍然無法將病人的疼痛減輕到可以忍受的程度。這時，安寧病房的醫師可能會建議病人接受所謂的「緩和鎮靜療法」（palliative sedation）。惠特摩醫師已經和雷討論過這個選項，但他明確表示他沒有興趣。

所謂「緩和鎮靜療法」是醫師在無法減輕垂死病患的痛苦時所採取的一種措施。最典型的做法是持續為病人注射強效鎮靜劑。如果你曾有親人在安寧病房或醫院裡死亡，或在接受居家安寧照護時過世，你可能會對這種療法很熟悉。同時，醫師也會告訴你，你的親人已經活不久了，所以沒有必要讓他們繼續進食或喝水，以免他們體內的分泌物增加，以致病情更加惡化。因此他們可能會建議你停止讓他們攝取各種液體，然後，你就會看到你的親人逐漸安詳地睡去。一般來說，在實施「緩和鎮靜療法」後，病患會在幾天內死亡。醫師可能會告訴你「緩和鎮靜療法」是最後的手段，能夠緩解你的親人臨終時的症狀，但他們相信這樣並不會加速病人的死亡。不用說，病人既然已經無藥可醫，又被注射了強效鎮靜劑，而且沒有攝取任何水分，自然可能會死得更快。這雖然不是「緩和鎮靜療法」的初衷，卻是大家都知道、預期，乃至樂見（如果我們不作違心之論的話）的結果。

通常，是否要讓病人接受持續性的「緩和鎮靜療法」，是由醫師和家屬共同決定的，而且往往是在病人已經痛苦不堪且沒有能力做出同意表示的情況下。在接受這種療法後，病人可能會在幾個小時、幾天甚至一到兩個星期（最後這種情況很少見）之內死亡。這種做法已經被人們廣泛接受，許多人甚至為此感謝醫師。但醫師在採行這種療法時大多無須提報，也沒有受到任何規範和監督。

相形之下，安樂死不僅有一套完整的規範和嚴密的監督機制，實施過程也經過仔細規劃，而且只有在病人已經成年、具有行為能力且明確表示同意的情況下才能進行。此外病人也會立即死亡，不至於拖上好幾天。然而，在一般人眼中，安樂死卻是一個具有爭議性的做法，接受度也不如「緩和鎮靜療法」高。這樣的現象實在令人費解。

雷坦率表示，他認為「緩和鎮靜療法」是個很愚蠢的主意：「那不是我想要的。」他雖然希望解除自己的疼痛，但並不想在昏迷狀態下苟延殘喘一段時間。他要的是安樂死。早在兩個多星期之前，他還沒住進安寧病房時，他就已經開始申請了。雖然他很感謝醫師盡力幫他止

痛，但他還是希望能安樂死。

「雷，我相信你符合安樂死資格。」我告訴他。「而且我也願意簽署相關證明文件，並且幫助你。我們必須確定你知道自己有哪些選項，但現在我已經很清楚你的想法了。」

「你想惠特摩醫師會不會生氣？」他問。「她為我做了那麼多，我不希望她以為我不知感恩。」

我告訴他，我確信惠特摩醫師一定能體諒他所做的決定，並指出當初就是她打電話給我，請我來看他。他聞言似乎鬆了一口氣。然後我們便請惠特摩醫師到病房裡來，聽取他的決定，並一起擬定執行方案。

這次經驗讓我想到比利時如何整合臨終照護工作。一九八〇年代初期，當比利時人開始推動安樂死的立法工作時，他們也開始逐步建立安寧照護制度。他們認為，在安樂死合法化之前，必須先讓病人能夠得到完善的安寧照護。在他們看來，安樂死和安寧照護不僅可以也應該同時發展，齊頭並進，其目標是讓病人在決定安樂死之前先有機會得到高品質的安寧照護。這種做法已經廣為比利時民眾、安寧照護醫師、其他醫療人員和立法者所接受。⑩儘管教會仍然大力反對安樂死，但就連在比利時創辦了許多精神病院的宗教團體「慈善兄弟會」（Brothers of Charity）也公開宣稱，如果精神病人的痛苦無法得到有效緩解，該會將允許他們安樂死。⑪

此外，統計數據也顯示，自從比利時將安樂死合法化以來，該國接受安寧照護的人數和安寧機構所獲得的贊助已經大幅增加。⑫

我和雷見面後，過了不到二十四小時，我就已經確定他符合安樂死資格，也收到了他填寫好的文件。在和他的安寧照護小組協商後，我們把日期定在四十八小時之後。當我到病房去探視他時，他說雖然他決定要安樂死，但那些安寧照護人員仍然對他照顧有加，令他非常感恩。此外，「維多利亞安寧療護中心」不像加拿大其他地區的一些安寧照護機構那樣，會要求病人到其他地點去施行安樂死，或要求相關人員保密。

最後，雷便在他三個好友的陪同下，在安寧病房的屋頂花園施行了安樂死，而且整個過程很簡單。護士先推著他的病床搭乘電梯到了四樓，然後再推到外面那座修剪整齊的屋頂花園，一路上都持續透過點滴幫他打止痛針。雷對他的朋友表達了謝意，感謝他們一直陪伴他、支持他。他們則祝他一路好走。

「葛林醫師，我知道這聽起來可能有點荒謬，但我感覺你好像救了我一命。謝謝你幫我實現這個心願。」

這是他最後的遺言。

事情結束後，我把車子駛離安寧中心的停車場，開上大馬路，朝著我家的方向駛去。當我把車上的收音機打開後，聽到裡面正在播放一首輕快動聽的流行歌曲，便不自覺地跟著哼唱，一邊還用手在方向盤上打著拍子，一副手舞足蹈的樣子。過了一分鐘之後，我才意識到自己在做什麼，接著又發現我竟然很開心。

我不知道此時此刻，我是否應該感到開心，畢竟我的病人才剛死去。我試著探索自己的內心，發現那是一種振奮、雀躍的感受，彷彿我剛接生了一個嬰兒。這個發現讓我嚇了一大跳，甚至有些迷惑。於是我關掉音樂，把車子開到路邊停了下來。心情振奮？是的，我感覺自己確實有些亢奮。我心想，這樣好像不太應該吧！可是我無法否認自己確實感到開心，而且非常開心。說得更準確一些，我感覺自己好像做了一件好事，給了一位垂死的病人一份禮物，因為雷一直承受著極度的疼痛，而我們幫助了他。在我和安寧中心的醫護人員合作之下，他得以實現自己的心願，帶著愛與尊嚴上路。而且我們是透過整合性的照護模式，讓他在受到完善的安寧照護之餘，也能實現安樂死的心願。身為醫師，能夠這樣幫助他，我感到心滿意足。

但我突然想到，或許我不應該向別人透露這種感覺，否則他們會怎麼想呢？如果我告訴別人：「我今天幫助某個人結束他的生命，感覺很開心。」他們可能會認為我精神有問題。但回到家後不久，我就在那個電郵群組中提到了這件事。我先說明當天的情況，接著就問了他們幾個比較敏感的問題。

「我很好奇你們在幫病人做了安樂死之後有什麼感覺呢?是悲傷、滿足、困惑、麻木還是自豪?……那是一種什麼樣的感覺?當然,我知道每個案例都不相同,可是……」

然後我便描述了我之前的感受,因為這個群組裡的成員都是同行,我對他們百分之百信任。如果我連他們都不敢說實話,還能告訴誰呢?

結果,在四十五分鐘之內,就有三個人回覆了我的問題。他們表示,看到那些安寧照護人員如此配合,他們都頗感振奮,希望他們那裡的安寧中心也能如此。不久後,我又收到了更多回覆,甚至在後來的一、兩天內,我們仍然繼續討論著這個話題,而且討論的內容不僅限於和安寧中心之間的合作。一位住在另一個省分的同行表示,他在為病人做完安樂死之後,心情也很好,而且他從前在一般內科工作時經常感到很挫折,但現在他覺得自己的工作和生命都很有意義。不過,他也認為關於這點還是不要張揚的好。

這是我們第一次在電郵裡公開談論自己幫助病人安樂死之後的感受。雖然我們知道每個人的體驗都不盡相同,每個案例也都有其獨特之處,而且別人也不見得都能配合,但我們還是覺得這種工作很有意義,而且能帶給我們一種滿足感以及某種形式的報償。我很高興不是只有我一個人這麼想。

第十五章

那年秋天，我的同行莊納森再次提出了他之前在我們的電郵群組中發表過的看法：「除了這個電郵群組之外，我們也需要一個全國性的組織來當我們這些安樂死醫師的後盾。」

對於這個主張，大家都一致認同，認為我們確實應該成立一個安樂死工作者協會。這是因為我們在施行安樂死時，需要仰賴各領域（如家庭醫學、痲醉學、護理和安寧照護）專家學者的支援，也往往需要和社工師、牧師、語言治療師和行政人員配合。此外，正如同尼文的例子所顯示的，我們也必須在安樂死法定資格標準的詮釋上取得共識。另一方面，我們還需要開設足夠的訓練課程、確立醫療常規，並在全國各地推動安樂死的標準化作業。換句話說，我們需要成立一個由安樂死醫師、督導人員和教育工作者所組成全國性團體。但到目前為止，並沒有人帶頭做這件事。

我知道在那個月底，有五個住在溫哥華島地區的安樂死醫師（包括我在內），將會在卑詩省帕克斯維爾市（Parksville）一個為當地醫護人員舉行的一日工作坊中擔任講師。於是我事先和其他四人連絡，問他們是否願意在我們打算成立的這個全國性組織中擔任委員。後來，在我的說服之下，坦雅答應負責會員的審核與管理工作，莊納森和傑西負責安樂死的標準與方針的制定，寇妮雅負責教育訓練，我則負責文書工作。同時，我也打電話到溫哥華市給艾倫，請她負責研究工作，並獲得了她的首肯。結果那一天，在帕克斯維爾市的工作坊結束時，我們的全國協會的理事會就已經產生了六個委員，而且大家都有著相同的願景。

我們成立了一個全國性的非營利組織，協助加拿大境內的安樂死工作者，讓他們有一個發聲的管道。我們的主要目標有三：第一，協助所有的安樂死工作者；第二，進行教育宣導工作，讓一般大眾和醫界人士對安樂死有更進一步的了解；第三，建立加拿大的安樂死醫療標準。我們將這個組織命名為「加拿大安樂死評估者與提供者協會」（the Canadian Association of MAiD Assessors and Providers，CAMAP）。在同行的鼓勵之下，我出任了會長。

協會預定在六個月以後正式成立，但我們立刻開始連絡全國的安樂死工作者，並提供他們必要的支援。那年冬天，我創辦了一份時事通訊，刊登國內各地如何制定安樂死方案並克服相關障礙的故事、分享安樂死數據、提出一些較為棘手的議題，並舉出一些假設性的案例作為教學之用。此外，新的理事也決定成立一個網站，公布各種相關資源，甚至還貼出了一些安樂死病患家屬的感謝詞。同時，我們也開始為會員撰寫臨床工作指南、進行有關安樂死的研究，並且和各學術中心連絡，探詢合作的可能性。除此之外，我們也和「加拿大善終協會」合作舉辦網路論壇，讓大家分享一些比較有挑戰性的案例以及他們從中學到的功課。我們的電郵群組（目前由卑詩省大學以及一個正式的網路論壇管理）人數也越來越多。

群組中的討論非常熱烈：要如何評估一個心智能力健全但卻無法說話的人？當病人的家屬意見不一且對病人決定要安樂死一事感到不滿時，你們都怎麼做呢？有沒有人曾經讓六歲的小孩在場？

待辦事項越來越多。但我從來沒有管理全國性非營利組織的經驗，只好邊做邊學，不斷請教朋友、家人、社區裡的熟人以及其他相關人士。

協會正式成立不久後，我便開始規劃辦理一場全國性的安樂死會議，並說服尚馬克擔任策劃人，因為他的組織能力很強。我們一起擬定了這次會議的大綱，打算邀請曾在卡特案中獲勝的名律師喬伊・阿維（Joe Arvay）擔任主講人。這次會議預定在加拿大安樂死法令通過滿一週年時（也就是二〇一七年六月）舉行。

儘管維多利亞市四季如春，到了聖誕節前，也開始有了要進入冬天的感覺。到處都可以看到節日的裝飾。街燈上懸掛的花籃已經換成了由金屬箔製成的拐杖糖和馴鹿。到外地去念了一年大學的山姆即將返家，就讀十一年級的莎拉也會放好幾個星期的假。我期待著和家人相聚的時光。

我心想：在聖誕假期前後，申請安樂死的人數有沒有可能會減少呢？前一段時間，申請人數不斷增加，不知道是因為安樂死方案日益普及的緣故，還是和週期性的變動有關。從前我們在產科就有所謂「旺季」的說法，對於維多利亞市的產科醫師而言，春天向來是最忙碌的季節，因為這裡是加拿大海軍的太平洋艦隊基地，他們的船隻在出海超過六個月後就會返港，而我們產科醫師向來都很清楚他們返港的日期，因為過了九個月之後，出生的嬰兒數就會增加。但安樂死的情況會是如何，就很難說了。

在此之前，請求安樂死的人數逐月增加，但在聖誕假期越來越接近時，有些人會告訴我他們想在聖誕假期前死去，以免家人以後每到節日就會觸景生情。有些人則表示，他們想和家人共度最後一個聖誕節，因此希望能把死期安排在年初。有不少人在十二月初就進行了安樂死。但有些病人眼見自己的家人陸續返家過節，就捨不得馬上離開，這也是人情之常。有好幾個人因此推遲了安樂死的日期，希望能再撐一陣子，但並非人人都能如願。有些病人的狀況迅速惡化，需要緊急安排安樂死。遺憾的是，有幾個這樣的個案就發生在聖誕節期間。

根據溫哥華島衛生當局所提供的資料，二〇一六年十二月是此地安樂死人數最多的一個月份。在法令通過後的頭四個月，人口將近八十萬的溫哥華島平均每個月就有六宗安樂死個案。從十月到一月，這個數字增加到二十件。在聖誕節期間，我的工作量也不斷增加，到了二〇一七年一月時更達到了高峰。無論在辦公室、醫院或家裡，我都有做不完的事，同時還要忙著創辦剛成立的全國性協會。老實說，這段期間，我連做夢時都感覺很忙。

就在那個月，戈登的侄子瑞克打電話到我的辦公室來請我幫忙。他說早在兩個月之前，戈登就想要安樂死了，但他一直不知道該打電話向誰求助。戈登的家庭醫師已經表明不願意插手「這種事」，他的家人也沒想到可以打電話給本地的衛生機關詢問。後來，他們某個朋友的友人看到我在本地社區中心演講的消息，於是把我的名字給了他們。他們上網找到我的電話後，便和我連絡，而我也答應在二十四小時之內去探視戈登。

經常有病人告訴我：「我的醫師完全不了解這種事」、「我的醫師說他沒有提供這種服務」，更令人難過的是，有人甚至還說：「我不敢問我的醫師……我給她看了二十年的病。我想如果我問她，她一定會不高興的。我不希望她以為我之所以想要安樂死，是因為她沒有把我治好。」由於這類情況層出不窮，再加上戈登的案例，因此我決定要多做幾場公開演講，但不知何故，本地有一些醫師卻不願意讓我在他們的醫院內演講。儘管維多利亞市有許多醫師都對安樂死感到好奇，希望能了解相關資訊，但有些醫療機構就是不肯舉辦安樂死講座。相反的，一般民眾卻很希望能得到相關資訊。之前，安樂死法令之所以能夠通過，是因為一些痛苦的病患提出請求並推動修法。或許病人必須教育他們的醫師才行。

戈登住在市中心區的一間公寓裡。到了我們約好的那一天，我開車去探訪他。瑞克為我開門後，我走進那棟看起來頗為高檔的建築，並搭乘電梯抵達十樓，來到戈登所住的公寓。屋裡滿室陽光，頗為溫暖。只見戈登躺在客廳的病床上光著上身睡覺。他雖然身高六呎三吋，身形卻非常消瘦，宛如一個骨瘦如柴的巨人。我過去和他打招呼時，看到茶几上擺著安寧病房所用的藍色資料夾，床腳掛著空的尿壺，下面放著一包還沒打開的成人紙尿褲，通往廚房的櫃子上擺著五瓶藥丸。我不用問就知道戈登正在接受居家安寧照護，並固定服用多種止痛藥物，而且他已經臥床不起，甚至連使用座椅式便桶的力氣都沒有了。

我和戈登說話時，瑞克和戈登的妻子瑪莉留在房裡聽著。戈登因為臉頰和下巴上長了很大的腫瘤，說起話來口齒不清，但幾分鐘後，我就明白了他的意思。

他說他已經八十四歲了，是個退休的工程師，曾經遊遍世界各地，一生都在提倡人應該有善終的權利。之前，他被診斷出得了默克細胞癌。這是一種罕見的皮膚癌，且癌細胞已經擴散到他的肺部、頭皮和腹壁。他知道他的病已經無藥可醫。這幾個星期以來，他的身體越來越沒有力氣，不僅無法起床，也吃不下固體食物，凡事都得靠別人幫忙，因此他索性不換衣服，也不用座椅式便桶，改包尿布了。他告訴我他只不過是躺在那兒等死罷了。

「這樣活著真是太悲慘了。」他說。「如果有一把手槍，我就自行了斷了。」看他說得那麼認真，我腦海中忍不住浮現了那可怕的畫面。幸好他接著又說，為了他的妻子，他寧可選擇其他比較沒有那麼痛苦的方式。

瑞克表示，戈登清醒的時候看起來與平常無異，頭腦還是很靈光，思路也很清楚，但最近他的情況已經急劇惡化，白天睡覺的時間和醒著的時候一樣多。因為使用了麻醉劑，他的疼痛得到控制，但有時會糊裡糊塗，讓大家都很難受。看到戈登這般情況，我越發相信，大多數人之所以尋求安樂死，並不是因為他們沒有得到足夠的照護與支持，而是因為他們的生活已經毫無品質可言，所以他們覺得再活下去已經沒有意義了。

戈登的安樂死申請表已經填寫好了，但我發現他們找的兩位見證人在表上簽署的日期並不一致，和戈登簽字的日期也不相同，便請他的家人重填，並告訴他們我認為戈登符合安樂死資格，同時我也答應戈登會盡快再找一位醫師來評估他的狀況，並完成法令規定的手續。

一般而言，病人提出申請後，必須有十天的等待期，好讓他們能夠重新考慮自己的選擇，但如果兩位評估者都認為病人已經生命垂危或即將喪失可以自主決定的心智能力，醫師就可以縮短這個期限。有鑑於戈登最近病情惡化的程度令人憂心，我認為我或許有必要這麼做。當我問他想要接受「緩和鎮靜療法」還是早點安樂死時，他堅定地表示他寧可選擇安樂死。因此，只要另一位評估人也認為他符合資格，我便打算在七十二小時之後回來幫他做安樂死。

三天後，當十樓的電梯門再度打開時，我意識到情況有點不對勁，因為走廊上的氛圍不像上次那般安靜祥和。戈登家（位於走廊右邊第三間）的門開著，瑞克正站在門口。我聽到屋裡有人走動的聲音。瑞克低著頭，兩隻手插在口袋裡，似乎在咕噥著什麼。我朝他走過去時，他把頭抬了起來，但似乎並不確定是否要過來和我打招呼，還是要等我走過去。

我走近他時，他告訴我戈登這一、兩天很難受，因此居家安寧照護小組建議讓他注射更多嗎啡，而戈登也同意了。後來，他不再感到疼痛，但一直昏睡。我一走進屋內，瑪莉立刻把我介紹給她的家人，並說她已經超過十八小時無法和戈登交談了。

我看到戈登還是像上回我來時那樣，蓋著被單躺在床上睡覺，只是這回我已經叫不醒他了。我試了每一個方法，碰觸他、大聲喊他的名字並按壓他的胸骨，但都徒勞無功。距離他上次注射止痛劑已經過了八小時，但藥效並沒有減退的跡象。有一次，他張開了雙目，彷彿看了我一眼，但什麼也沒說，也不能眨眼、緊握我的手指或回答我的問題。他完全無法和我溝通，我也無從知道他是否了解眼前的狀況。

該死！

我不知道自己該說些什麼，但我知道自己該怎麼做，或者應該說，我知道自己不該做什麼。我不能採取行動。我需要戈登的同意才能幫他安樂死，但現在他已經無法做出任何表示。他的家人都在看著、等待著，但我不知道該如何面對他們。我轉過身看著他們時，瑞克先開口了。

「葛林醫師，在你說任何話之前，我們想讓你知道，我們都明白目前的情況。你已經把安樂死的程序說得很清楚，我們也知道現在的情況有點棘手。但我們都了解戈登，知道他要的是什麼，他自己也親口告訴你了。所以，在你開口之前，我可以代表這裡所有人告訴你，這裡發生的事情絕對沒有人會對外透露。不知道你是否可以考慮幫幫他……我們都知道這是戈登的心願，而且這才是正確的做法。拜託……請你動手吧。我們都可以替你作證，說他已經表示同意了。」

五雙眼睛帶著懇求、企盼的神情盯著我看。

這是我到目前為止面臨到最艱難的情況。儘管之前尼文的事情也讓我非常為難，但那時我離他很遙遠，只是透過電郵和其他人討論細節，但現在，我就和戈登的家人一起站在他的客廳裡，而且我曾經答應他要幫他的忙。

有那麼一會兒工夫，我考慮要動手。畢竟，有誰會知道呢？

但我知道我不能。雖然他們說得有道理，雖然我認為眼前的情況很荒謬，但如果我這麼做了，就會創下一個危險的先例，而我並不願意跨越這條界限。有些人的職責是提倡修法，而我的職責則是盡量把安樂死工作做到最好，但無論如何，一定要遵守法律。

我很難形容我當時的感受。我必須站在戈登家的客廳裡向他的家人解釋我不能動手的理由。沒錯，我明白他的心願。是的，他已經依照規定的手續提出了申請，也不應該為了他太晚才找到我而受到懲罰。他們的立場我完全可以理解，但規定還是規定。那是由政治人物所訂定的防弊措施……雖然它與施行的標準毫無關係。

「我明白你們的意思。」我告訴他們。「甚至可以說我認同你們的看法，但我不能任意違反法律規定。安樂死才剛開放不久，需要有各種標準、規範和監督來確保執行上的安全。我感到很抱歉，但我不能這麼做。」我決定自己擔下這個責任。「我知道這個情況似乎很荒謬，但我不能冒著坐牢的風險這麼做。」

於是，他們就不再作聲了。事情到此為止。我默默收拾好東西後，就向瑪莉道別，希望她能夠堅強面對未來的生活。然後，我就離開了。

有人可能會說，要是在從前，遇到這樣的狀況，醫師可能會以控制疼痛的名義，故意增加藥的劑量，讓病人死去。或許某些地區的醫師至今仍然採取這種做法。但我認為安樂死醫師必須遵守制度。法律之所以有此規定，是為了在尊重病人的自主意願和保護弱勢之間取得平衡。這樣的規定雖然不盡完善，但仍有其必要性，因此我們有義務要遵守。

後來，我在協會的網路論壇上和同行分享這次的經驗。他們都很同情我的遭遇，也各自訴說了他們因為病人突然喪失心智能力而不得不取消安樂死計畫的經驗。我這才赫然發現，原來這樣的現象非常普遍。

「安樂死法令已經實施七個月了，但有些病人還是會等到已經快要來不及的時候才來找我們。」有人表示。「我不知道這是因為病人本身沒問，還是因為他們很難找到一個評估人，或是有些醫師不願意轉介，但發生這種事情，大家都很難過。」

「我最受不了的是，我們明明知道病人想要安樂死，卻不能在最後關頭得到他們的確認。」我說出了心中的挫折感。

法律之所以規定醫師在開始實施安樂死之前必須取得病人的同意，為的是確保病人在程序開始之前可以隨時改變主意。這是一種防弊措施，目的是要確定病人本身真的想要安樂死，以降低弱勢族群受害的風險。因此，根據規定，任何人都不能代替病人行使同意權，無論他們是病人的代理人、醫師、憤怒的配偶或貪婪的兒女。

這七個月以來，我看到許多人都很擔心他們會在臨終前失去表達意願的能力，有些人甚至因此在施行安樂死前幾天就拒絕注射足夠的止痛劑，以免自己到時會陷入昏睡狀態，沒有能力表達自己的意願。這使得病人必須承受更多痛苦與折磨。更令人憂心的是，我聽到有些末期病人因為擔心自己病情惡化得太快以致到時無法以自己想要的方式告別人世，便選擇提早進行安樂死。

我分享戈登的案例後，有人在網路論壇上表示：「我真希望我們能建立一套制度，讓病人可以在事前表達同意。我指的是那些太晚才被轉介給我們或已經被判定符合安樂死資格的病人，尤其是那些失智症患者。」

這番話引發了熱烈的討論。關於失智症患者能否接受安樂死的議題向來和「最後的同意表示」以及「預先請求」等話題密不可分。儘管我到目前為止還沒遇到過任何失智症的病人，但還是可以看出，幫助失智症患者安樂死將會是一個很複雜的問題。如果病人罹患了失智症，等到退化得很嚴重時，他們是否還有足夠的心智能力提出安樂死的請求？

有人說應該允許失智症患者在喪失心智能力之前預先提出請求。很多民眾也贊成這種做法，但我認為事情並沒有這麼簡單。

「到了要施行安樂死的那一天，如果病人無法注視我的眼睛，我不知道自己是否下得了手。」一位同行在 CAMAP 的論壇中表示。

「身為一個老人醫學科醫師，我看過處於失智症各個階段的病人，知道那是怎麼回事。這種病到了後期，會對病人產生毀滅性的影響。如果有人為了避免這樣的下場而預先提出安樂死的請求，只要一切合法，我是一定會幫助他們的。」另一個人說道。

當加拿大國會修改法令，讓安樂死合法化時，有三個議題被視為太過複雜，因此遭到擱置，留待更進一步的研究。這三個議題分別是：第一，是否應該允許成熟的未成年人（未滿十八歲但被認為已經有足夠的心智能力可以為自己的健康做決定的人）安樂死？第二，身體健康的精神病患是否可以請求安樂死？第三，是否應該允許人們預先請求安樂死？我的直覺告訴我，我們確實應該想出一個安全的辦法，讓罹患失智症的人士可以預先請求安樂死，但到目前為止，有一些關鍵性的問題仍然沒有得到解決。其中最主要的是：該由誰來決定失智症的病人何時才符合安樂死的標準？評量的標準為何？該如何判定病人是否正在受苦？這樣的判定是否還有其必要？

很多人都說他們如果得了失智症，就會希望自己能夠預先提出安樂死的請求。他們會事先列出一些狀況，並請醫師在他們出現這些情況時，幫助他們結束生命。經常被提到的一種狀況就是當他們再也認不出自己家人的時候。然而，他們是否已經出現這些狀況，應該由誰來負責判定呢？到了什麼時間點才能判定他們已經符合安樂死的要件？沒有人會認為當患者第一次認不出家人時就應該讓他們安樂死。那第二次呢？還是應該等到他們沒有一次認得出來的時候？要等多久？

假設這個人是你的母親，而且她曾一再表示，等到她再也認不出自己家人的時候，她就要安樂死。但如果此刻她正在一個失智症患者照護機構過著舒適的生活，而且她雖然已非昔日的她，既認不出你，也不像往日那般健談，變得沉默而孤僻，但每個星期三早上十點半玩賓果遊戲時卻玩得津津有味（咦，她從前不是很討厭賓果遊戲嗎？），這時你該怎麼辦呢？如果她是我的病人，就算她符合了她自己從前所設定的安樂死標準，我也不確定我是否有勇氣幫她。萬一她對著我微笑，問我是誰、要來幹什麼，又說：「謝謝你，我不喜歡針頭，所以請不要幫我打點滴，我要去玩賓果遊戲了。」我要如何回答呢？病人必須感到痛苦不堪，這是安樂死的必要條件，但她看起來並未受苦。那麼我們要解除的是誰的痛苦呢？是之前的她還是現在的她？所以，事情並沒有這麼簡單。

不過，我認為我們應該設法解決這些問題。我們應該擬定某種特殊的「預先請求條例」，讓像戈登這樣符合安樂死資格、已經經過充分評估並正式獲准而且已經排定施行日期的人，即使在最後關頭無法表達自身的意向，仍然能夠進行安樂死。⑬這樣的條例雖然不能適用於失智症患者身上，卻可以幫助到像戈登這樣的人以及他們的家屬。根據加拿大各地安樂死醫師的說法，像戈登這樣的情況並不少見。況且，允許這樣的人安樂死，對誰有什麼害處呢？

七十六個小時之後，戈登終於在親人的陪伴下死於他家的客廳裡。安寧照護人員告訴我，他死前一直處於安詳平靜、毫無痛苦的狀態。事後瑞克也打電話給我，說他們很高興他沒有受苦，同時也了解並尊重我的立場，但他指出，那七十六個小時對他們一家人來說真是漫長而難熬。

戈登的家人可能會因為沒能幫助他完成最後的心願而有些罪惡感。在等待他嚥下最後一口氣時，他們心中必然也很痛苦。至於我，一方面覺得自己有責任幫助戈登減輕痛苦，但另一方面又必須遵守法律規定，更是左右為難。諷刺的是，雖然最後的結局不是戈登想要的，但當時已經陷入昏迷的他，恐怕是我們當中最沒有受到影響的一個人。

第四篇

春天

第十六章

二月的天空堆滿了大朵大朵的烏雲，接著便開始下起雨來，但我還是得帶我的狗去外面蹓躂一下。儘管我討厭這寒冷的天氣，但早上帶班吉去散步總是能讓我的心情比較安穩，幫助我在這個瘋狂世界裡保持清醒。我雖然對狗過敏，但已經逐漸愛上了這個四條腿的小東西，也經常很訝異牠能憑著直覺就知道什麼時候哪個人最需要牠的陪伴。前往海灘的路上，我把手機設定成震動模式，因為我雖然已經發誓不讓手機訊息干擾我們在海灘上的時光，但還是無法完全切斷自己和外界的聯繫。

一到海灘，班吉就立刻往前衝，很快就找到了牠想玩的那根樹枝，然後搖起尾巴，一副興奮的模樣。牠無意走到海灘的另一頭，因為這樹枝能讓牠玩拋接遊戲、挖掘地上的泥土和咬嚼。我也只能由著牠玩了個遍，直到該離開時為止。

離開海灘後，過了幾分鐘，手機開始嗡嗡作響。我從夾克口袋裡將它掏出來，赫然發現螢幕上顯示的名字居然是瓦思醫師。

瓦思是我們社區安寧照護中心的資深醫師，所以我決定接他的電話。他問我是否願意去探視一位他已經照顧了好幾個月、名叫艾德娜的病人。雖然我過去從來沒有跟瓦思合作過，但很敬重他的專業能力，因此接到他的電話，我有些受寵若驚，但又擔心他對安樂死不知有何看法。不過，話說回來，他如果無法接受，想必也不會打電話給我。

瓦思指出，艾德娜罹患了「多系統退化症」（一種罕見的神經退化性疾病），而且症狀越來越嚴重，已經影響到她各方面的生活。兩個星期前，當瓦思去探視她時，她在白板上寫下她想要安樂死的心願。前一個星期，她剛過完七十七歲生日，並且才剛出院。之後，她又數次提出這樣的請求，因此他才打電話問我是否可以為她做資格評估。艾德娜有一個女兒，家中親友不少，但她最小的妹妹敏蒂是負責對外連絡的人。儘管當天我的行程已經很滿，但我向他保證我一定會盡快去探視她。

回到家，我餵了狗，換了衣服後，便坐在書桌前閱讀艾德娜的病歷。這樣做雖然無法讓我對病人有全盤的了解（要充分了解病人的狀況，還是得和他們面對面談話），卻是我的工作中很重要的一環。

幾天後，我前往艾德娜的家。看到我來，她臉上勉強擠出了一絲笑意，但眼神很茫然。我發現看護為了要讓她坐直，已將她那孱弱的身子綁在襯著墊子的椅背上。我走過去時，看護告訴我，他們要扶她去使用座椅式便桶，等到結束後再和我談。我聞言便趕緊走了出去，站在走廊上。然後，我聽到了升降機上升、看護以友善而堅定的語調指導她的聲音，接著是艾德娜痛苦的叫聲。大約二十分鐘後，看護把便椅推走，自己也走開了，於是我在艾德娜的床邊坐了下來，但我還沒來得及開口，她就已經開始在白板上寫字了。等她寫完後，我看到那個字，就明白了一切。

那個字是「死」，顯然她知道我的來意。

看到她居然還能夠寫字，我既訝異又慶幸。她寫了那個字後便停下來，抬頭看著我。我以為她已經寫完了，沒想到她卻發出了一個我聽不懂的聲音，接著就繼續使勁地寫著幾個字，並在結尾劃下驚歎號。

「請讓我死！」

我聽到了她的請求。

艾德娜和她的妹妹敏蒂很親。從敏蒂口中，我得知艾德娜這大半輩子一直走在時代的前端。一九六〇年，她獲得了生物學碩士學位，是該校唯二得到這個學位的女性之一。後來的二十年，她一直在高中教授自然科學，後來又相繼擔任兩所學校的校長，直到六十八歲時才從教育局長的職位退休。她熱愛健行，提倡女權，曾在許多機構擔任志工，一直過著非常活躍的生活，直到她生病為止。

這八年來，艾德娜的病情逐漸惡化，如今已經無法走路，也說不出話來。她的雙腿和眼睛已經失去協調能力，雙手雖然還可以活動，但左臂卻不聽使喚，已經完全要仰賴他人照顧了。最近，她開始失去吞嚥能力，以致上個月還因為肺部吸入食物而住進醫院。醫師打算幫她插鼻胃管，但她不願意，因為她覺得以她目前的狀況，延長生命對她來說已經沒有意義，但她又不想活活餓死，於是希望能夠安樂死。

我實在很難想像眼前這個眼神空洞、無法說話的女人，就是敏蒂口中那個時代的先驅。但一個星期後，當我再度拜訪她時，就大致領教了她那堅定不撓的性格。

當時，我們正在她的臥房裡談論接下來的事。「鼻胃管是個很簡單的裝置，而且很容易施作。」我告訴她。「這樣可以讓你有更多時間考慮你的選項。」

「不！」她歪歪斜斜地在白板上寫道。「夠了！」

我告訴她，我認為她應該符合資格，但我還需要多研究一下她的病歷，並看看專科醫師的報告，以更加了解她退化的情況以及她目前所受到的照護，她也表示理解。於是後來我再度和瓦思討論，並請教她的神經科醫師。兩個星期後，我回到了她的床邊，告訴她我認為她符合安樂死資格。如果她需要，我願意幫助她。

她聽後便在白板上畫了一張笑臉……沒有眼睛，只有笑容。

然後我們開始了實際的籌劃工作。艾德娜生長在有宗教信仰的家庭，家人仍然是很虔誠的教徒。她之前因為擔心他們的反應，就逕自做了安樂死的決定。如今她知道自己符合資格，便想告訴家人，希望她死的那一天他們能夠在場。於是，我們在敏蒂的幫助下，討論了她預期可能會碰到的一些阻礙。同時，我也請了安寧中心的一個顧問協助他們進行對話。

結果，這次對話進行得並不順利。

事後，我接到那個顧問的電話，說艾德娜的家人反對她接受安樂死，而且態度很激烈。雖然那顧問鼓勵雙方表達自己的感受並聆聽對方的觀點，但大部分時間都是艾德娜的家人在滔滔不絕地向她說教，艾德娜並沒有什麼機會發言。

「她趁著她弟弟在說話的時後，在白板上寫下了『基督徒的對抗』幾個字。她八成已經下定決心要做了。」

當我再度去和艾德娜討論她安樂死當天的事宜時，她告訴我，她的親友屆時將不會到場。顯然他們雙方對她最後所做的決定意見相左，而且彼此都說了一些氣話。艾德娜雖然對此感到失望，但並未因此改變主意。我安慰她說到時我一定會陪著她。敏蒂向我解釋，艾德娜的兒子在近十年前死於黑色素瘤（一種皮膚癌），她的女兒則寧願在前一天晚上向她道別。她的弟弟和弟媳婦已經拒絕出席，侄子安德魯和他的妻子也決定不參加，因此到時只有敏蒂會在場。

當時，我已經明白，眼睜睜看著自己所愛的人死去，對某些人來說並不是一件容易的事。根據我的經驗，儘管大多數病患的家屬都會在場，但由於人們有時很難忘記心愛的人死去時的情景，因此有些家屬會選擇在病患睡著後先行離開。我總是會向他們說明接下來會發生的情況，讓他們自行決定何時離開。至於艾德娜的家人，我知道他們之所以不想在場，是因為他們虔誠信奉的宗教無法接受艾德娜決定要安樂死。

艾德娜要安樂死的那天下午，我原本以為她家會很安靜，沒想到我抵達時看到了一幕混亂的景象。我剛推開前門，便聽到一個男人大喊大叫的聲音。那是艾德娜的侄子安德魯和他的妻子。他們站在她的床尾，懇求她好好再想一想。兩個看護站在門外，一臉害怕的神情，似乎不知道該如何是好。

「他們已經毒害你的心靈了！」安德魯大聲說道。「教會絕不會容忍這種事情的。你的靈魂將永遠無法安息。這點你很清楚……所以你絕對不能這麼做！」他越說越氣。「如果你做了，我們永遠都不會原諒你的！」

接著他們就改變了策略，懇求她不要安樂死，並保證他們會做一切必要的努力，讓她不致感到痛苦，但如果她執意要安樂死，他們就會離開。

我原本以為所有人都已經在前一天晚上向她道別了，而且今天她的家人將不會在場，因此並沒有料到會出現這一幕。

「午安！」我大聲說道。這時，喊叫聲立刻停止了。接著，我才以較為正常的聲調表示：「我是葛林醫師。」

艾德娜看起來很平靜，但臉上有一種令人難以捉摸的神情。安德魯則是一副氣急敗壞的樣子。我問他是否可以跟我到另外一個房間去說話，於是他和妻子跟著我走到客廳。在那裡，我先讓他們有機會說明自己的看法。等到他們把話說完，我告訴他們，我尊重他們的立場，也了解他們的信仰，對他們更沒有絲毫不敬之意，但他們的想法和信仰其實一點都不重要。「這是艾德娜自己的決定，和其他人毫不相干。」

我說，他們已經充分說明了他們的顧慮，艾德娜已經聽到了，我也一樣。或許他們永遠不會認為這是一個正確的決定，但艾德娜的病情已經到了這個地步，最重要的是，她已經受了太多苦，因此她相信她這樣做是正確的。

「如果你們能夠克制自己的情緒，那就歡迎你們留下來。否則，就請你們離開。」

安德魯沉默了一會兒後猛然站起身來，但接著又坐了下來。「我是她的親人，她怎麼能不考慮我的想法呢？」他問。

我告訴他，他的想法只有在他做自己的醫療決定時才重要，和別人沒有關係。

「但這樣做是不道德的！」他又開始拉高嗓門。「如果你動手，我就會叫警察來。事實上，不管怎樣，我都會報警……我必須阻止這種事情發生……你不能把我的姑姑殺死……如果你不聽，那就讓警察來對付你吧。」

我還是不為所動。雖然我看到他這麼生氣，不免有些擔心，但艾德娜的情況和尼文不同。無論從法律或醫療的層面來說，這都是一個很單純的案例。艾德娜的病因很明確，而且確實已經不久於人世。同時，她的情況也和戈登不同，因為我已經及時抵達。所以，這當中沒有任何問題，病人既符合安樂死資格，也已經主動提出申請。因此依照法令，她有權得到我的協助。我相信我有義務幫助艾德娜，也相信她有這樣的權利。儘管我為艾德娜的家人感到難過，也明白他們需要一些支持，但我不會因為受到恫嚇就拋下我的責任，也不允許他們脅迫艾德娜。

「你儘管叫警察來。」我答道。「但我想他們來了以後會執行法律，把你們請到屋外去。」說完我便將語氣放緩，並深吸一口氣。「如果艾德娜最後看到的你是這個樣子，那會很可惜。」

我們默默凝視著彼此。我看得出來，他正在斟酌自己該怎麼做。

「我知道了。」說完，他再度站起身來。「愛麗絲，我們走吧。能做的我們都做了。艾德娜姑姑會為此付出代價的。我不會參與殺害她的行為。」

然後，他們就走了出去。這時，敏蒂才剛抵達，但他們並未停下來交談。看到他們離開，我覺得有點難過，因為我原本希望他們能夠留下來，給艾德娜一些支持，但在此同時，我也有一種如釋重負的感覺。

當天，潔西卡因為還有另外一個行程，便提早過來，把點滴裝好後就走了。因此，這時房裡只有艾德娜、敏蒂和我。然後，艾德娜做出了同意接受安樂死的表示。

白板被擱到一旁後，我把帶來的藥劑放在床頭櫃上，並在床沿坐了下來。敏蒂則坐在另一邊，握著艾德娜的手。當我問她是否準備好了時，艾德娜咕噥了一聲，微微點了點頭。她雖然無法直視我的眼睛，卻握住我的手，一連用力按了三下才放開，然後把手放在敏蒂的手上。我不知道她按我的手是什麼意思，但感覺像是在對我說謝謝。就一個已經無法言語的人而言，這樣的表達方式非常美妙。然後，我就開始了。

我回到車上後，開始回想今天所發生的事。安德魯把艾德娜的死說成是殺人事件，雖然是刻意誇大，但還是讓我很不舒服。因此，我只好提醒自己，殺死艾德娜的是她的疾病，我不過是在幫助她完成心願而已。我把藥箱還給藥局，到辦公室把相關文件填好並傳真出去後，就開車回家了。一到家，班吉立刻興高采烈地衝過來迎接我，為了獎賞牠，我在牠的下巴上多搔了好幾下。我確定我們兩個的心情都變得更好一些了。

在網路論壇上，我問那些同行是否曾遇過病人家屬抗拒的情況。這才知道有些人也有類似遭遇，只不過像安德魯這樣的情況很少。比較常見的是，病患的親友因為價值觀不同的緣故，不願意在場，但他們都尊重病人的選擇與權利。

後來的好幾個星期，我一直擔心有人會針對艾德娜的個案向醫療主管機關提出申訴。儘管我相信後者所做的裁定必然對我有利，但我實在不想走那些程序。幸好艾德娜走得很有尊嚴。她握著所愛的人的手，相信自己做了正確的決定，並在以人權為基礎的法律制度保障下實現了她的心願，讓我稍感安慰。更令人開心的是，後來並沒有任何人提出申訴。

第十七章

執業九個月後，我對安樂死的技術和程序已經頗為熟稔，做起來得心應手，但家屬的反應就比較複雜，沒有那麼容易處理。雖然到目前為止，我的案例中只有艾德娜的家人強烈反對安樂死，但我逐漸發現，受苦的並非只有病患而已。他們的親人也很痛苦。因此，後來我開始花更多心思去理解病患親友所感受到的失落與悲傷，以及他們心中有時並不容易察覺的需求。

自從加拿大政府修法，讓安樂死合法化後，我們一直費盡心思建立必要的基礎配套措施，讓病患得以實現安樂死的心願，以致於我們不曾花足夠的時間思考如何支持並扶助安樂死病患的家屬。直到我執業將近一年時，國內才開始出現相關資源。但在早期，我只得依據個人的直覺行事。

當病患決定要安樂死時，他們的家人大多會予以支持。即便他們最初有不同看法，也很少會彼此對立或爭吵。更常見的現象是，他們不知道該如何告別。即使他們面對的是安樂死，也是如此。雖然他們有機會可以及時表達內心的感受，並往往因此而得以放下，但道別從來都不是一件容易的事。即便我已經告知他們接下來會發生什麼、有哪些步驟、要花多久的時間、他們會看到什麼等等，讓他們做好心理準備，但當死亡真正降臨時，他們似乎還是頗為震驚。因此，我逐漸明白一個道理，一旦我宣布病人死亡，就必須要設法幫助家屬面對傷慟。

宣告死亡聽起來或許像是一個結束，但事實上，它是一個開始。在世者的人生從此翻開了新的一頁。他們再也見不到自己鍾愛的那個人。這對於許多人來說，是很難受的一件事。由於人與人之間的關係各不相同，你很難預期每個人會有什麼反應。我仍在學習如何專業而細膩地引導病患家屬渡過最初的那段時光。

我要幫助的對象是喬瑟夫，但後來讓我印象最深刻的卻是他的妻子史黛拉。

初次看到喬瑟夫時，他和史黛拉剛搬進維多利亞市郊雪梨鎮新建的高檔退休社區。當時，他已經知道自己得了肺癌，不久於人世了，但還是能夠慢慢下樓梯去信箱裡拿信。那天下午碰面時，我們坐在他家客廳的沙發上，四周到處都是還沒拆封的箱子，史黛拉坐在他身邊。我應他的請求說明了申請的步驟、要提交的文件以及施行的程序，也問了他幾個問題：

「如果你到了要請求安樂死的地步時，你希望在哪裡進行？」

「在這裡，在我家。」喬瑟夫毫不遲地答道。「可以嗎？」

「當然可以。」我回答。「我認為這樣很合理。你有沒有想過你臨終的時候希望和誰在一起呢？」

這些都是例行性的問題，而我聽到的通常都是類似「我最親近的家人，或許再加上一、兩個好友」這樣的回答，但喬瑟夫卻默不作聲，似乎被難住了。於是，我換了一個方式詢問：「即使你現在回答了，將來還是可以改變的。不過，你希望到時是怎樣的一種場面呢？要不要播放音樂？要請神父或牧師過來嗎？你希望哪些家人或朋友陪在你身邊？」

原本一直坐在喬瑟夫身邊默不作聲的史黛拉，這時開始不安地挪動著身子。

「不！」喬瑟夫答道。「我什麼都不要。」他注視著我的眼睛小聲說道。

我沉默了一會兒，不太明白他的意思，便向史黛拉確認：「史黛拉，到時你會在場嗎？」

「不！」她說。「我不會。」

她的口氣斬釘截鐵。這樣的回答讓我頗為意外，因為他們已經是結婚五十五年的夫妻了。但史黛拉並未多做解釋，喬瑟夫看起來也毫無驚訝的神色，於是我沒繼續追問。

儘管我的病患中有好幾個人都不希望讓親人目睹自己死亡的場景，但他們的配偶和成年子女通常會堅持要待在現場。這時，我會鼓勵他們彼此好好溝通。我發現，關於這個問題，雖然有些人已有定見，但大多數人甚至連想都沒有想過，最後多半還是由病人來做決定。但這類討論很有價值，因為它可以讓家中成員有機會想一想自己要怎麼做將來才不會後悔。通常，在經過這類討論後，出席的家屬人數都會變多。

但喬瑟夫的情況卻並非如此。

三個月後，在他安樂死的那一天，我坐在他的床沿看著他。那張床是他們租來的，位於他家的邊間。他平躺在上面，看起來很虛弱，感覺似乎比我初次看到他時老了十歲，體重也掉了十磅。

「他們不會在場的。」他談起了他的家人。我仍不確定這是喬瑟夫的決定，還是他妻子的想法。

他告訴我，他死的時候，史黛拉和他們的兒子史蒂芬會待在他的房間外面，彼此照顧。我心想在這個時候，我不應該去評論或干涉他們的決定，於是便順著他的意思。當我走到房間外面去和史黛拉和史帝芬說話時，她也證實喬瑟夫死時，她不想待在現場，也希望她的兒子能夠陪她。我問他們是想待在屋裡，還是去外面走走。她說她寧可到外面去。於是問題就解決了。

當喬瑟夫的點滴已經啟動時，我請史黛拉和史帝芬進入房間向他道別，而我和艾黛兒則走到客廳去。艾黛兒最近開始和潔西卡一起輪流為我的安樂死病人打點滴。她是「皇家銀禧醫院」靜脈注射小組的負責人，身高幾乎不到五呎二吋，臉上總是掛著燦爛的笑容。巧的是，我後來發現她是我一個好友的鄰居。在其後的幾個月當中，我逐漸發現艾黛兒處事穩重，也很有同情心。她不僅有豐富的護理經驗，也很認同安樂死的做法，除了能配合我的工作外，也能幫忙撫慰家屬。必要時，她還會為我打氣。

他們一家子在房間裡說了些什麼，我和艾黛兒沒聽清楚，但史帝芬走出來時，我聽到喬瑟夫對史黛拉說：「還有，謝謝你……給我五十五年美好的時光。」

他的語氣聽起來雖然不很親密，但無疑是出自肺腑。史黛拉走了出來，不發一語，顯得有些矜持。接著，她便坐了下來，開始換上另外一雙鞋子。

她已經不年輕了，肢體也不太靈活。只見她不慌不忙、動作徐緩地把她腳上那雙魔鬼氈涼鞋的帶子逐一解開，再穿上一雙繫帶式的運動鞋，然後走到衣櫥那兒，取出她的外套穿上，並轉過身頭來默默向我們揮手道別。史帝芬和她一起離開時，顯然心情頗為難過，但史黛拉卻似乎沒什麼感覺。

我問喬瑟夫是否已經準備要開始了，他說是。於是我建議他開始回想過往某個特別的事件。藥劑注射下去後，他很快就昏迷了。幾分鐘後，事情就結束了。

這時，史黛拉和史帝芬正好也回來了。我心想他們應該不會想看喬瑟夫的遺體，於是趕緊把臥室的門關上。但我猜錯了。

「我可以到臥室去把喬瑟夫的助聽器拿下來嗎？」史黛拉問我。她說她不知道我是否已經把它們拿下來了，我告訴她我還沒這麼做。「我之前是為了讓他可以跟你說話，所以才沒有把它們拿下來。」她解釋道。「可是現在我得把它們收好。」

我說我可以進去幫她收，但她似乎決心要親自動手。然後，她將臥室的門打開一條縫，往裡面窺看，我則走到廚房桌子旁邊的椅子上坐下，繼續填寫剩下的文件。

「他看起來好像在睡覺，就像前幾天晚上那樣。」她說。「好像只是蓋著棉被，張著嘴巴在休息。」

這時，史帝芬也走到臥室門口，探頭張望，但隨後便回到客廳的沙發上坐下。我看到史黛拉走進去，把喬瑟夫的助聽器取下，小心地放進床頭櫃上的一個盒子裡，接著便看著喬瑟夫，並把手放在他的胸膛上。我猜想她應該是在默默地向他道別。過了一、兩分鐘後，她才回到廚房，站在我身旁。

我告訴她整個過程都很順利，喬瑟夫完全沒有任何痛苦，而且很快就睡著了。

「他是自己閉上眼睛的嗎？」她問。

這個問題問得有點奇怪。我回答是，接著又說，我請他閉上眼睛回想一件美好的往事。「他告訴我，他要回想你們兩個有一次去西班牙旅遊時無意中參加了當地燈會的事。他說那是一個很棒的夜晚。」我微笑著說道。

史黛拉似乎也記得那件事，但她只是點了點頭，沒說什麼。接著我依例告訴她有哪些機構可以幫助人們紓解喪親之痛，並說她和史帝芬一直都在喬瑟夫身邊支持他，這便是他們送給他的一份禮物。她聽後表情也很平靜，沒有流露出任何情緒。

直到我把所有文件都填妥後，她才表達了她真正的顧慮。「你百分之百確定嗎？我的意思是，我看到他的胸膛還在起伏呢。你確定他已經死了嗎？」

這時，我才意識到她先前之所以會觸碰他的胸部，是為了察看他是否已經死亡。

宣告病人死亡是安樂死的程序之一。在電視上經常可以聽到某某醫師「宣告」病人已經死亡。如果你問一個從事教學工作的醫師要如何確定病人已經死亡，他可能會說你要先檢查病人的瞳孔以及它們對光是否有反應，再檢查他們對觸覺刺激的反應以及心跳和脈搏，最後再記錄死亡時間。

病人被注射致命藥劑後，生理上必然會出現以下轉變：他們會先睡著，然後陷入深度的昏迷狀態，呼吸會逐漸停止，膚色會變得蒼白，嘴唇往往會稍微發紫。這段期間，他們頸部的動脈往往還會跳動，但會逐漸減緩。如果你仔細看，就會發現那些跳動會變得越來越不規則，然後出現顫動，最後就完全停止了。一般來說，頸部的動脈停止跳動後，病人的心跳還會持續一陣子，所以我通常會等個一分鐘後，再用聽診器聽一下，以確定病人心跳真的已經停止。如果有必要，我會告訴家屬病人還要再過一、兩分鐘才會死亡。這時我通常會握住病人仍然溫熱的手，和家屬一起坐在那兒，有時默默無語，有時則會視情況說一些和病人有關的事。

我和病人一起討論安樂死的方式時，曾經不只一次聽到對方強調「一定要確認我已經死了喔」。每次聽到這種話，我都會要他們放心，說我一定會做到，絕不會讓他們在中途醒過來。同時，我也會對他們說明安樂死的程序，並告訴他們這個程序一旦啟動，就無可挽回，但我一定會讓他們死亡的過程順利、舒適，而且不會有任何疏漏。因此，我每次都會費心檢查，直到百分之百確定病人已經死亡時，才會告知家屬。

「可是你真的確定他已經死了嗎？」史黛拉再次問道。

我立刻在腦海中回溯我之前檢查時所做的幾個步驟。「是的，我確定。」

可是我看得出來，她希望我再進去檢查一遍。

行醫多年，我學到的一個很重要的功課是，你必須試著站在別人的角度和他們建立連結，有時要以他們可以接受的話語和他們溝通，有時則要配合他們的心情與說話方式。他們越是覺得你有在聽他們說話，就越有可能把你的話聽進去。這個道理並不只適用於對待病人的時候。當朋友跟我們分享他們的好消息時，我們說話的聲音就要大一點，速度也要快一點。如果他們分享的是壞消息，我們就要把語速放慢，音量變小。但除了說話的方式之外，還有別的。

我試著體會史黛拉的心情。我猜想她應該是因為太過悲慟而無法放下。另一方面，我心裡也有一個微弱的聲音告訴自己：「為了保險起見，或許應該再進去檢查一遍。」於是，我提議她和我一起回到喬瑟夫的房間裡看一看。

進房後，我把手放在喬瑟夫的胸膛上，發現那裡並沒有任何動靜。史黛拉也把手放在我的手旁邊，檢查喬瑟夫的心跳。過了一會兒之後，我看她似乎仍有疑慮，便輕聲向她解釋：當病人已經沒有心跳和反射動作，對疼痛也沒有反應時，就可以判定他們已經死亡。我指著喬瑟夫那已經變色的嘴唇以及他的指尖上出現的變化給她看。她點了點頭，但似乎仍然需要更多佐證。當我提到我之前已經用聽診器聽了許久時，她小聲說我應該再聽一次看看。於是，我拿起聽診器，分別在喬瑟夫胸膛上的三個部位聽了一次，接著又把聽診器的聽筒遞給她。她聽了至少有十五秒鐘之久。我看得出來，她還是不太相信。於是，我便把聽診器放在自己的胸膛上，吸一口氣，並暫時屏住呼吸。我相信，她在聽到空氣在我體內流動的聲音以及我的心跳後，就可以和喬瑟夫那悄無聲息的胸膛做個比對。接著，我又把聽診器放回喬瑟夫的胸膛上，等到一分鐘之後才問她是否注意到兩者的差異。

「是的。」她低下頭小聲說道。「第一次聽的時候，我還以為我聽到了什麼。」但她的聲音裡究竟蘊含了什麼情緒呢？是希望？恐懼？還是不可置信？「但現在我發現那是外面傳來的噪音。我明白了……謝謝你……」

「要和自己的伴侶告別，想必是一件很不容易的事。」我說。畢竟他們是五十五年的夫妻了。

史黛拉沒說什麼。我向她和史帝芬表達了祝福之意後就離開了，但她的樣子讓我很不放心。

我相信，病人安樂死的那一天，他們的親友其實比他們本人更加難受。有許多次，我看到病人已經做好了安樂死的準備，不僅熱切地期盼自己的痛苦得以了結，也慶幸自己有這樣的機會，但他們的親人卻不見得如此（路薏絲的兒子彼特就是一個很好的例子）。他們的反應各不相同，也都有其因應之道。有人感到如釋重負，因為他們所愛的人終於能夠免於痛苦，自己也得以解脫。有人心懷歉疚，因為他們覺得自己做得不夠多。有人因為失去終身伴侶而哀痛，也有人無法相信自己所愛的人已經死亡。除此之外，還有震驚、憤怒和感激等各種情緒。我一直在學習如何理解並接納他們的種種心情，聽他們傾訴並設法予以幫助。儘管這並非我的專長，而且嚴格來說，我也沒有義務對他們進行事後的追蹤與輔導，但我知道，身為安樂死工作者，我們勢必要面對家屬的種種情緒反應，其中有些可能是我們料想不到的。

離開史黛拉的家後，我一直在想她是否希望我為她做些什麼，卻不知道該如何開口。接下來的那幾個星期，我經常想到她，不知道她是否安好、是否已經逐漸意識到和她結縭五十五年的丈夫真的已經走了。

我一直覺得自己似乎沒有好好疏導史黛拉的情緒，於是便在CAMAP的論壇上向同行們請教。不過，我把當事人的名字改了，並更動了幾個細節，以免洩漏他們的身分，只是說明喬瑟夫死後史黛拉的反應。第一個回覆的人對我的做法表示支持，並說這個情況的確不太尋常，但我已經竭盡所能加以處理了。第二個回覆的是一位剛加入安樂死行列的醫師。他問我其他醫師是否都會在葬儀社的人抵達之前留下來陪伴家屬（其實很少人會這麼做）。第三個人的回覆則讓我打了一個寒顫：「根據你的描述，我覺得她似乎曾經遭受配偶的虐待。我猜她是想確定那個虐待她的人真的已經死了。」

突然間，我對事情的看法有了改變。回想我和史黛拉之間的互動，情況似乎就像他所說的那樣。

「當然，我不認識這家人，也不了解真正的情況。」他繼續說道。「不過我在這方面有點經驗。我不是要你去做什麼，只是提供我的想法供你參考。如果我猜得沒錯，你為了讓她放心所做的那些事情或許正是她當時所需要的。」

事實的真相如何，我將永遠無從得知，但這個可能性至今仍然在我腦海中揮之不去。對「五十五年的婚姻」這句話，我有了一個完全不同的解讀。

第十八章

那年冬末，我接到了本地剛成立的安樂死辦公室直接轉來的一個案子。該辦公室位於「溫哥華島衛生局」（Island Health facility）所屬的一處設施內，成立宗旨在協助申請安樂死的民眾以及提供安樂死服務的醫師。和其他地區那些已經整合得很好的類似機構比起來，它的架構不是那麼健全，但他們已經盡量運用現有的人力與資源提供服務，也因此大部分的行政工作必須由醫師自己來做。接到他們轉來的案子後，我便打電話給他們，希望能獲得該病患的背景資料，但接電話的那位女士並不清楚詳細狀況，只知道那個男人名叫艾德溫，已經打了好幾次電話過來，他從前住在英國，聲音聽起來很柔和，目前似乎獨居，想要安樂死。她說她不知道他生了什麼病，但他特地打電話到安樂死辦公室來，一再提到他想要安樂死，因此她認為我或許可以去做個評估。我告訴她我會在十天之內去訪視，並請凱倫幫我準備相關表格。此外，我還提醒自己要記得去索取艾德溫的病歷，但有關他的背景資料，我卻怎麼也查不到。

訪視當天，我把車子停在一棟老舊公寓大樓前的街道旁。那裡位於我剛到維多利亞市時所住的社區邊緣。我按下公寓的號碼後，門就開了。進去後，我發現大廳裡的天花板很低，上面還有一層似乎從一九七五年起就不曾換過的仿木鑲板。

到目前為止，加拿大的安樂死情況就像歐美各國一樣，我的病患絕大多數都是受過高等教育、社經地位較高、年紀較長的白人。不用說，美國奧勒岡州和華盛頓州（美國最早實施安樂死的兩個州）的情況也是如此，而這也反映出維多利亞市的人口結構。這個現象是否和安樂死資訊的傳播管道有關？還是因為各族群所得到的醫療保健服務並不均等？或是某些族群和社區因為各自文化習俗的影響而不願接受安樂死？我和其他同行都不太敢向弱勢族群宣導有關安樂死的知識，以免有人會認為我們別有用心。但有些人已經開始進行質性研究，以了解各族群（包括監獄裡的犯人和低收入社區）對安樂死的態度與興趣。我猜想艾德溫應該是個白人，但可能不屬於我之前所服務的那個族群。

我走進了電梯。一分鐘後，電梯門緩緩打開，呈現在我眼前的是一條燈光昏暗的走廊。

我還在敲門時，艾德溫就把門打開了。他身後飄來一股濃濃的菸味，我一進門就忍不住咳嗽起來。只見他朝走廊兩端迅速瞥了一眼，嘴裡同時咕噥著「有時他們會在我的門外偷聽」，然後便把門關上，並上了鎖。我注意到門後面有一張用膠帶貼著的字條，提醒他要把門鎖上並每週查看信箱裡是否有郵件。

艾德溫瘦得可怕。他身上穿著有點破舊且過於寬鬆的黃色睡衣，光著腳，看起來已經七十好幾了，指甲很長，鬍子蓬亂，臉上雖然不時微笑著，但牙齒並不整潔，而且似乎最近都沒有洗澡，身上的衣服也有一陣子沒換過。我實在看不出他有哪一點符合安樂死資格，但感覺事情好像不太對勁。

他帶著我走過一塊由壓扁的紙箱做成的「地毯」，來到一間與廚房相連的小客廳。那裡的牆壁是淺米色的，沒有任何裝飾。我看到窗戶上有幾張用牛皮膠帶牢牢貼著、用來阻隔光線的正方形硬紙板。我開始有些忐忑不安，因為這個地方看起來頗為怪異。客廳裡開著一台小電扇，正不停攪動著室內那煙霧瀰漫的空氣。靠牆的地方擺著一張老沙發，沙發對面有一張破舊的棕色椅子。

艾德溫請我坐沙發，他自己在那把棕色椅子上坐了下來，臉上始終帶著有些誇張、幾乎像孩童般天真無邪的笑容。看到我來，他顯然很興奮。我還沒來得及開口，他就開始滔滔不絕地說起話來，而且說話方式和精神科醫師所說的「言語迫促」（pressured speech）（這是一個醫學名詞，指的是病人像機關槍般把自己的想法一股腦地說出來，表現出一種與當下的場合並不相稱的急迫感，而且你很難打斷他們）頗為類似。

「我很榮幸你今天到這兒來。她跟我講電話的時候很親切，說你會來看我，今天你就來了。他們都說你不會來，可是你真的來了。真好！我那個時候就很希望他們說錯。他們有時候搞錯，可是我也不一定看得出來。現在我已經沒看醫師了。我需要一個醫師。沒錯，我需要一個醫師。我想我應該死掉。該是我死掉的時候了。」

他滔滔不絕地說著，雖然口氣很溫和，但還是讓我越發不安。像他這種說話方式是狂躁症、躁鬱症以及其他幾種精神疾病常見的症狀。他口中的「他們」有可能是他的家人或朋友，但也有可能表示他有幻聽現象。

我注意到我比他更靠近門口。我試著專心聽他說話，但心裡卻開始責備自己居然沒有告訴任何人我要去哪裡。不知道凱倫或其他人是否知道我在他這裡呢？不久，我開始咳嗽，但是當他說要倒杯水給我時，我還是很有禮貌地謝絕了。

我正在考慮該如何掌握這次對話的主導權時，艾德溫便開始解釋他為何想要安樂死。

「我已經老了，總是這裡痛、那裡痛的，尤其是我的腳。現在我的腳踝和腳骨都會痛。我很感謝你來到這兒。我的手臂這裡也會痛。真的，我有很多地方都會痛。我老了，該走了。我想了很多。現在我真的已經做好準備了。」

他細數著身上疼痛的部位，並向我訴說心中的煩惱。讓我驚訝的是，後來他竟然從椅子上滑下來，跪在地上，並朝著我爬過來，然後停在我面前，比手畫腳地強調他的重點，又一一出示他各處關節與身上的瘀青，讓我明白他的問題所在。這整個過程或許只有一、兩分鐘，我卻覺得已經過了很久很久。儘管我一度想要奪門而逃，但其實並沒有感覺自己受到任何人身威脅，因為他看起來並沒有很生氣。我想他只是認為沒有必要遵守人與人之間的身體界限罷了。當我翹起二郎腿，以在我們之間築起一道小小的障礙時，他便轉身爬回他的椅子那兒，繼續滔滔不絕地說著。

這時，我已經沒有在注意聽他說話了，因為我很確定他有精神方面的疾病。於是我打斷他，開始問他如何取得食物、在家中能否自理、能不能自己上廁所，以及必要時是否有人可以幫助他等等。當他開始回答時，我便趁機思考脫身之計。我雖然不想觸怒他，但也不希望隨便唬弄他，以免讓他懷抱不切實際的希望。我想，我應該找一個在精神疾病方面比較有經驗的人來看他。

突然我想到，有一個外地的同行曾因為告訴一個精神病患他不符合安樂死資格而遭受死亡威脅，但很快的，我就把這個念頭拋諸腦後了。

我集中心神，開始回答艾德溫所提出的有關安樂死的問題。他對此似乎很感興趣，後來甚至開始告訴我這些年來他擬定的各種自殺計畫。說著說著，他就站起來身來，去找他放在廚房櫃子裡一把擱在原廠盒子裡的電動刀，並拿給我看，還說他一度考慮要用這把刀來割自己的脖子。對我來說，這是最後一根稻草。雖然我現在回想起來，可以確定他並沒有要威脅我的意思，但在當下，一想到他手裡有可以用來作為武器的東西，我就覺得自己該離開了。

我告訴艾德溫，我很高興他沒有用這把刀來傷害自己，接著又向他解釋，我不確定他是否完全符合安樂死的標準。儘管當時我心裡想的是，他如果請求安樂死，可能會有人質疑他的心智能力，但我決定強調另外一個他或許比較容易接受的事實：他可能無法符合「會在可預見的未來自然死亡」這項要件。我告訴他，儘管他已經七十歲，而且我相信他確實活得很痛苦，但法令就是法令，因此我不認為目前我可以幫上他的忙。但我也告訴他，有一天法律可能會修訂，他的狀況可能也會發生變化，因此他可以和我保持連絡。

我已經開始想到如果我把今天下午發生的事告訴尚馬克，他會怎麼說了。當我想像著他那焦慮的模樣時，突然意識到那是我自己心中的焦慮：我獨自一人待在一個陌生男子的公寓裡，不確定他的精神狀態是否穩定，而且房裡還有一把刀。我想離開！

儘管直覺是很重要的，而且這些年來我也越來越相信自己的直覺，但我還是為自己當時內心的想法感到羞愧。我知道艾德溫需要幫助，只是我不認為自己是最有資格幫助他的人，同時也擔心如果我繼續留在他的公寓裡，恐怕會有危險。如果他生起氣來或試圖阻止我離開，我得設法騙他，或者找個藉口開溜。

同時，我告訴自己，從今以後，我到病患家中訪視之前一定要先詳讀他的病歷，也要把我的行程表提供給凱倫，讓她知道我什麼時候會在哪裡跟誰碰面。此外，我暗自發誓，以後如果病人有罹患精神疾病的跡象，我絕對不要隻身前往，否則就要請人在我進屋十分鐘之後打電話來確認我是否安全。就這樣，我一邊想著這些，一邊和艾德溫談論有關安樂死的事，並向他解釋他為何有可能不符合資格、現在我為何不得不離開，以及以後我會如何審核他的病歷，等到確定後，就會盡快回覆他。

我往門口走去時，艾德溫跟在我後面，接著突然握住了我的手。我本能地想要把手抽離，但因為他的手溫暖、柔軟、幾近細緻，我才沒有這麼做。他微笑向我道謝，又說剛才我講的那些事情他都明白，也很感激我來看他，並說不知道我何時還會再來。他一邊說，一邊握著我的手，並看著我的臉，等我回答。這時我再度感覺他站得離我太近了，近到讓我不太舒服。我可以感覺自己的心臟正砰砰砰地跳著。我告訴自己「要保持冷靜，他並沒有惡意」。等到抵達門口，我便抽出我的手，開啟門鎖，並把門打開，步入走廊，然後才轉身面對著艾德溫。

「我會仔細看你的病歷。下個星期再打電話給你。到時我就可以給你更多資訊。」

他再度謝謝我，並且向我鞠了好幾次躬。我經過電梯，逕直朝著走廊盡頭的樓梯間去，因為我無法停下來。下樓時，我的步調開始加快，最後更衝進大廳，急急忙忙地走出大門，一邊大口大口呼吸著外面的新鮮空氣，一邊快步走向我的車子。坐上車之後，我卻沒辦法靜下來，只好再度下車，繼續深呼吸。這時，我才意識到自己有多麼害怕。

後來，我打電話給安樂死辦公室，告訴那個派我過來的人剛才所發生的事。她沉默了一會兒，便向我道歉。我們一致認為將來我們在分類方面必須做得更好，而且還有很多需要學習的地方。把事情說出來後，我才稍微恢復了平靜，得以回到車內，繼續我當天的行程。

艾德溫是我當天最後一個訪視的病人。在回家之前，我先開車到海灘，把車子停在附近，坐在車裡看海。當我需要釐清思緒、調整心情時，經常會到這兒來靜一靜。

我不想把工作上的壓力帶回家，心情也尚未完全平復。我心想我是否反應過度了？或許艾德溫並非危險人物。我是否讓他感到失望而且沒有給他適當的支持？我一遍又一遍地問著自己，但每次都得到不怎麼令人滿意的答案：我不確定。我對艾德溫不夠了解，也無法提供他所需要的東西。我發現，在面對得了絕症的病人時，情況反而單純許多。

我不清楚艾德溫得的是什麼樣的病。他是否有足夠的心智能力請求安樂死也令人懷疑。精神疾病會影響我們思考、理解與體驗這個世界的方式。醫師該如何區分哪一個請求是出自理性的思考，哪一個是出自精神病人可能會有的自殺意念呢？我又該如何判定病人的請求是基於事實與個人的價值觀所做出的決定，還是出自不理性的衝動呢？我知道這應該還是可以區分出來的，因為精神病患不一定會喪失為自己做醫療決定的心智能力，但我想在某些情況下，兩者可能很難區分。

精神病患的安樂死問題原本就極其複雜，況且我又是第一次遇到這種情況，因此自然不知道該如何處理。精神病患是否有權拒絕治療呢（我們都知道有時答案是肯定的）？精神疾病是否能被視為一種無法治癒的疾病呢（關於這點仍有爭議）？一個人如果同時罹患了憂鬱症和癌症，可以先就憂鬱症的部分進行治療，等心情穩定之後，如果還是想要安樂死，或許會符合資格。但萬一病人除了精神疾病之外沒有其他病症（比方說罹患憂鬱症或轉化症長達三十年卻治療無效），那該怎麼辦呢？允許精神病患請求安樂死是否符合道德原則？他們不是特別容易受到傷害，需要我們加強保護嗎？安樂死法令訂定了好幾項防弊措施，但並未規定精神病患不得安樂死。應該有這樣的規定嗎？但反過來說，如果僅僅因為一個人得了精神疾病，就不准他們安樂死，可能會有歧視之嫌，在道德上也說不過去。在更廣泛的法律和醫學層面，這些問題至今仍未有定論。

我看著海上的波濤，心裡思索著今後自己有哪些做法應該改變，才能保障自己的安全，並決定要和同行分享這些心得。同時，我也決定要打電話給社區的醫療機構，請他們設法幫助艾德溫。做了這些決定之後，我的心情就好些了，這才開車回家。不過我必須承認，後來我並沒有把當天所發生的一切都告訴尚馬克……至少要等我把一些新的做法付諸實行再說。

第十九章

和艾德溫見面後不久，我又到哈利法克斯去探望母親。這次是為了要慶祝她的七十五歲生日。當時尚馬克正在歐洲探親，無法到場，但我和兩個孩子以及我哥哥一家都去為她慶生。母親六十五歲那一年，我和哥哥為她舉辦了一場大型派對，但她七十歲時，卻拒絕了我們的好意。到了她七十五歲這一年，當我們正在盤算該如何為她慶生時，她告訴我們她已經決定要自己辦個派對了。儘管她正住在安養機構，而且沒辦法和別人好好交談，她還是在當地旅館租了一個中型房間，自己擬定了午宴菜單，並發函邀請了大約二十五位親友，還準備了鮮花與氣球。雖然她身邊有人可以幫忙，但這樣的表現還是令我印象深刻。

我們在派對前幾天就抵達了哈利法克斯。這回她的四個孫輩都會參加。其中三個已經上大學的（我的侄子、姪女和山姆）會各自搭飛機過來，莎拉則和我同行。由於我們家族中的九個人分住在五個不同的城市，因此這是我們大家相聚的一個好理由。哥哥答應擔任這次派對的司儀，我則負責講幾句話。儘管現在我已經不再害怕上台致詞，卻不知道屆時該說些什麼。

在飛往哈利法克斯的途中，我想著母親以及我和她的關係。有鑑於我們母女之間並沒有太多情感上的交流，因此我自從當了母親之後，就決定要和孩子保持親密，以給予他們我成長期間所缺乏的穩定感和安全感。不過，當我的孩子逐漸長大成人時，我也開始對母親以及我們之間的關係有了更進一步的理解，體會到她為了扶養我和哥哥所做的犧牲。我想，她之所以決定再嫁，除了因為愛情之外，也可能是為了想找個伴，過上安穩的生活，並讓我們母子三人有一個家。此外，在有了養兒育女的經驗後，我也開始明白，親子之間要彼此了解並進行雙向溝通，有時並不是那麼容易。但我還是沒有完全原諒她。

我不希望自己在致詞時重提大家都熟悉的家族趣聞，也不想談論她在比較年輕、有活力時在社區裡從事的志願服務工作。同樣的，我也不希望讓自己的致詞聽起來太過沉重或慨嘆她近年來身體上的衰退。那麼我到底應該把重點放在哪裡？關於這點，我在和莎拉一起走下最後一趟班機時，心中還是沒有任何頭緒。

母親打算舉辦派對的旅館，位於哈利法克斯市的春日花園街與南方公園街上。那是我很熟悉的一個角落。車子駛入旅館的車道後，我便下了車，走上階梯，進入旅館的大廳。聞著微風吹送來的海洋氣息，聽到門房的招呼聲、大廳裡人群的交談聲，以及櫃台職員講話聲中帶著濱海地區特有的腔調，我頓時有一種回到家的感覺。不，應該說我又來了。不對，我是在作客呢。每回置身哈利法克斯，我總是感到迷惑。它是我童年居住的地方，但我已經有三十多年不曾在此生活，因此它對我而言既熟悉又陌生。每次我到哈利法克斯來探望母親，總感覺自己彷彿同時橫跨兩個世界，一個是我的童年，一個則是我成年後的世界。

我們辦完入住手續，把行李打開後，就上床睡覺了。由於哈利法克斯和維多利亞市有四個小時的時差，時鐘顯示現在已經是凌晨一點了，但我卻睡不著覺。就在這時，我終於想到要在母親的生日派對上說什麼了。

過去，我想到母親時，腦海中浮現的往往都是她的軟弱、病痛以及兒時她沒能保護我的事。然而，當我年歲漸長時——尤其是在開始從事安樂死工作之後——我開始看到她堅強的那一面。一九七九年，她和父親離婚，一個人帶著兩個孩子生活。在當時她往來的圈子當中，像她這樣的情況並不多見，因此她在這方面可以說是開風氣之先。一九八一年底，她再婚時，「繼親家庭」還是大家很陌生的一個名詞，因此我們並不知道該如何渡過那段艱困的過渡期。再婚不到十年後，她就得了神經性疾病，無法再獨立自主過著有尊嚴的生活。然而，她並未灰心喪氣，照樣外出旅行、與人交往。雖然她不想，但最後她還是請了看護。直到今天，她依舊堅決而頑強地對抗著她的疾病。儘管大多數時候，她都無法與人對話，但只要能和家人或朋友坐在一起，她就心滿意足。儘管她的視力和聽力日益退化，但她仍然可以玩克里比奇紙牌遊戲，而且幾乎每天都玩。此外，她更是拼字遊戲的常勝軍。當然，她也有軟弱沮喪的時候，但她總是能夠重新振作起來。

我發現，我的韌性正是承襲自母親。童年時，我的生活幾度陷入動盪。為了保護自己，我很早就學會披上盔甲，築起一道道心牆，也絕不輕易坦露自己軟弱的一面。儘管這種做法對我的人際關係不見得有幫助，但或許正是因為這樣的韌性以及我在保護自己時所學到的功課，我才得以承受安樂死工作所帶來的情緒負荷。

因此，我決定在致詞時談到母親的堅強、復原力與韌性。

第二天早上，我讓莎拉繼續待在旅館睡覺，自己走路去看母親。我抵達她的住處時，她已經起床，穿好了衣服，也吃了早餐。早上七點四十五分，她的看護瑪格麗特就過來幫忙了。在她從旁協助下，母親把自己打理得很好。她穿著體面的衣裳，畫了淡妝，還戴著可愛的耳環，忙不迭地要坐著輪椅去外面「散步」。瑪格麗特幫她推著輪椅，一路和她聊天。事實上，大部分時間都是瑪格麗特在說話，母親只是不時點點頭。從她們口中，我才知道她們克服了多少困難才辦成這次午宴。

其中大部分工作顯然都是瑪格麗特在做的，但她們兩個人配合得很好，她事事都讓向來很有主見且固執的母親拿主意，包括房間入口處要放多少氣球、什麼顏色的、桌子中央要用什麼東西裝飾、一共要放幾張桌子、要邀請誰等等，她負責溝通和開車，但所有事情都是由母親決定，彼此配合無間。最棒的是，她們總是能逗對方開懷大笑。總而言之，瑪格麗特既能夠毫不費力地滿足母親的需求，又能逗她開心。這是我很難做到的。因此，我很慶幸母親能找到像她這樣的幫手。

午宴那天上午，我們提前三十分鐘抵達旅館，好讓母親能先看看那已經布置妥當、優雅宜人且喜氣洋洋的場地。我的兩個孩子和他們的表哥表妹都來了。他們四個人的年齡都在十七歲到二十一歲之間，男孩蓄著長髮、留著鬍子，女孩則吱吱喳喳聊個不停，很高興能夠見面。母親希望我們能在賓客抵達之前一起照幾張相片，而這剛好是那四個孩子最拿手的把戲，於是他們使出渾身解數，在相機前擺出各種古怪的姿勢，逗得他們的奶奶笑個不停。

客人開始陸續抵達了。每個人都來到她坐的地方和她打招呼、向她祝壽。到了預定的時間，哥哥便向在場人士表達歡迎之意，並感謝他們前來赴宴。我們在滿場的歡聲笑語中吃著開胃菜和午餐，不時有人來到母親身旁跟她說話。由於會場太吵，他們都提高了嗓門，慢慢地說著。同時，為了能夠聽見她說的話，他們也都把身子前傾，以便靠近她一些。我坐在她的對面，看到這些人對她表現出的善意，心中不由地讚嘆。起先，我很感謝他們願意這麼做，但不久我就發現這顯示了她在他們心目中的地位。因為在意她，他們都願意超越她的身體障礙去和她連結。

在切蛋糕之前，哥哥請我講幾句話。我環顧周遭熟悉的面孔。他們都是我從小就認識的人，也都很清楚母親這一生的遭遇。但在他們逐漸衰老的面容上，我也看到了他們各自的滄桑。

「我已故的祖母貝蒂曾經教導我，演講的時間絕對不能超過兩、三分鐘。」我開始說道。「所以，你們可以放心，我今天絕對不會發表什麼長篇大論。至於我接下來要說的話，母親事前並不知道，今天聽了以後可能也不會贊同，但無論她是不是贊同……我相信她一定都會讓我知道。」

我聽到人群裡傳來一陣竊笑的聲音。

「今天我不會在這裡敘述她這一生的豐功偉業，因為這些你們應該都很清楚了。我想說的是一些她自己不太喜歡談論的事情，那就是她所面臨的一些挑戰。我母親向來不喜歡對別人訴說她這一生所遭逢的逆境，但我相信正是在這些逆境中她顯露出了她的本質。今天，我想談的是她從逆境中復原的本事。」

接著，我談到她當初如何開時代風氣之先，以及她所克服的種種障礙。我知道她不是唯一遇到這些困難的人，但她的疾病（我知道她很少談到這個）使她和身邊的人承受了更沉重的負荷。有些朋友今天之所以沒有來幫她慶生，恐怕就是因為無法面對她身體上的殘缺。

最後，我表示：「其他人如果處於和我母親類似的情況，恐怕早已經垮了。但我的母親不然。她以過人的毅力和頑強的精神面對所有挑戰，我相信這點很值得我們尊敬。」說完，我朝著她舉起了酒杯，並邀請大家一起跟著做。於是，在場的每一個人都轉身向她致意。

我雖然還沒完全原諒她（畢竟青少年時期她對我的冷淡已在我心中留下了一道傷口，至今尚未癒合），卻打從心底欣賞她的堅強，而且我發現，如果不是因為當了安樂死醫師，我不可能會有這樣的轉變。這或許是我有生以來第一次體認到，從事安樂死工作使我得以從一個新的角度來看待生命以及我和母親的一生。我曾遇過一些人，他們的症狀遠不及母親嚴重，就已經有了安樂死的念頭。這讓我對人們所做的努力有了新的尊重，無論是為了繼續活下去，即使超越了自己可以接受的極限，還是最終選擇結束自己的生命。這一切也讓我對母親一直以來的努力與堅持，有了不一樣的看法。她告訴我，她是一個在逆境中求生存的人，而這的確也是事實。有時人們為了求生存，不得不做出一些讓周遭的人不舒服的決定，但他們的目標就是把日子過下去，讓生活越來越好。母親確實會犯錯，但她已經盡力了。我還能要求什麼呢？

這樣的觀點讓我在搭機返家的途中心情愉悅。然而，我雖然擁有承襲自母親的堅強韌性，但遲早我將會發現自己絕非刀槍不入。

——

貝芙今年六十七歲，年紀不算很大，卻已經是大腸癌末期，而且癌細胞已經轉移。我初次見到她時，她雖然身形消瘦且極度虛弱，但看到我走進她的房間，她還是帶著溫暖燦爛的笑容歡迎我的到來。我當下便有一種感覺，她在身體健康的時候，必定很樂於助人。因為宗教信仰的緣故，她雖然已經知道自己的生命即將告終，還是處之泰然。因此現在，問題不在於她會不會死，而是她還能活多久，以及她要等到病情惡化到什麼程度才打算安樂死。

「我只是希望有多一點時間和我的孩子相處。」她告訴我。「我的老大就要從澳洲飛回來了。等到他回來，我就可以死了。」

貝芙很感謝她丈夫竭盡所能地讓她感到舒服，但儘管他用廣藿香精油在她的房間裡擴香，那強烈的氣息仍無法掩蓋她的身體因腸癌所發出的臭味。我想，貝芙也注意到了這一點，並因此倍感難堪。

貝芙要安樂死的那天下午，我抵達她家時，看到艾黛兒的車子也剛好開了過來。我們一起進入貝芙家的大門，並沿著樓梯走到地下室。為了有一個更寬敞的空間可以照顧她，她的丈夫在地下室幫她準備了一張床。此刻她正躺在床上，身邊圍著大約十個人。他們或站或坐，有些在和貝芙說話，有些則彼此交談。床頭櫃上放著幾杯已經喝了一半的香檳酒，還有幾杯放在地上，櫃子的左邊則有一個空酒瓶，瓶頸上還繫著一條粉色的緞帶。房間裡有一種愉悅、寧靜的氛圍，而且依舊瀰漫著濃濃的廣藿香氣味。

有幾個人一聽到我走進來的聲音便轉頭看著我。我向他們打了招呼：「嗨，我是葛林醫師。」一眾人聞言立刻停止交談，讓我感覺自己彷彿是一個不速之客，有些不太自在，但我隨即就把這種感覺拋諸腦後。貝芙把我介紹給在場的每一個人。這足以證明她的頭腦仍然很清醒，也讓我們有時間可以適應彼此。當我心裡還在想：「在這種場合跟她的家人見面，真是尷尬」時，卻聽到貝芙說：「這是我媽媽。」

這是我在安樂死的場合很少聽到的話。由於我的病人平均年齡是七十五歲，因此貝芙的這番介紹讓我大感意外。我順著她的目光看過去，只見她床尾的一張椅子上坐著一位身穿黑色雨衣（這身打扮著實有些奇怪）的老太太。她看起來已經八十好幾了，此刻正牽著一名年輕女子的手。後來我才知道，那名女子是她的孫女，對她呵護備置。在安樂死的場合中，很少看到父母坐在子女床邊的情景。但我看了一眼後便克制自己心中的訝異，繼續進行該做的事。

不久後，我和貝芙的家人圍在她的床邊。我坐在她那張大床上，位於貝芙的右邊，身邊有八支按照順序擺放的針筒，艾黛兒則站在房間靠後面沒有人的地方，手裡拿著紙筆，準備記錄我投藥的確切時間。

「在我開始之前，還有沒有人想說什麼？」我問。

於是，貝芙的親人開始依次上前向她道別。首先是貝芙的女兒珍妮佛。她走到另一邊坐下，握住母親的手，俯身靠近她，謝謝她為她所做的一切。「我愛你，也會很想念你，但我知道你這樣做是對的。」說完她便閉上眼睛，默默地哭泣。接著她又在貝芙的額頭依依不捨地親吻了一下，然後才退回原處。這般溫柔、無私的話語讓我深受感動。

接下來，輪到珍妮佛的伴侶羅伯了。他約莫三十出頭，看起來頗為內斂。只見他走到貝芙前面，輕聲而篤定地向她做出承諾，說他一定會永遠疼愛並好好照顧珍妮佛。貝芙微笑注視他的眼睛說：「我知道你會的。」然後朝他伸出手，而他也趕緊把手伸過去。貝芙抓住他的手緊緊握著，他則彎下腰，像個殷勤的騎士一般，把她的手指放在唇邊親吻一下，然後才退回原位。

接著其他人也輪流走到貝芙身邊。像這樣道別的場景並不很常見，卻極其感人。每逢這樣的時刻，我總是盡量讓別人不致注意到我。儘管我是以醫師的身分前來，卻感覺自己像是一個闖進別人家中偷窺他們的外來者，因此我本能地把視線移開，彷彿這樣做能讓他們保有一些隱私，但我還是被眼前這一幕深深吸引住了。

然而不久，我的思緒就被拉回現實，因為原本一直默不作聲的貝芙的母親，突然開口了。

「我想道別。」

只見她費力地從椅子上站起來，她的孫女見狀連忙伸手過去攙扶，但被她拒絕了。她獨自走過去，彎下腰，顫顫巍巍地伸出雙手捧住貝芙的臉。她那粗大的指節、變形發紫的手指，和貝芙那因為服用類固醇而顯得蒼白、光滑的面龐，形成了鮮明的對比。她在貝芙的右臉頰上用力親了一下，然後向她道別：「再見，我親愛的寶貝。」

我深受震撼，主要不是因為她說了什麼，而是因為事情的本身：一個八十八歲的老太太要送走自己的女兒，真是情何以堪。一個母親要怎樣向自己的孩子道別呢？這太不符合常情，也太不公平了，根本就不應該發生。我忍不住想到……萬一我的母親必須跟我說再見，她會如何呢？更糟的是，萬一我必須對我的女兒說再見，我該怎麼辦？這實在令我難以承受。想到這裡，一時間，我竟無法呼吸。當我不由自主地想像自己的女兒死去的可怕情景時，我開始渾身冒冷汗，感覺眼淚就要奪眶而出。之前，我已經做了四十多例安樂死個案，但今天卻是頭一次有這種感覺。我想轉過頭去，移開視線，以擺脫腦海裡的那些念頭，卻無法把目光移開。我雖然還能動，卻無法控制自己。

當我的眼淚終於流下來時，我強迫自己低頭看著床，試著鎮定下來。接著，我開始深深地吸氣。這才意識到自己之前竟然一直屏住呼吸。貝芙的家人就坐在我附近。儘管他們都沉浸在自己的悲傷中，應該不會注意到我，但我還是忍不住猜想他們是否發現了我的失態。在此之前從來沒有人教過我，萬一在施行安樂死過程中被感動到掉眼淚、做不下去時該怎麼辦。為了我自己，也為了貝芙，我希望流程能夠往下走，卻不知該如何做才不致唐突。

幸好這時貝芙幫我解了圍。「把我的小怪物帶來吧！」

她說的是她的狗。

於是，那隻精力旺盛的黑色貴賓犬便跳上床，並立刻走過來對著我和針筒一陣猛嗅。我伸手去摸牠，牠並未抗拒，這讓我的心情平靜了下來。然後牠便緊挨著貝芙，用鼻子蹭她。現在，諸事就緒，已經沒有理由再耽擱了。於是，貝芙看著我的眼睛，請我開始。

十分鐘後，她就走了。

我向貝芙的家人做了報告，並擁抱他們，向他們道別，然後就默默和艾黛兒一起離開了。這時，我依然情緒澎湃，什麼話也不想說。直到走到我的車子旁邊，我才放下包包，看著艾黛兒。

「剛才真是……」我說道，心想不知道她的心情是否也受到了衝擊。

「可不是嘛！」艾黛兒答道。「史黛芬妮，我可以問你一個問題嗎？」

「當然！」我回答。

「我可以抱你一下嗎？」

看到我點點頭，她立刻緊緊抱住我，傳達她對我的支持。我必須承認，那是一種很棒的感覺。

我知道，身為醫師，我必須擺出一副專業的架勢。這是病人希望見到的模樣，也是我們這一行應有的態度。擔任產科醫師時，我更學會在喜悅或哀傷（尤其是後者）的情境中保持專業的形象。比方說，在嬰兒出生後，我不應該留下來參與家屬的慶祝活動；在病人生下死胎時，我也不應該傷心難過。但後來我發現，這些情緒勢必都要有一個出口。於是，我們心中的那座擋土牆偶爾便會裂開一道縫隙，讓那些情緒得以流露出來。

第二十章

維多利亞市的春天來得很早。鬱金香的球莖已經抽芽，多年生植物的花苞已經綻放，一年一度的花季又開始了。遊客開始陸續湧入，為的是觀賞市內一度頗為興旺的日僑社區在街道兩旁栽種的櫻花。但這時就不太看得到鹿群了，因為春天正是它們繁殖、產子的季節。

隨著春天的來臨，請求安樂死的人也明顯變多了。事實上，自從去年聖誕節假期開始，申請的人數就一直很多。我經常一天要看好幾個病患，每週還要做四、五次評估，有時一個星期之內就施行了好幾次安樂死。各醫院的普通科醫師、住院專責主治醫師、腫瘤科醫師和神經科醫師，不斷把他們的病患轉介給我，有些病患和家屬則是直接找上門來。在此同時，我也持續在追蹤之前訪視過的病患，以評估他們的狀況，並且在適當的時機為他們服務。如今回想起來，我不知道當時我是否故意在測試自己的極限，看看自己是否能夠應付越來越多的工作量。

事實上，由於加拿大各地民眾對安樂死的興趣與日俱增，我的同行也一樣忙碌。請求或施行安樂死的人數已越來越多，因此我很驚訝居然還有那麼多人不知道安樂死已經合法化了。根據報導，在安樂死法令通過後的六個月內，加拿大的死亡人數中有百分之零點六是安樂死（相較之下，從一九九七年起即核准末期病人安樂死的美國奧勒岡州只有百分之零點三）。在後來的六個月內，這個數字上升到百分之零點九。沒有人知道加拿大境內究竟有多少安樂死醫師。我只知道我很忙，而且由於溫哥華島上只有不到十位安樂死醫師，因此我們的工作量是全國平均值的三倍以上。

工作久了之後，我不免覺得自己應該什麼樣的場面都見識過了，但事實上偶爾還是會遇到一些令人意想不到的情況。

聽到麗茲的消息時，我第一個反應是：如果這種事情會發生在她身上，那它也可能會發生在我身上。因此，對我來說，這個消息就像是一記當頭棒喝。我和麗茲算不上是朋友，但兩人同樣都年近五十，已婚、有小孩。我之所以會認識她，是因為我們參加了同一個熱瑜伽工作坊。有一次，我還和她一起去喝咖啡，也因此知道了她的家庭狀況。她從事室內設計工作，並表示他們一家打算搬到我住的那個社區。一年後，她和丈夫馬克——一個話很少、對瑜伽沒有什麼興趣的建築師——果真搬了家，並邀請我們去烤肉。那次聚會，我參觀了她的新房子，見識到她的家庭生活，也看到了她的三個孩子（兩個兒子和小女兒）。儘管後來我上瑜伽課的次數越來越少，但我們在社區裡遇見時還是會彼此揮揮手、打招呼，如果做飯發現少了什麼材料，也會到對方家裡去借。每年十二月時，我們也會在一些節日派對上碰面。

有一天晚上，麗茲在廚房裡做飯時突然發病。我聽一位和麗茲比較熟的瑜伽課同學說她得了腦癌。不到一個星期後，又聽說她腦部的腫瘤是從其他地方轉移過來的。事實上，她得的是第四期的黑色素瘤。沒有人知道她為何過了那麼久都沒有發現。直到那天她的腦部出現病變後，她才發現自己生病了，但當時癌細胞已經擴散到她的肺部、肝臟、淋巴結和骨頭了。

我雖然想更進一步了解她的狀況，卻不方便打聽。如果有人主動提及，我會很樂於傾聽，但因為我覺得自己和她並沒有熟到那種程度，因此不好意思詢問。

那個春季的某一天，我正在安寧中心探訪一個新的病人時，突然看到馬克站在製冰機前面。我禮貌地向他點點頭，但並未停下腳步和他打招呼。有著一頭沙色棕髮和稚氣面容的馬克是麗茲的精神支柱。我想他或許並不希望別人知道他的妻子已經住進了安寧病房。事實上，這是我每次在醫院裡碰到熟人時都會面臨的難題。我總是很想問他們「你怎麼會在這裡」，但每次都會趕緊打住，因為每個人都有保護自身隱私的權利。

儘管如此，我還是忍不住想到麗茲是否已經開始考慮要安樂死了。但我知道，不是每個人都想要安樂死。雖然有些人能夠接受，但也有一些人想要奮戰到最後一刻。我尊重每個人的想法以及他們各自的因應方式。如果我現在罹患了絕症，一定會用盡力氣與病魔搏鬥，但我也可以想像到了某一個時刻，我可能會選擇以自己想要的方式來結束生命。我想，當我不再能夠與人溝通、已經向身邊的人道別、身體狀況只會不斷惡化，繼續活下去只會為我所愛的人帶來更多痛苦時，我或許就會慶幸自己能夠選擇在什麼時候死去。

我很想去探視麗茲，但曾多次與我合作的惠特摩醫師（她就在那家安寧中心工作）提醒我，我並未獲得邀請。「光是因為你發現她在這裡，就去看她，這樣做並不恰當。」她說得很對。

我離開時有點難過，因為我明知道麗茲的病情正逐漸惡化，卻不能去看她。顯然我一點也幫不上她的忙。

然而，三個星期之後，醫院轉介了一個病患給我：「我們這裡有一個很討人喜歡的病人。希望你能去看看她。她已婚，有三個十幾歲的孩子，但得了轉移性的黑色素瘤，已經住進安寧病房一段時間了。現在她想要安樂死，希望能和你談談，看看是否能在不久的將來進行。她的病情正不斷惡化，所以她的家人大多都贊成她這麼做。」

我很驚訝地發現，這個病人的名字居然是麗茲。我核對了兩次之後，便確定是她。我知道這代表的是什麼，但我必須確定她知道她請求的對象是我，因為在上瑜伽課時，我用的是夫家的姓。因此，我必須先問過安寧中心的醫師，才能決定是否要接下這個案子。

「她當然知道。」惠特摩醫師表示。「她還說：『那太好了。我很高興是我認識的人。』

麗茲希望能先單獨和我見面。那一天，她穿著醫院的袍子，沒有化妝，頭髮剪得短短的，垂散在臉頰旁，和她從前在上熱瑜伽時綁著招牌馬尾、柔軟靈活的模樣相去甚遠。她右側的身體似乎已經不太靈活，話也說不太清楚，但還是急著要表達她的意思。

「我想……安樂死……那是我要的。如果有人不贊成……不用管他們。」她似乎有些激動。「我希望……你……能幫助我。我知道……我知道自己要什麼。」

說完，她的臉上便露出了笑容，彷彿很高興自己沒有說錯。「我很確定。」她重申。「如果他們不同意，你別聽他們的……我確定我要安樂死。」

她告訴我馬克了解她的心意，也支持她的決定，又說她歡迎其他家人參與她安樂死的過程，但不會容忍他們質疑她的這項決定。她決心在自己頭腦還清楚、能夠做決定之前，結束自己的生命，因為她不想讓她的孩子看到一個不認得他們的母親。

麗茲表明她的意向之後，便想了解安樂死的程序，於是我請馬克進來，做更進一步的討論。但我感覺馬克對這件事的接受度似乎不像麗茲所說的那麼高。他雖然支持她的決定，但顯然有些惶惑，不斷問她是否真的要這麼做。對於他們所提出的各種問題，我能回答的都盡量回答。其中最主要的一個問題似乎是：他們是否應該讓孩子參與麗茲安樂死的過程。

他們最擔心的是十一歲的女兒可能會有何反應。我建議他們盡可能誠實坦白地和孩子溝通，並讓女兒了解麗茲的病況。同時，我也推薦了一些資料給他們，並提醒他們要設法了解孩子可能會有的感受。⑭我告訴他們，之前我很少看到青少年出現在安樂死的現場，因此在這方面沒有什麼經驗。此外，由於他們家的孩子都認識我，我不確定這一點是否會使他們感覺比較好受一些，還是反而更加難受。不過，他們告訴我兩天後他們一家人就要和安寧中心的喪慟輔導顧問面談，因此我就比較放心了。

一個星期後，馬克打電話給我，想要和我單獨談一談，於是我們約好在安寧中心那間小小的靜坐室裡碰面。那裡有一扇窗子、長沙發、瑜伽墊以及頌缽，是一個能讓人平靜下來的空間。我走進去時，心想我從來沒有受過任何喪慟輔導的訓練，不知道這次能不能幫得上他的忙，況且我和馬克並沒有那麼熟。我再次想到，我們彼此認識這一點不知是否對他有任何好處，還是只會構成我們之間的障礙。

我們在那張長沙發上坐定後，他便開口了。

「大家都那麼好……我的意思是……大家都對我們太好了。我在家裡都不用自己煮飯，他們就會一直送食物來，放在我們門前的台階上。」

他看起來似乎有點不太自在，眼睛看著別的地方，顯然有什麼心事。

「我不知道……」他繼續說道。「我的意思是，我不知道別人知道多少。」他微微聳聳肩，似乎有點窘迫，接著又看著別的地方。「麗茲告訴過幾個人她考慮要……安樂死什麼的。我真的不明白。我的意思是，我還不太能接受，你懂我的意思嗎？」

他的視線回到了我身上，彷彿在等待我的答覆，但我感覺他似乎還有話要說，便沒有作聲，等他把話說完。

「我的意思是，我不是很贊同這種做法。」他說。「無論她做什麼決定，我都會支持，但我並不希望她這麼做。我只是……」他又移開了視線。「我……我就是不希望她這麼做。」

在之前我幫助過的病患中，年齡不滿五十歲的只有一、兩個。我訪視並評估過的那些較為年輕的病患中，大多都尚未正式提出安樂死的請求。我想這真是很艱難的一件事。誰願意在正當盛年之際告別人世呢？看到馬克的反應，我不禁想到，要幫助一個年僅四十八歲、兒女還沒長大的人安樂死，那種感覺真的和幫助一個已經八十九歲的老太太截然不同。

「還有我的母親。」馬克繼續說道。「她真的很難過。她完全不明白這是怎麼回事，而且一再要我阻止麗茲這麼做。」

我告訴馬克，對他來說，這想必是很大的壓力，或許他可以將事情的原委告訴他的母親，並且以孩子能懂的語言對他們說清楚。

「嗯，他們知道麗茲已經快要死了，也知道她現在待在安寧病房裡，不會回家了。」他低下了頭。

「你或許可以告訴他們安樂死是麗茲自己的選擇。」我說。「一個很困難的選擇，甚至可以說是一個很勇敢的選擇。你可以向他們解釋麗茲得了一種致命的疾病，但她決定要選擇自己死亡的方式與時間，並且在心愛的人陪伴下向這個世界告別。你認為這樣說他們能夠理解嗎？」

「是的，這或許是一個很好的說法。這樣他們就會認為他們的母親是一個堅強的人，並不軟弱。我喜歡這種說法。」他心不在焉地點點頭。

「那你呢？你也能從這樣的角度來看待這件事嗎？」

「我可以理解，但並不喜歡。」

「這是一定的。」我直視著他的眼睛，看到裡面滿溢著悲傷。於是我柔聲對他說：「馬克，你即將失去你的妻子，孩子也即將失去他們的母親。無論麗茲以什麼樣的方式死去，你們都不好受。」

有好一陣子，我們兩人都默不作聲。我簡直無法想像他的感受。不，更準確地說，我其實可以想像。麗茲的年齡和我相仿。這樣的事情也可能會發生在我身上。到時我的丈夫就會像馬克這樣。不過，我不想過度投射，於是戴上我的職業面具，對他的處境表示理解，但在情感上和他保持一個安全距離。

我很少在鬧鐘響起之前就醒過來，但麗茲要安樂死的那天早晨，我四點半就醒了。屋裡很安靜，從百葉窗的隙縫間看出去，天色仍然一片漆黑。儘管今天要用到的物品已一應俱全，但我躺在床上，卻開始懷疑自己是否已經做好了心理準備。我開始擔心，因為麗茲是我認識的人，我可能會魂不守舍或過於激動，到時情況就會變得很尷尬。還有，下次我在瑜伽課堂上聽到別人談論麗茲的事情時，心裡會有什麼感受呢？我要如何面對她的朋友？看到他們時，我該說什麼？還是什麼都不說？他們會感謝我嗎？還是會鄙視我？馬克和孩子們呢？他們開車經過我家或在車道上看到我時，心裡會有什麼感覺？

我想起一句有關航海的諺語：「如果你心想自己是否該穿上救生衣，那就表示你早該穿上了。」那個早上，我一直在考慮是否該打電話給艾黛兒，請她陪我去麗茲那兒。我知道她平常都在那家醫院工作，但由於那天早上安寧病房有人會負責打點滴，因此我並不需要她幫忙，所以她即使到了那裡，也沒有什麼事好做。但我覺得只要她在我身邊，我的心裡就會好過一些，於是我給她發了一個簡訊：「嗨，艾黛兒，今天早上你要值班嗎？」

她立刻回覆：「怎麼啦？」

我知道加拿大有些地區規定，在施行安樂死時，至少須有兩名醫療人員在場，以便彼此支援。因此，我在社區裡工作時，總會找個護士陪我，但在安寧病房，我通常都是一個人作業，但今天可不行。我絕不能出任何差錯。於是，我打電話給艾黛兒，向她說明原委。

幸好她二話不說便答應了。當我走進安寧病房，看到她站在護理站旁邊時，便放下了一顆心。我們和安寧病房的醫療小組以及惠特摩醫師短暫會晤後，就走進麗茲的病房。

一開始，我們先向麗茲的家人自我介紹，然後艾黛兒將他們帶到日光浴室，好讓我和麗茲能夠私下聊聊。她告訴我，她雖然表現得很勇敢，但其實一直不確定自己是否真的會這麼做，也不知道自己是否能夠放得下孩子，但她知道她遲早都必須離開他們，而她感覺現在已經是時候了。這個星期以來，她在一個朋友的幫助之下，已經寫了好幾封信給家人，並且為孩子做了一些特殊的紀念品。上個月，她甚至還為女兒的十八歲生日拍了一段影片。「我還有好多好多事情想做……」

她要我答應她一定會把事情做得很圓滿。

這時，日光浴室裡已經聚集了十幾位賓客，把裡面擠得滿滿的。麗茲的妹妹告訴我，他們每個人都希望能單獨跟她道別，後來他們就開始輪流走進麗茲的房間。

我站在走廊上等候，看到有些人進去一分鐘之後就出來了。麗茲的手足待的時間就長很多。最後，終於輪到馬克和孩子了。他們一走進去，我便趕緊把病房的門關上。他們經過我身邊時，我實在不知道該對他們說些什麼。我想沒有任何一種方式可以減輕麗茲的死對他們的打擊。

和麗茲道別後後，馬克把門打開，示意那些想要參與安樂死過程的人可以回到房間裡。我把藥劑放在麗茲左邊的桌子上時，簡直不敢注視他。他的眼睛發紅，雙肩下垂，神情極為哀傷。他的兩個兒子跟他一起坐在我身後的長沙發上，女兒則依偎在他懷中。他用雙手環抱著她，眼睛看著前方，一語不發。其他人則圍繞在麗茲身邊。然後，我問她是否已經準備要開始了。

「現在嗎？」我聽見她的女兒在我身後問道。

我轉過身去，看到麗茲十一歲的女兒掙脫父親的懷抱，穿過人群，走到她的跟前，慎重其事地取出一個手繪的心型墜飾（看起來彷彿是她們之前一起製作的），鄭重地親了一下，並用它輕輕碰了一下麗茲的嘴唇，然後才將它放在麗茲的左手上。

麗茲對著女兒說了一聲我愛你，並握住那個墜飾，將它拿到胸口，閉上了眼睛。她的臉上雖帶著微笑，眼角卻滲出了一行淚水。然後，女孩回到了父親的懷抱。

然後，我犯了一個嚴重的錯誤。為了讓這個場合顯得更加莊重，我向眾人表示：「麗茲很幸運，家人都這麼愛她、支持她。」但麗茲那個已滿面淚痕的十五歲兒子卻厲聲表示，以他母親現在的情況，她一點也稱不上幸運！這時我立刻意識到自己踩到了他的痛處，於是朝著他點了點頭，表示同意，但他已經把臉埋在父親的肩膀上了。

「拜託！」麗茲開口了。「我們開始吧！」

當我問她有何遺言時，她臉上露出了笑容，祝福每一個人都能沐浴在愛中。

這時，我身後傳來了一個女孩的聲音：「媽咪，我愛你！」然後，我就開始了。

當我引導麗茲回想過去某個美好的回憶時，她閉上了雙眼，但隨即就把眼睛睜開。「可是美好的回憶太多了，我不知道該選哪一個！」

這一刻，我意識到兩個鮮明的對比。我雖是個局外人，卻目睹了這家人最親密的一幕。表面上看起來，負責引導整個程序的是我，但事實上，真正明白該怎麼做的卻是麗茲一家人。他們以一種無與倫比的方式，表達了他們心中的愛與悲傷。

麗茲再次閉上眼睛。我幫她注射第一劑藥物時，她就睡著了。接下來的幾劑使她睡得更熟。有那麼一會兒工夫，她甚至微微地打鼾，然後就再也沒有發出任何聲音了，房間裡只剩下家人的啜泣聲。整個過程只花了七分鐘。然後，我又花了一分鐘的時間確認。我非這麼做不可。這是我對她的承諾。

這是有史以來頭一遭，我沒有出聲宣布病患的死訊，因為我感覺這樣做會破壞氣氛。當然，這可能只是我的藉口。其實我是擔心自己說不出話來。我抬起頭，看到麗茲的妹妹直視著我。她顯然知道事情已經結束，但仍然需要確認，於是我對她點了點頭。然後，我便收拾好藥物，往房門外走去，艾戴兒也跟了過來。經過馬克身邊時，我輕輕拍了一下他的肩膀。

我走到護理站後面那個安靜的房間後，開始填寫文件。看到艾黛兒在那裡和其他幾個護士聊天，我心中稍感安慰，然後深吸了一口氣，試著專心。

填好文件後，我的心情平復了一些。我告訴艾黛兒我沒事，也很感謝她能夠過來。她說她其實什麼也沒做，但事實上我們兩人都知道她做了很多。

一直到上了車，我才卸下了自己的武裝。我的工作雖然已經完成，但心中卻仍充斥著揮之不去的憂傷。一個母親走了，留下了幾個尚未長大成人的孩子。大家都對她依依不捨。這既不公平，也不符合常情，對我而言，更有著切身之痛。

第五篇

— 夏日又至 —

第二十一章

我很訝異自己在協助麗茲和貝芙安樂死時，情緒居然如此激動。過去在工作時，我向來能夠冷靜超然，但面對她們時卻破功了，讓我有些措手不及。我知道我會有這樣的情緒乃是人之常情，但我不喜歡失控的感覺，而且這讓我有些惴惴不安，懷疑我是否已經把自己逼過頭了。難道這是我快被工作壓垮的跡象？

但反過來說，我在幫助其他人時並沒有這個現象。沒錯，遇到艾德溫那次，我確實感覺壓力很大，但那只是一個特例。其他時間，我反而擔心我對自己的安樂死工作越來越習以為常、無動無衷了。當然，我會這樣，也是可以想見的。但我怎麼能夠在早上協助一個人死去，接著就去開會、訪視另一個病人，晚上還到外面吃晚餐，連眼睛都不眨一下呢？我是不是有哪裡出了問題？否則我怎麼能夠在早上幫病人安樂死，下午就跑去玩橋牌、和朋友聊天說笑，完全不提早上所發生的事呢？記得我第一次在一天之內協助兩個病患安樂死時，還曾經懷疑自己是否在心情上可以承受，是否能讓兩個病人都得到應有的對待。事實證明，我可以做得到。但我真的希望自己變成這樣嗎？或者我只是在拒絕正視這份工作對我的影響？

我曾對自己和家人做出承諾，在週末和週間下午五點過後絕不去訪視病人或幫他們施行安樂死。到目前為止，我大致上也都做到了。但要同時兼顧我自己和病人的需求並不容易。由於我在週末和晚上都不工作，有些病人在我還沒來得及和他們碰面時就死了。有時，我已經訪視並評估過的病人過了一個週末之後，病情就急轉直下，等到星期一早上，我要去幫他們安樂死時，已經來不及了，因為他們已經無法做出同意安樂死的表示（就像戈登那樣）。遇到這類情況，我總是很難受，必須努力說服自己這不是我的失敗。有時，我甚至得告訴自己，總是會有人無法如願以償，而且除了安樂死之外，還有其他不錯的選項。在我居住的維多利亞市，有幾個頗具水準的安寧照護中心。除了我之外，也還有三位安樂死醫師，不過他們除了提供安樂死服務之外，還自己開診所，因此工作頗為忙碌。平常我們都會在能力所及的範圍內彼此支援，但有時還是沒有辦法。由於安樂死醫師的人數太少，我經常會忍不住想要打破自己不在晚上或週末工作的慣例，但到目前為止，這種事情只發生過一次。那是為了幫助一個好友的母親。她的安樂死時間是排在星期六下午。

我雖然規定了自己工作的天數和時間，但並未限定自己接案的數量。由於要求諮商的人很多，我經常一個星期就要訪視四個新的病人。我並不覺得這樣的工作量太重，但長此以往，我是否能夠承受？我在幫助麗茲時如此難受，是否顯示我已經到達了自己的極限？是不是因為這樣，我在幫助貝芙時才會如此失態？之前我在面對其他病患時，從不曾如此激動，是不是因為我一直在壓抑自己的感受？在工作上，我不知道自己究竟是應付裕如，還是已經瀕臨過勞。

我問了每一個我在意的人。

「我認為你做的工作很重要。」女兒告訴我。「而且我真心覺得你陪伴我們的時間已經夠多了。」

聽到這話，我稍感安慰，但話說回來，有哪一個十六歲的青少年會希望媽媽多陪陪自己呢？

當我問尚馬克他對我的工作時程有何看法時，他說：「我有點擔心你。現在你在家的時間確實比從前在產科的時候多，但問題是，你每天晚上都在工作，直到上床睡覺的時候才休息，而且起床時間比以前更早。我知道你很在意自己的工作，但有些事情你難道不能交給別人做嗎？比方說你在 CAMAP 的工作？我相信一定有人能幫你分擔一部分吧？」

他說得有道理，但我不想讓 CAMAP 發展的步調慢下來。我們這個協會已經正式成立了，會員也越來越多。第二期的會員通訊即將出刊，六月的會議也正緊鑼密鼓地籌備中。

我去醫院做年度健康檢查時，我的醫師問我新工作做得如何。

「我覺得很有成就感，但工作時間很長，遠遠超出我的預期。」我答道。

「我想這一定是一份高強度的工作。」她說。「但別忘了你從前看到那些新手媽媽不眠不休地照顧嬰兒時，是怎麼跟她們說的。你要先把自己照顧好，才能照顧你的家人呀。」

她提醒我有空時要盡量運動，讓自己有時間可以放鬆休息，並做一些自己喜歡的活動。這些道理我都知道，但從我的醫師口中說出來，對我的衝擊更大。

因此，我決定少接幾個病人，讓自己有時間可以喘息。畢竟，這份工作我已經做了將近一年了。「這是一場馬拉松，不是百米衝刺。」曾經有一位睿智的同行如此說道。如果我想做得長久，就必須調整自己的步調。我想到我可以請凱倫幫我過濾掉一些病患。從我擔任產科醫師時開始，她就知道我不擅於拒絕病人。她會比我更務實一些。當我的工作已經滿檔時，她就不會再幫我接任何病人了。

我們一起檢視了我的行事曆。我跟她說好：在接下來的六個星期當中，我只接四個新個案，並請她提醒我務必要嚴格執行。

不久後的一個下午，我發現自己有半天的空檔，於是就帶著我的皮艇出門了（這是六個多月以來的第一次）。那種感覺真是太美妙了！我心想我有多久沒有這樣做了。是的，我很熱愛這份工作，但這並不代表我可以放棄那些讓我和自己以及大自然連結的時光。麗茲不是已經教導我生命是多麼無常了嗎？

那天，我在海上划著皮艇，經過我和班吉散步的那座海灘以及岩石嶙峋的岬角時，感覺自由自在，充滿活力。我想，縮短工作時間確實是一個正確的決定。

不過，我的老毛病偶爾還是會發作。一個晴朗的早晨，我發現自己有幾個小時的空檔可以放鬆一下，便打算去划皮艇，但後來我發現手邊沒有我第二天要訪視的病患的病歷，於是決定走路到我的辦公室去拿。那段路程大約要三十分鐘。我一邊走，一邊聽著我最近迷上的音樂劇《漢彌爾頓》那震撼人心的配樂，打算拿了病歷並快速檢查一下電子郵件後就回家。

起初，一切都很順利，但我進了辦公室之後，看到傳真機上有別人傳來的幾份文件。由於我知道凱倫這兩天都不會進辦公室，因此我不能把它們留在那兒，等她來處理。於是，我把那幾張紙翻過來，開始閱讀。

第一份文件是我在產科合作過的一位醫師傳來的。她說她有一個病人，是一位中年婦女，得了膠質母細胞瘤（一種腦瘤）。她在兩個月前確診，現在認知功能已經大幅退化，雖然在用了一些類固醇藥物後，病情暫時好轉，但大家都知道她已經來日無多，而且五年前她的一個好友才因為這種疾病死亡，因此她自己也知道她的病情會惡化到什麼程度。她希望能盡快和我討論有關安樂死的事宜，以做好事前準備，因此她問我是否可以在一個星期之內去看她。

第二份文件是另一位醫師傳來的。她在醫院裡上班，目前正考慮要開始從事安樂死工作。她問我是否可以去探視當天出院的一個病人。他是她的一個醫師朋友的病人，也是那位醫師所碰到的第一個想要安樂死的病人。她說那位醫師朋友問她是否可以介紹一個有經驗的安樂死醫師，於是她便推薦了我。她說那個病人的情況正在惡化，但沒有立即性的危險，問我是否能在十天內去探訪他。

最後兩頁是本地一個我不認識的醫師寫來的。他轉介的是一個八十歲的男性病患。他得了骨髓增生不良症候群，一種因骨髓中未成熟血球不正常增生而導致的血癌。這四年來，他全是靠著兩週一次的輸血才活了下來，但現在輸血的效果已經越來越差，以致他的症狀也發作得越來越頻繁。兩個星期前，他決定停止輸血，他的妻子也支持他。現在他的身體已經日益衰弱。儘管他在安寧病房受到良好的照顧，但他還是想要安樂死，而且如果可能，他希望越快越好，以免在死前幾個星期受到折磨。他問我是否這個星期可以去看他。

——

理想上，安樂死不應該是一個緊急事件。病人應該及時被轉介給安樂死醫師，讓他們能取得相關資訊。醫師應該依照嚴謹的程序判定病人是否符合資格，並讓病人得以考慮並探索其他的可能性。如果有必要進行安樂死，其程序也必須經過審慎的規劃。但在現實生活中，卻不見得能夠做到。原因有許多。除了有些醫療院所不願意參與安樂死以及宗教信仰所構成的障礙之外，一般民眾與醫界人士對安樂死的認識也不足，以致有些病人找上我的時候已經太遲了，因為那時他們的病情已經太過嚴重，沒有足夠的時間可以考慮可能的選項，也無法做出同意安樂死的表示。有時，我還來不及去做評估，他們就死了。由於願意從事安樂死工作的醫師太少，以致民眾有時並不容易找到可以為他們做評估或協助他們安樂死的人。再加上這些醫師基於個人的因素不見得隨時可以提供服務，因此每當我接到像這樣的請求時，總是很難拒絕。

我查了一下網路上的行事曆，發現鎮上另一位安樂死醫師楚頓（他做過的安樂死案例可能比我還多）接下來的十天都不會在，而那位通常都可以支援其他人的醫師雖然還在鎮上，卻已經忙不過來了。況且，那幾位醫師願意把病患轉介給我，讓我頗感榮幸。既然凱倫不在，沒有人阻止我，我便坐下來開始檢視他們傳來的那幾份病歷，並從醫院的病歷系統裡找了其他一些資料，然後查看我的工作時間表，取消了半天的私人休息時間，並把一個沒那麼急的追蹤訪視行程挪到幾天之後。就這樣，我在九十分鐘之內就把一切都安排好了。然後，我打電話給凱倫，要她幫我確認這些約會，之後我就走路回家了。不過，一路上我一直在想自己到底在幹什壓。

我走得很快，感覺既緊張又興奮。我一方面很高興自己能幫上那些人的忙，但另一方面也有點懷疑，不知道自己做得對不對。我的耳邊彷彿響起了尚馬克叮嚀我要調整步調，以及我的醫師提醒我要定期休息紓壓的聲音

二十四小時後，我去看了那位八十歲的老人，但他已經無法做出同意安樂死的表示。八天後，他因為器官衰竭死於安寧中心，幸好他生前受到了良好的照顧，也沒有什麼痛苦。他的妻子也沒有抱怨。

那位得了腦癌的女士由於使用類固醇的緣故，病情穩定。她請人幫她準備了安樂死的文件並修改了遺囑。四個星期後，她就如願在家人的陪伴下死於家中。死前兩天，她辦了一場告別派對，邀請了一些好友參加。後來她告訴我，那是她生平所參加過最棒的派對之一。「大家都對我很好。每一個我在意的人都來了！」

至於我那位同行醫師朋友的病人，我不到一個星期後就登門去拜訪他了。他得了肺癌，而且癌細胞已經轉移到許多部位了。他雖然已經無法下床，但他發誓今生絕不再踏進任何一個醫療機構。他把大多數他最喜愛的電影都重看了一遍，又用 FaceTime 和遠在幾千公里之外的弟弟聊天。兩星期後，他在我的協助之下死於家中，當時只有已經和他結縭三十三年的妻子在

場。

到頭來，我還是很高興自己接了這些個案。我發現我之所以能夠在自己想要的時候投入工作，是因為我並沒有把自己的行程排得太滿。這給了我一個啟示：唯有讓自己有些空檔，在遇到緊急狀況時，才能有點彈性。我想今後我必須留一點時間給自己，但也容許自己在某些緊急狀況下可以做一些調整。

至於應該怎麼做，我還在摸索中。

第二十二章

我從事安樂死工作的頭一年，有醫師轉介了一位名叫安妮的病人給我，讓我不由得想起了我的母親。

「請你幫這個得了多系統退化症的病人做個評估。這十年來她的病情不斷惡化，已經考慮要安樂死了。」

安妮和我母親有一些不可思議的相似之處。她們都得了罕見的神經性疾病，病情也都不斷惡化，只是安妮惡化的速度更快，對她產生了更嚴重的影響。

初次見到安妮時，我立刻看出她就像我母親那樣，已經口齒不清了。當她的丈夫告訴我她有震顫的現象、無法寫字、舉步維艱、吞嚥困難，很容易嗆到時，我頻頻點頭，心有戚戚焉。我發現，她和母親的共通之處不僅在於病情，也在於她們都決意與自己的疾病奮戰，並在自己家中過著獨立自主的生活，盡可能不依賴別人。

安妮的申請程序相當費時。由於她的病很複雜，而且很少人了解，我便請教了幾位神經病學專家。讓我驚訝的是，當我終於確定她符合安樂死資格，並且把這個消息告訴她時，她卻說她想再等一陣子，理由是她有一個曾孫再過兩個多月就要回來了，她想抱抱那個孩子。後來，孩子回來了，但安妮仍然想再等一會兒，讓我不禁懷疑她是否真的想要安樂死。為了了解她的感受，我找了時間單獨和她談一談。她說她的家人對她施壓，要她放棄這個念頭。她說她很想安樂死，但他們捨不得她這麼做，讓她左右為難，不知該如何是好。我建議他們全家一起去做諮商，安妮和她的家人也同意了。那次諮商，我並不在場，但他們都說那對他們很有幫助。後來，諮商師也把他們會談的結果照會我。她雖然有些細節沒有說得很清楚，但提到安妮和她的女兒（至少是其中一個）之間的關係似乎一直頗為緊張。

我不方便多問，但感覺這種情況挺熟悉的。

就在安妮的家人備感為難，捨不得她安樂死之際，安妮的身體卻日益衰弱。九個月之後，她終於告訴我她已經做好安樂死的準備。於是我開始安排相關事宜，並設法輔導、安慰她的家人。到了她要安樂死的那天，我開車到她在溫哥華島北邊的住所。

由於路程遙遠，我花了比平常多一點的時間，但還是稍微提前抵達了。我們約好的時間是一點半，但我把車子停在她家的車道上時，儀表板上顯示的時間是下午一點二十三分。我很清楚，如果太早抵達，家屬很可能會不高興，因為對他們來說，能夠和將死的親人相處，每一分鐘的時間都很寶貴。但如果太晚抵達，病人可能會感到焦慮。於是，我養成了準時抵達的習慣，尤其是在病人要安樂死當天。

一點三十分時，我敲了敲門，前來應門的是安妮那位身材高大的丈夫勞倫斯。多年來，他一直照顧著她，因此我知道今天這樣的場面勢必會讓他很難過。今天的程序是在客廳中進行。安妮躺在她最喜歡的一張躺椅上，家人都圍著她，準備向她道別。勞倫斯坐在安妮身邊的小椅子上，握住她的雙手，臉上雖然勉強擠出了一絲笑容，但顯然還是非常傷心。安妮的兩個女兒分別坐在她的兩側，距她很近。我以為她們會滿懷深情地向她道別，但當我聽到安妮的小女兒吉兒所說的話時，不禁非常驚訝。

「媽，有時我們的看法並不一致。」她看起來有點緊張，彷彿不確定自己是否應該說這些。「我很遺憾我們經常吵架。」

安妮的臉仍然朝著她的丈夫。

「我想說的是……」吉兒試著說下去。

但安妮已經不想聽了。她打斷了吉兒的話。「親愛的，今天不是你的場子。」

任何人都聽得出這句話是什麼意思。

此後，吉兒就不再出聲了。她姊姊以憐憫的眼神看了她一眼，但什麼也沒說。勞倫斯的注意力都放在他的妻子身上，似乎沒有注意到周遭所發生的事。

看來，他們已經沒有什麼話好講了，但我還是照例詢問是否還有人想說什麼，但大家都默不作聲。於是，我問安妮有沒有什麼遺言，她搖搖頭。

「那麼你已經準備好要開始了？」我問。

「是的。」

於是，我把第一劑藥物接上點滴管，開始慢慢注射。「我要開始打第一劑了。」我告訴安妮。「剛開始時你可能沒有什麼感覺，但很快你就會感到很放鬆、很舒服，最後就開始昏昏欲睡。」

「拉瑞！」這時，安妮突然開口了。「我想謝謝你為我所做的一切。」

我嚇了一跳，因為我知道不到一分鐘後她就會睡著。我之所以一開始就鼓勵她把心裡的話說出來，就是不希望她講到一半就睡著，無法表達自己的心意，但無論如何，這樣的情況已經發生了，只能希望這是她最後唯一想說的話。勞倫斯親吻了一下她的雙手，臉上露出了笑容，然後注視著她的眼睛，任由淚水從他的臉頰上滑落。

「還有，女孩們……」她閉上眼睛，努力往下說。「我不……我總是……」她停頓了一會兒，然後就開始點頭。「啊……哇……」我知道她沒有辦法把這句話說完。

但接著我就聽到吉兒大聲而清楚地說：「媽，我原諒你所做的一切。」

我相信安妮應該已經聽到這句話了，因為人死的時候，聽覺往往是最後一個喪失的功能。我停下手邊的動作，抬起頭來看著吉兒，心想這些話不知道是不是她送給母親（或者她自己）的一個禮物。

兩秒鐘後，我心中的疑問就得到了解答，因為吉兒接著又輕聲說道：「這是我的真心話。」她姊姊朝著她伸出了手，她們兩人緊緊握住彼此的手，顯然能了解對方的心意。此刻，吉兒看起來已經平靜許多，幾乎是一副容光煥發的模樣。她抬起下巴，閉上雙眼，任由淚水湧出，但神色頗為安詳。在那之後，就沒有人再說一句話了。

那一天，我再度想到我的母親……和父親。這樣的結局和我父親死時的情況是多麼不同。當時，我們都沒有把心中的種種感受說出口，因此我的心情至今都不踏實。吉兒能在最後一刻將自己提升到一個更高的境界，溫柔地與母親取得和解，讓我印象深刻，只可惜她做得太晚了。我是否也註定要到最後一分鐘才能和母親和解呢？還是這一天永遠不會來臨？

這一次，我的病人和家屬再度激勵了我，讓我想把自己的生活過得更好。

後來，我再度前往哈利法克斯探視母親。我坐在她公寓裡的小沙發上，她則坐在我對面的電動安樂椅上。陽光從朝北的大窗戶中灑進來，照得室內頗為明亮。我們剛剛在一起渡過了寧靜的上午，看著一些老照片、回憶往事，整理了一、兩個抽屜，並把一些已經沒有必要保存的舊文件丟掉。當我正準備離開房間，好讓她能休息時，她突然說道：「我想我可能快死了。」

我很意外，因為過去她從不曾談論自己的死亡。

我感覺心跳開始微微加速，下意識地想為自己找個聽起來很熟悉的藉口：「我該走了，讓你一個人好好休息。這件事以後再說吧！」這樣，事情就會容易得多。

然而，我決定留下來。我對母親的看法已經改變了。我明白因為她的堅毅，我很小就學會了和自己的一些情緒保持距離，而因為有了這種情緒盔甲，我才得以從事安樂死的工作。但這段期間，我也開始懷疑自己是否有必要繼續披著這樣一副盔甲。當我看到人與人之間如此深刻的連結，看到哈維與諾瑪彼此抵著額頭悄聲道別，聽到貝芙一家表達他們對彼此的愛時，我的盔甲便被戳出了一道裂縫。我發現，他們之間的關係何等深厚。於是我開始自問：我是否太懶惰了？為什麼我明明想要（或需要）與人建立更深刻的連結，卻只是被動地接受一些膚淺的關係呢？哈維和諾瑪等人的例子啟發了我，讓我想和身邊的一些人建立更深刻的連結。我們為什麼這麼害怕認識彼此，害怕別人了解我們呢？我想要更進一步敞開自我，和別人建立更親密、融洽的關係。因此，我除了關注母親的身體健康之外，也應該照顧她在情感上的需求。眼前就有一個機會可以了解她內心的感受，與她建立連結，因此我不能再逃避了。

於是我開始和她聊了起來。

「我希望不是這樣。」我小心翼翼地回答。「但或許我們應該談談萬一哪天你必須住院的時候，你想要怎樣？萬一你生了重病，你會希望如何處理？可以嗎？」我先請求她的允許。「我們可不可以談一談，到時如果有人請我替你拿主意，你想要我怎麼做呢？」

「我不知道……他們給我這張表格，要我填……你認為呢？」她問。

我接過她手裡拿的那張紙，打開一看，立刻就明白這是怎麼一回事了。那是她目前住的看護機構所發的一張表格，問她在生重病時想要受到怎樣的醫療照顧，並請她勾選她想要的方式。表上列出了三種不同程度的處理方式：一、全力搶救；二、如果疾病可以治癒，就住院治療（但不進加護病房）；三、不住院，在機構內接受緩和照護。我這才明白，原來這個機構要求住戶每年更新他們的醫療選擇。但之前我怎麼從來沒看過呢？

「你認為我應該選哪一個？」母親問我。

「呃，在你做出你認為最好的選擇之前，我想我們應該先了解每一個選擇所代表的意義。」我回答。

「那你就告訴我吧！」她說。「它們究竟是什麼意思？」

她並不想深入所有細節，而且討論這種事難免不太自在，但能夠展開這樣的對話也很好。於是，我逐項為她說明，試著讓她了解那些選擇所代表的意義及後果。那天我要離開時，回頭一看，發現她正坐在安樂椅上重讀文件上的說明，頭部微微顫動著。我走出門時，她並未抬起頭來，神情非常專注，似乎正在考慮，要做出一個審慎的抉擇。我感覺我們已經往正確的方向邁出了一步。這樣的對話是必要的，我知道以後我們還有時間做更深入的討論。

第二十三章

二〇一七年春初，我應邀到「加拿大善終協會」的年度大會中擔任主講人。在過去一年當中，我從站在佩姬的門階上忐忑不安、準備做第一次訪視的新手，變成了應邀到全國性會議中講述自身工作的專家。我很慶幸自己因為從事安樂死工作而有了許多收穫，不僅和我在CAMAP的夥伴建立了深厚的情誼，也有了更多時間與家人相處。此外，我也從病人和家屬身上學到許多人生的功課，知道該如何活出更好的人生。如今，我又得到了業界的認可，請我來擔任主講人。對我而言，真是莫大的榮幸。

在這場演講中，我打算細數一年來的工作經驗，並從更廣泛的角度來回顧我的職業生涯，談談產科醫師與安樂死醫師兩者之間的相似之處。

我在擔任產科醫師時，曾為產科的一個護士接生。她名叫艾美，曾經數度和我合作。她決心不靠藥物生產並在陣痛期間盡量待在家裡，到了要分娩時才去醫院。後來，她開始陣痛後，我去她家陪她，過了一段時間後才上醫院。她表現得很堅強，不僅意志堅定而且目標明確。相形之下，她的丈夫麥爾斯則顯得緊張、憂慮。我經常看到產婦的另一半不安地在臥房與廚房之間踱步，不時給產婦遞水喝，並頻頻探問，但麥爾斯是特別驚慌。

後來，艾美正如她自己所期望的，以堪稱教科書級別的自然產方式生下寶寶費歐娜（現在這樣的生產方式已經不多見了）。我至今仍然記得我把那個渾身溼漉漉、哭個不停的嬰兒放在她母親坦露的胸膛上時，心中充滿了喜悅。只見艾美雙手顫動，興奮之情溢於言表，於是麥爾斯便將她的手穩住。兩人都睜大了眼睛，說不出話來。

過了幾分鐘，我把寶寶抱過來檢查，確定她的身體十分健康後便宣布了這個消息。護士正在幫艾美換上乾淨的袍子，於是我問麥爾斯要不要抱抱寶寶。我先用一條溫暖的法蘭絨毯子將費歐娜裹住，並幫她戴上醫院為新生兒編織的帽子，再請麥爾斯坐在角落的一張椅子上，然後將孩子輕輕遞給了他。只見他以敬畏的目光注視著她，無法將視線從她身上移開，顯然已經瘋狂愛上了她。

兩個月之後，他們一家三口來看我的門診（這是他們在產科的最後一次門診了，之後他們就要回到初級照護醫師那兒去看診）。我們道別時，麥爾斯突然問了我一個問題：「葛林醫師，你知道三更半夜在荒郊野外開車時車子突然故障的感覺嗎？我想，你應該明白我的意思。」

「是的，我完全明白那種感覺。」我微笑答道。

「這時，你會打電話請求道路救援，並在原地等他們過來，對嗎？」

「沒錯。」

「你等呀等的，最後終於看到了從轉角處朝著你駛來的卡車車前燈，這時你就知道自己不會有事了。葛林醫師，你就像那盞車前燈。那天晚上，你一到我們家，我就知道我們不會有事了。你還沒來的時候，我真的很害怕。謝謝你為我們所做的一切。感激不盡。」

後來，當我告訴病人他們符合安樂死資格時，偶爾就會想到麥爾斯，因為我發現只要讓他們感覺自己有希望可以得到幫助，就可以減輕他們的恐懼與痛苦。

接生和安樂死的相似之處在於，兩者都是令人悸動的私密經驗，而且會使家人之間的關係產生變化。但無論當事人做何選擇，我都必須加以尊重。此外，無論在接生或實施安樂死時，我都必須充分投入，但完事之後，我必須優雅退場。生與死都是重大事件，是生命的里程碑，也是某種轉變。但我發現，除了新生嬰兒或將死之人外，周遭每個相關的人也都會產生重大的改變。

所謂「轉變」指的是「從一個狀態、階段、主題或地方轉換到另外一個」。⑮我在擔任產科醫師期間，一直努力憑著自己的經驗教育產婦與家屬，安撫他們，並幫助他們做好準備，藉以引導他們渡過轉變期。我會試著了解每個人的目標與需求，並學習分辨他們的痛苦是來自肉體還是心靈。然後，我就會看到他們從原本的驚慌轉為專注，從原本的男人、女人變成人父、人母，從原本的夫妻變成一個家庭。這樣的轉變有時簡直令我著迷。

在從事安樂死工作時，我也看到了類似情況。那些臨終病患同樣將我視為指導者。同時，就跟在接生時一樣，我也要專心感受病人的需求，聆聽他們的想法，了解他們的目標，並引導他們和他們所愛的人以更正向積極的方式，渡過這段從生到死的轉變期。

無論在接生或施行安樂死時，我所扮演的角色同樣都會轉變。每當我把新生兒放在母親懷裡，或宣布病人已經死亡時，我的角色就從能幫助他們的指導者，變成恭敬的目擊者。

無論有沒有我，病人的轉變都會發生，因此我並不是一個不可或缺的角色。但他們在轉變的過程中可能會非常害怕，因此我很樂意助他們一臂之力。或許，有時我能夠成為在黑暗角落裡出現的那盞明亮的車前燈。

然而，我該如何在演講中，把這些想法傳達給在場的專業人士呢？

我演講的日期是二〇一七年五月二十八日（星期天）。那天早上，我還躺在多倫多一家旅館的床上打盹時，突然接到了一封令人振奮的簡訊。那是《紐約時報》一位名叫凱瑟琳·波特（Catherine Porter）的記者傳來的。她說她那篇有關加拿大安樂死現況的報導，已經登上《紐約時報》的頭版。同時，她還傳來了一張照片。由於房間裡仍然是一片昏暗，手機的光線又太亮，因此我只好瞇著眼睛觀看那張照片。

我點了一下那篇文章的連結，開始讀了起來。那是一篇長達七千字的報導，深入地描述了我的一個病人約翰在我的協助下安樂死的經過，還附上相關人士的照片以及好幾部約翰談話的影片。文章的篇幅很長，內容坦率，文筆優美。

過去，我也曾出現在加拿大境內一些媒體的新聞中，但當《紐約時報》的記者凱瑟琳和我連絡，說她想撰寫一篇有關我的報導時，是有史以來我的安樂死工作首次受到國際媒體的關注。凱瑟琳說她想追蹤一個病人從決定要安樂死到最後實際進行安樂死的整個過程，問我是否能做些介紹。這是一個很重大的請求，而且很難達成，因為大多數的安樂死病人不是病情太過嚴重，無法接受採訪，就是不願和別人分享他們生命中最後的短暫時光。事實上，大多數病患的家人甚至不願意在訃聞中提到他們是以安樂死的方式結束生命。許多病患也不願意告訴別人自己要安樂死，只透露給少數親友知道。如果要接受凱瑟琳的採訪，他們勢必把一切都公諸於世，這是大多數家庭所不樂見的。通常我也絕不會請我的病患這麼做。但凱瑟琳很幸運，因為我聽到她的構想時，立刻就想到了約翰。

約翰．薛德斯（John Shields）是一個了不起的人，他一生的故事非常精彩。我想他有可能會願意接受採訪。約翰曾經結過兩次婚，有幾個繼子，還有許多朋友。他是愛爾蘭裔的美國人，曾在紐約的天主教會擔任神父，一九六五年時被派到加拿大卑詩省的溫哥華市，但四年後就還俗了。之後他開始從事社會工作，致力於幫助弱勢青年，後來又出任卑詩省最大的一個工會的主席，為工會的女性員工爭取到和男性同工同酬的待遇，除了提倡工人和加拿大境內北美洲原住民的權益外，他也大力推動卑詩省的荒野保護工作。他和加拿大原住民社區的關係非常深厚，除了帶領一個交流團體外，也鼓吹靈性宇宙論，相信宇宙是有意識的，而且萬物都緊密連結，無法分割。

後來，約翰得了類澱粉沉積症，這是一種罕見疾病。患者體內的各種器官內部會有不正常的蛋白質沉積，破壞身體的功能。這或許正是之前尼文所罹患的疾病。但與尼文不同之處在於，醫師對他做出了明確的診斷。我遇見他時，他的腳趾到脛部、指尖到手肘之處，已經沒有感覺，不僅舉步維艱，也無法自己穿衣服。他的腸子、心臟、皮膚和腎臟，全都有類澱粉蛋白沉積的現象，導致他的聲音受損、吞嚥困難、大小便都不順暢，還有感染的現象，可說飽受折磨，而且他知道這些症狀只會日益惡化。

當我告訴約翰他符合安樂死資格時，他說這是他確診後首度感覺自己有了盼望。然後，他開始利用最後的時光做自己想做的事。他和妻子羅冰決定創辦一個名叫「善生與善終」（Living Well, Dying Well）的公眾工作坊，鼓勵人們暢所欲言、毫無顧忌地討論死亡。

約翰致力於讓大眾公開討論死亡議題，而凱瑟琳則想讓更多人認識安樂死，兩者的目標是一致的。當我問他是否願意讓記者採訪他安樂死的過程時，他先是沉默了一會兒（我看得出他正在思考），然後臉上露出了燦爛的笑容。儘管他這一生已經對他人產生了很大的影響，但他認為如果能把自己坦然無懼面對死亡的過程公諸於世，或許才是他留給後人最有意義的資產。

於是，我安排他和凱瑟琳連絡。後來，他不僅數度與她訪談，還特別允許她參與他安樂死的過程。我希望她的報導能如實傳達他的理念與精神。

約翰的安樂死儀式在「維多利亞安寧療護中心」舉行。前一天晚上，他安排了一場愛爾蘭式的守夜儀式，並親自出席，凱瑟琳也全程目睹。他的幾十位仰慕者都出席了這場儀式，大家喝啤酒，聽音樂，朗誦詩詞，並向約翰道別，場面既歡樂又悽楚。有人請羅冰說明約翰安樂死的意義所在，她說：「我們正在和死亡做朋友。我們守著它、目睹它的模樣，拿回我們對死亡的主導權。」

第二天，我為約翰施行了安樂死。在場的人包括凱瑟琳、約翰的妻子和女兒、他的兩個好友以及一位名叫潘妮的女士。潘妮是一位經過認證的生命儀式主祭。她和約翰合作，根據能夠引發約翰共鳴的文化傳統設計了一套祭祀儀式，由潘妮擔任主祭。在這個長達三十分鐘的儀式中，潘妮以咒語召喚祖靈，約翰的朋友海瑟則朗誦聖方濟各的禱文：「讓我做你的和平使者，在有仇恨的地方播下愛的種子。」接著，約翰唱起他最喜歡的一首歌曲，眾人也隨之唱和。那是由美國作曲家喬治・蓋希文（George Gershwin）所創作的《我有節奏》（I Got Rhythm），曲子的副歌是大家都耳熟能詳的「誰還能要求更多呢？」約翰雖然是一個慈悲而富同理心的人，但素來並不輕易流露自己的情緒，我之前也沒看他哭過，但那一天，當他的妻子告訴他有好幾座小島的居民已經為他燃起篝火，而且溫哥華島北邊的原住民長老也正在為他擊鼓時，他閉上眼睛，流下了眼淚。⑯

我知道這篇報導即將刊出，但不確定會在什麼時候，直到凱瑟琳傳簡訊給我，告訴我它已經登上了頭版。之後，她又陸續把一些讀者回函傳給我看。

這些回函的數量頗多，可見人們對約翰的故事很有想法。有少數人持批評的態度，甚至有人說安樂死不過是「安寧照護的蹩腳代替品」（這樣的說法也在我們的預期中）。不過，說這些話的人並未考量到一點：約翰決定要安樂死的時候，正待在一個安寧療護機構，而且受到了完善的照顧。另一位讀者則考慮得很周詳：「我們確實必須盡量消除人們的痛苦，但死亡已經是很令人悲傷的事，所以我們不應該讓人們因為他們死亡的方式不像約翰那麼理想而感到悲傷。」這讓我想到之前我在產科工作時，有些病人會因為臨時遇到某些狀況，無法依照自己預定的計畫生產而感到懊惱。更讓我驚訝的是，有些產婦甚至會因為自己的生產過程不夠「完美」而感到失望。想到有些人可能會為了要擁有一個完美的死亡而給自己壓力，或認為約翰的死亡方式應該成為大家的典範，我就很難過。事實上，不是所有安樂死的情況都像約翰那樣，但我認為我們可以透過約翰的例子讓大家明白，如果我們生活在一個允許安樂死的社會，我們的死亡可以達到怎樣的境界。

最令我難忘的批評是來自一位不滿的讀者。他說：「我認為《紐約時報》刊出這樣一篇涉及個人隱私的報導是很不道德的。我憑什麼要知道薛德斯先生有哪些朋友，以及他們在他臨終時對他有什麼評價呢？我又憑什麼觀看那些在他床邊哭泣的女人呢？我又不是薛德斯先生的朋友。」不過，在我看來，這正是約翰給我們的禮物之一。他願意分享這些事情、願意說出他的看法、願意向人們展示他安樂死的過程，讓他們得以看到那些在他的守夜儀式中歡欣慶祝、在他的床邊哀傷哭泣的人，從而知道何謂「與死亡為友」。他不希望大家害怕死亡或逃避死亡，而且這樣的分享產生了深遠的影響。

這篇報導引發了許多討論。有些人開始分享自己面對安樂死的經過。就我個人的經驗而言，也有越來越多人開始公開表達自己想要的死亡方式。自從一年前開始從事安樂死工作以來，我便決心要以公開透明的方式進行，絕不遮遮掩掩，偷偷摸摸，以讓大眾對安樂死有所認識。然而，在此同時，我也必須小心保護病患的隱私，因為這是我的職責所在。事實上，有許多病患也明確要求我為他們保守祕密，不要讓別人知道他們選擇安樂死的事。約翰能讓重要的新聞媒體如此詳盡地報導他的故事，無異打開了一扇原本緊閉的門扉。

——

那天上午我在多倫多演講時，講述了我那位瀟灑不羈、從事小丑工作的病人艾德的故事，也談到安樂死工作對我的意義及其重要性，並提及它和產科工作的若干相似性。由於之前大家已經看到《紐約時報》的報導，因此場內的氣氛格外熱絡。大家似乎很欣賞我的坦白與直率，也問了許多問題。

會議結束後，我搭上返家的飛機。在回程中，我突然想到此刻距離我當初在阿姆斯特丹參加的那場安樂死會議，已經過了整整一年。在這一年當中，我掌握了安樂死工作的要訣，也更加體會到這工作的矛盾本質。在病患安樂死的過程中，我雖然負責主導，卻扮演了目擊者的角色；在醫學方面，我雖然有豐富的知識，但對於人，我卻還有許多需要學習的地方；病人請我來是要我做事，我卻往往不由自主地體會到他們的感受；我對自己所扮演的角色越來越有自信，但病人對我的信任卻總是讓我感到謙卑。

在這一年當中，加拿大境內接受安樂死的人數已經超過一千人。⑰期間沒有人違反規定，沒有任何一位醫師遭到起訴，我也不曾受到任何嚴厲的抨擊。相反的，病人感激我們，政府對我們充分授權，關於死亡與臨終議題的討論越來越踴躍，人們對安樂死也有了更進一步的了解。我相信那篇有關約翰的報導將有助消除安樂死所背負的惡名，甚至可能會讓更多國家認識安樂死這個議題。

這一年來，我也遇到了許多傑出、優秀的同行。我們攜手合作，把全國各地陸續加入安樂死工作行列的醫師組織起來，並提供他們各種支援。CAMAP目前正致力於幫助會員精進專業知識、增強情緒復原力，並透過為會員製作指導文件以及辦理進修課程等方式，提升會員的工作水準。目前我們正陸續和各地區、省分和全國性的醫療團體建立合作關係，且成效頗佳，同時我們也和政府部門商討安樂死費用的申請事宜，並進行遊說工作，希望能讓安樂死醫師取得更好的藥物，並為全國各地的研究人員提供一個平台。

從多倫多回到家後，我立刻著手處理不到一個月後就要舉行的安樂死會議的細節。就在此時，我突然接到了「加拿大衛生部」（Health Canada）寄來的一封電子郵件，問我是否可以和他們談談。

原來他們想要了解 CAMAP 的會員組成以及未來兩年的發展計畫。後來我打電話過去，分別和三位聯邦政府官員通了話。起初我感覺自己彷彿是在參加一場求職面試，接受面試官的拷問，但後來他們就問他們是否可以和我們的理事會開個會，請我們就有關安樂死的問題提供建議。我當然欣然應允。不僅如此，我還大膽地邀請他們參加我們下個月即將舉行的全國大會。出乎我意料之外的是，他們也答應了，讓我非常開心

我們的 CAMAP 從原本一個小團體開始慢慢發展壯大，如今終於正式上路了。

第二十四章

夏天再度降臨溫哥華市。白晝變長了，腳踏車道上盡是悠閒的觀光客與忙著運動的人。小鷹終於孵出來了，在父母的餵食下正一天天長大。運氣好時，我抬頭往天空望去，就可以看到牠們正在學飛。但季節的變換對我的病人理查的妻子梅格來說，卻毫無意義可言，因為理查的病況已經惡化，讓她越來越憂心。

我訪視理查和梅格已經好幾個月了。一般來說，我很少在看過病人幾天後就幫他們施行安樂死。為了確定他們符合安樂死資格，我往往需要花上許多星期的時間對他們進行一次又一次的訪視。病人自己通常也需要一段時間才能做好心理準備。因此，我的工作時間多半都花在探視病人並評估他們的病況上，真正用來施行安樂死的時間反而比較少。遇到末期的絕症病人，事情比較簡單，我可能只需要花三、四個小時和相關人士談話，並把結果記錄下來，就可以完成評估作業。但如果遇到比較複雜、罕見的病例，我可能就要花上幾十個小時進行好幾次訪視，和多位專家連絡，研究那些罕見疾病並和同行討論。

那年一月，我初次訪視理查時，還以為我跟他是頭一次見面，直到他伸出手要和我握手時，我才認出他來。

「我告訴過你，我們還會碰面的。」他的眼裡滿是笑意。

他那蠟白的鬍鬚和頭髮很有辨識度。原來他就是我在聯合教會演講時那個穿著瀟灑的套裝、拿著一根雅緻手杖、向我要名片的老人。當時我還納悶他怎麼可能有一天會需要我的幫助。看來現在他已經有這個需要了。

理查仍如同上回一般穿著夾克，打著領帶。從他的口中，我得知他是退休的會計師。他公寓的牆上掛著許多藝術品，角落裡擺著雕刻，屋裡的所有陳設都整潔有序。我因此猜想他必定是個做事認真、一絲不苟的人，而他描述他的病史時那有條有理的方式也證實了這一點。他說他已經八十三歲了，一般老人會有的毛病他都有：他的心臟有點衰竭，血壓有點高，還有一點痛風，聽力則大幅退化。更重要的是，三年前，他被診斷出得了轉移性的攝護腺癌。由於他及早接受荷爾蒙注射治療，也開了刀，因此狀況還不錯。不過，他的腫瘤雖然長得很慢，但並未消失，後來甚至轉移到脊椎，使他的背部越來越痛。接著，他右側的肋骨也出現了癌細胞，剛開始時還不會痛，但後來又轉移到他左側的髖部，讓他越來越難以行走。經過放射線治療後，他的症狀減輕了一些。抗雄性激素藥物安可坦（Enzalutamide）的使用也可望延長他的生命，但他知道這些治療最終都會失效，因此他要為自己的後事做好準備。

理查和梅格都是梅開二度。兩人雖然年齡上有一段差距（他比她大了十二歲），彼此卻有許多共同點，其中之一便是：他們都曾照顧罹患癌症的配偶，並陪伴他們走向生命的終點。理查的第一任妻子得的是卵巢癌，他曾親眼目睹她遭受病魔的摧殘。他說，雖然他很用心照顧她，但她還是死得「很淒慘」。

「我不會讓自己或梅格遭到這樣的結局。」他告訴我。

理查非常認同善終的理念，梅格也很支持理查的決定。當我問梅格她對理查要安樂死一事有何看法時，她說：「我們兩個都覺得自己很幸運，能夠在這把年紀遇到彼此。他走了，我會很難過，可是我們已經針對這件事做了許多討論，我全力支持他的決定。」

理查表示，他目前還沒有感受到太大的痛苦。我也注意到他的身體功能並未退化得很厲害。我向他說明安樂死的申請程序以及他要在什麼狀況下才符合資格，然後和他約定好三個月之後再碰面。

到了四月，我們再度見面時，他的身體功能雖然有一些明顯的退化，但他尚未做好心理準備。像理查這樣的案例並不罕見。對他而言，安樂死只是一個「備用方案」。他知道自己在必要時能夠安樂死，而且一切都已經安排好了，就會很安心。

不過，那年夏天，當梅格打電話給我時，我意識到理查的情況已經有了變化。她說在過去這幾個星期當中，理查的疼痛日益加劇，用藥劑量也越來越高，而且必須要靠助行器才能走路。讓梅格最擔心的是，前幾天晚上理查從床上摔了下來，她只好打911，請他們幫忙把他扶上床。現在他的家庭醫師已經安排他住進安寧病房。梅格覺得有必要讓我了解他的狀況。

「我不想死在醫院裡。」當我問理查他在什麼情況下可能會想要申請安樂死時，他如此說道。「事實上，無論怎樣，我都不想去醫院。就算我在半夜倒下來，也不要送我到醫院去。如果我痛到受不了，就會請你幫忙。我是個自尊心很強的人。到了我無法自己上下床的時候，我就可以走了。我不知道我能不能一一告訴你我在哪些情況下會請你幫忙，但我相信時候到了，我自然會知道。這樣可以嗎？」

當然可以。事實上，我發現我的病人往往都知道自己什麼時候該走了。就是在他們的痛苦已經變得不堪忍受的時候。我總是告訴我的病人要相信自己的直覺。有許多病人即使已經出現他們原先認為無法忍受的情況（例如無法自己上下床），還是決定要再等一陣子，因為他們發現那些情況其實並沒有那麼可怕。或許有些人是為了他們所愛的人才決定再撐下去，但我相信大部分人之所以這樣做，是因為他們發現了自己內在的力量與資源，想在自己可以忍受的範圍內盡量活久一些。有時則是因為他們心中還懷抱著一絲希望。

十天後，梅格打電話告訴我，理查的心臟病發作得很厲害，胸口劇痛，但他不肯讓她叫救護車，於是她只好打電話給安寧中心的人員，並在護士指導之下，讓他服用了硝化甘油和嗎啡。

我同意理查的看法，現在已經到了他該提出申請的時候了，於是他填寫了官方的申請表。他的家庭醫師和我談過之後，也答應擔任第二位評估人，而我們兩人一致判定理查符合安樂死資格。於是，我告訴理查，他可以安排後事了。

兩天後，梅格再度和我連絡。她說理查越來越常出現胸口疼痛、神智不清的現象。前一天晚上，他起床上廁所時又跌到了。當他坐在地板上，感覺一股劇痛沿著背脊往上蔓延時，他終於崩潰了。他大聲哭泣，並告訴梅格他已經完了。

「我連一個星期都不想等了。我準備好了。你打電話給葛林醫師吧。」

理查要安樂死的那天，艾黛兒答應陪我前往。在搭電梯上樓時，我向她說明理查的狀況。除了描述他的病況之外，也提到他的住處非常整潔，而且他喜歡穿夾克、打領帶。因此，當我們看到梅格穿著浴袍、光著腳前來應門時，心中分外訝異。只見她把頭髮紮成了一束馬尾，身上那襲寬鬆的白色浴袍用帶子繫在腰間，看起來比平常更加嬌小，也年輕了一些。她開門讓我們進去後，請我們脫下鞋子，告訴我理查正在臥室裡，於是我走進去和他單獨聊聊。

進入別人的臥室總會給人一種親密感，因為臥室是一個人最私密的空間，裡面的陳設（例如衣櫥的氣味、床頭櫃上擺放的物品與生活照等）可以讓你一窺房間主人的品味與個性。只見理查和梅格的臥房中央擺著一張特大號的床，一邊的牆上掛著一首裱了框的詩，是理查在結婚週年紀念日獻給梅格的。梅格的床頭櫃上放著一落書，理查的櫃子上則擺著許多藥瓶。

最令人訝異的是理查本人的模樣。他墊著幾個大枕頭坐在床上，一條棉被只蓋到腰間，裸露著上半身，沒戴眼鏡，卻戴著助聽器，花白的頭髮四處亂翹，看起來有些孩子氣。此刻的他已經不再是昔日那個穿著時髦、蓄著白鬍鬚的瀟灑會計師了。我對他的轉變感到有些吃驚，但我又能期待什麼呢？

理查看到我，臉上露出了笑容。他看了一下，確定自己的下半身有被棉被蓋住後，便謝謝我的光臨。我和他聊了一會兒，聽到他做出最後一次同意安樂死的表示後，就走出房間和梅格說話。當艾戴兒過來告訴我們理查的點滴已經裝好時，我們一起走了進去。之後梅格立刻表示：「希望你不會介意我們光著身子一起躺在床上。」

說完，她便解開腰帶，脫下浴袍，將它披在附近的一張椅子上，然後走到窗邊，拉上窗簾，把房間裡的燈關掉，再打開一盞小燈。接著，在滿室溫暖的黃光中，她堅定而自信地走到床邊，將自己的枕頭拍鬆，然後爬上床，坐在理查旁邊，臉朝著他，並將他擁入懷中。理查也靠了過去，將她抱住，並且把頭靠在她的肩膀上。兩人的身軀緊緊貼在一起。然後，他抬起頭看著她，親了她幾下，她則用手輕輕撫摸他的臉龐、肩膀和手臂。接著，兩人又再度親吻。

我帶著欣羨的眼神看著這一幕。

「我們擁有多麼美好的回憶呀。」梅格說。「我真幸運，能夠和你相伴這麼長的一段時間。」

然後他們開始互訴愛意，並談及往日的甜美時光與珍貴的回憶。這一幕純真而溫柔的景象，看得我目瞪口呆，感動莫名。只見她將他摟在懷裡，不斷親吻著他，他則訴說著他和她在一起時的幸福。我坐在床邊，默默看著眼前這一幕，險些透不過氣來。

我還沒想到要說什麼時，就聽到理查輕聲說道：「現在，請你開始吧！」

他睡著時，他們仍未放開彼此。然後，理查的呼吸逐漸變慢，終至停止，但梅格仍緊抱著他，並輕輕搖晃著他，只有在我檢查他的心跳時才移動了一下手肘。不久，我就走出臥房，前往客廳，好讓他們兩人做最後的道別。

——

人們和我聊天時，為了尋找話題，經常會問起我的職業。無論在雞尾酒派對、學校的活動或節日的聚會中，總是有人問我：「你從事的是哪一行？」但我該如何向他們說明呢？

這一刻，我腦海中浮現的是我把一個剛生下來、身體還溼漉漉的女嬰放在艾美胸前時，她的眼神充滿期待，雙臂則因疲累至極而微微顫抖的情景。我想到我提著一袋致命的藥劑忐忑不安地走進哈維家，然後聽到他說「我有點害怕」的情景。過往的一幕幕開始閃過我腦際：我看到戈登臉頰上的腫瘤、雷胸膛上的結節、查理那骨瘦如柴的身軀，也聽到喬瑟夫心跳停止的聲音。長久的靜默。影像播放的速度慢了下來。我想到我把聽診器遞給史黛拉時心中的困惑，以及我看到一位穿著雨衣的八十八歲老婦人最後一次伸出手捧住女兒的臉時心中的激動。我聞到空氣中瀰漫的廣藿香的氣息。影像往前快轉，我聞到了濃濃的菸味，看到了艾德溫開心的笑容，聽到安德魯對著他的姑姑大吼、海倫對著她的孫子大罵，以及眾人在那座擁擠的、瀰漫著草莓果醬氣息的農莊裡一起唱著「誰還能要求更多呢？」的聲音。我記得那次我上車時心情多麼愉悅，也記得那次划皮艇時我為了尼文的事感到多麼無奈。我記得雷說過的那句話：「我感覺你好像救了我一命。」

「你是做什麼的呢？」

我的臉上露出了笑容，因為我看到艾德穿著他那身小丑裝。他輕輕笑了一聲，把頭轉到一個舒服的姿勢就睡著了。他睡著了。她也睡著了。他們都向我道謝，然後就睡著了。

「我專門幫助別人。」

我讓他們擁有更多選擇。當我告訴病人他們符合安樂死資格時，他們的內心就有了力量。他們不一定非安樂死不可，也不見得會這麼做，但只要他們認為有必要，就可以這麼做。最終，他們的痛苦便得以解除。

我從事這樣的工作時有什麼感覺呢？我感覺自己彷彿參與了一件極有意義的事，也感覺自己何其有幸，能夠幫助那些有需要的人。

「真的……很謝謝你……」我聽見哈維那微弱的聲音，並試著解讀他的話語中所蘊含的複雜情緒。我看到麗茲那三個孩子茫然的目光，他們不明白眼前所發生的事，也不知道在那一瞬間他們的童年就要結束。當艾德娜連續三次握住我的手時，我知道她並不懷疑自己所做的選擇。當我看到梅格在床上和理查相擁時，明白原來愛情可以是這副模樣。

在我看來，安樂死的主要意義不在於人們想要以何種方式死去，而在於他們想要如何生活。

對你來說什麼才是最重要的？

你是否曾經讓你所愛的人知道？

沒有人可以免於死亡，但我已經學會：無論何時，我們都可以選擇擁抱生命，即便是在最後一刻。

後記

以上是我在加拿大從事安樂死工作第一年的經驗，但後來許多方面——包括我對加拿大安樂死法令的了解與詮釋、各項行政配套措施、安樂死從業人員組織，以及加拿大與全世界各地的安樂死情況——都有了很大的改變。

加拿大現況

在剛開始從事安樂死工作時，我並不清楚「在可預見的未來自然死亡」和「嚴重退化」這類詞語的定義為何，但這些年來，我們對於法令的規定已經有了更進一步的了解。儘管我認為其中仍然存在著某些爭議，尚未有統一的標準，但有些地方已經得到釐清。二〇一七年六月，安大略省最高法院的培瑞爾法官（Justice Perell）針對一個訴訟案做出了一項判決，大大影響了後來醫師和其他人士對加拿大安樂死法令的解讀，也改變了醫師評估病患和施行安樂死的方式。

該訴訟案的原告AB（她的真實身分並未公開）是一位年近八十歲的女性。她和退化性骨關節炎搏鬥了二十五年，雖然動過多次手術、做過膝關節置換術並接受過各種治療，還是必須全天候仰賴他人照顧，而且身體一直疼痛不堪。由於醫師對於她是否符合「在可預見的未來自然死亡」的要件看法不一，她便提出告訴，請求法院裁決。結果，培瑞爾法官對加拿大安樂死法令的解讀是：該法令並未認定唯有絕症患者才會在「可預見的未來自然死亡」，也沒有規定唯有絕症患者才符合安樂死資格，只要醫師在考量病人的病情後認定當事人正邁向死亡即可，無須判定病人還能活多久。⑱此外，培瑞爾法官還強調，病人是否符合安樂死資格，應該由醫師判定，而非由律師或法庭決定。對於這項判決，聯邦政府和安大略省政府都不打算提出上訴，因此這項判決便成了全國性的規範，醫師開始對法令從寬解讀，也為罹患退化性疾病但不致很快死亡的人打開了一扇門，讓他們有機會施行安樂死。這對那些罹患神經性疾病（如多系統退化症或帕金森氏症）、病情會不斷惡化但無法確知何時將會死亡的人，尤其有幫助。

不過，法條中有關病人必須「在可預見的未來自然死亡」的規定仍有爭議。有許多人認為這樣的規定根本就不應該存在。事實上，在最高法院推翻加拿大安樂死禁令的那項判決（卡特案）中，並未規定病人必須來日無多才符合安樂死資格，只要當事人已經成年、具有行為能力且因罹患無法治癒之重症而痛苦不堪即可。於是，二〇一九年九月，法院做出了另一項眾人期待已久的判決。

該案是由患有嚴重腦性痲痹症的男子基恩・圖尚（Jean Truchon）與患有小兒痲痹症候群的女士妮可・葛拉杜（Nicole Gladu）所提出的。他們認為安樂死法令（通稱 C14 法案）的限制太過嚴苛——尤其是病人必須「在可預見的未來自然死亡」這項規定——侵害了憲法所賦予人民的權利，於是向法院提出了訴訟。魁北克省最高法院的波端法官（Justice Baudouin）認同他們的看法，並做成了一項措詞強烈的判決，責成政府取消這項規定。⑲但為了讓政府有時間修訂相關法令或研擬新的防弊措施，她下令這項判決將暫緩執行六個月。對此，無論魁北克省政府或聯邦政府都沒有上訴的打算，而魁北克省政府也將這項判決付諸實行，取消了「病人必須在可預見的未來自然死亡」這項規定，同時也廢止了唯有已到生命盡頭的病人才能接受安樂死的條款（這是該省獨有的規定）。聯邦政府也決定跟進。

司法部在得知這項規定必須取消後，便決定要同時修訂其他幾項規定。於是，在二〇二一年二月，聯邦政府提出了俗稱的「C7 法案」，在其中做出了幾項修正，並徵詢全國相關人士的意見。這項法案一旦通過，不僅「在可預見的未來自然死亡」這項規定會遭到刪除，施行安樂死的程序也將改善，部分防弊措施將會被取消，並增加新的措施。

「C7 法案」所做出的最重要的改變之一就是：允許已經被評定符合安樂死資格的病人，

無須在最後一刻做出同意安樂死的表示。這將使醫師在某些特殊情況下，得以為已經喪失意識的病人（例如戈登）施行安樂死。其他修正包括：如果病人有可能在可預見的未來死亡，則不必受到十天等待期的規範；增加額外的防弊措施，規定如果病人不致在可預見的未來死亡，則必須經過至少九十天的評估；規定必須有一位醫學專家針對病人所罹患的疾病提供意見；醫師必須提供病人相關的資訊，並盡量以各種可行的方式減輕病人的痛苦，包括心理衛生、失能扶助、諮商服務和安寧照護等。

制定該法案的人士也意識到，當法令取消了「在可預見的未來自然死亡」的規定後，必然會有更多精神病患（例如難治型憂鬱症）可能會符合安樂死的標準。他們擔心，由於這類病患心智特別脆弱，如果同意他們施行安樂死，將會導致無法挽回的後果，於是打算在「C7 法案」中將這一群病人（除了精神疾病外沒有其他健康問題的患者）排除在安樂死的適用範圍之外。不過，參議院認為這種做法顯然有歧視之嫌，於是修正該項法案，讓這個排除條款在十八個月之後自動廢止，以利政府部門有時間可以研擬相關的規範、指南和必要的防弊措施。眾議院接受了該項日落條款，但再次加以修訂，使其在兩年後生效。由於「C7 法案」已經在二〇二一年三月通過，這意味從二〇二三年三月起，精神病患將不會被排除在安樂死的適用範圍之外。[20]

除此之外，「C7 法案」也責成聯邦政府自二〇二一年五月起審議若干相關議題，包括：成熟的未成年人（未滿十八歲但已具有決策能力的人）是否能施行安樂死、已確診重症但病情尚未嚴重惡化的人（例如處於失智症初期的人）是否能預先請求安樂死、應如何為精神病患施行安樂死等，並於二〇二二年提出報告。因此，隨著加拿大的安樂死制度不斷演進，我們仍將面臨許多挑戰，也還有諸多問題有待解決。

美國現況

除了加拿大之外，美國的安樂死法規也有了很大的改變。

二〇一六年，也就是我開始提供安樂死服務的那一年，美國有五個州允許某種形式的安樂死，其中包括奧勒岡州、華盛頓州、蒙大拿州、佛蒙特州及加州。其後，另外五個州（科羅拉多州、夏威夷州、紐澤西州、緬因州和新墨西哥州）和哥倫比亞特區也都通過了允許安樂死的法令。有些法律學者甚至認為，北卡羅來納州也可以算是其中之一，因為該州就像蒙大拿州一樣，雖未明文將安樂死合法化，但也沒有在現行法令中加以禁止。這十二個地區的人口加起來共有八千四百萬人，也就是說美國有四分之一的人口可以享受安樂死的服務。

美國法律學者薩德斯．波普（Thaddeus Pope）在檢視美國各地的安樂死法令後，在一篇

文章中指出：㉑

「（美國）已經制定安樂死法令的地區越來越多，成長的速度也越來越快……到目前為止，已經有十二個地區制定了安樂死法律，其中七個地區是在過去五年當中訂定的，另外兩個則是在二〇一九年通過立法。剩下的四十個州當中，有一半已經在二〇二一年開始研擬安樂死法令。」

這些州的安樂死法規都是參考最早的奧勒岡州版本，但波普在文章中強調，各州的法令不盡相同，在安樂死的程序、防弊措施或資格條件等方面，都有些微的差異。他進一步指出：

「美國開始施行安樂死的頭二十年當中，由於政府非常重視安全性，以致許多人不得其門而入。但時至今日，已經有越來越多州設法在兩者之間取得平衡……他們很可能會採取兩項新的做法：第一，允許進階護理師（APRN）從事安樂死工作（目前各州都規定安樂死只能由醫師執行）。第二，規定罹患絕症且可能會在十二個月（甚至更久）之內死亡的病人即符合安樂死資格（原本的規定是六個月之內）。」

美國安樂死法規的另一項重大進展，是在法律的詮釋上有了更變通的做法。儘管各州的法令都規定病人必須自行給藥，但它們用來描述給藥方式的動詞卻各不相同。有五個州使用的是「攝入」（ingest）一詞，顯然藥物必須經由病人的消化道進入其體內，最常見的方式就是讓病人喝下藥液，但現在病人也可以透過其他方式攝入藥劑。

「那些已經必須依賴人工營養與水分補充的病人，可按壓裝在餵食管上的活塞以攝入致命藥劑。有些人則可以按壓裝在肛管上的活塞。」

這兩種方法也被視為經由消化道攝入。如此一來，病人即使無法坐起來、無法手握玻璃杯，甚至無法吞嚥，也可以自行給藥。

全球現況

在此同時，全球各國對安樂死的態度也逐漸有了轉變。澳洲的維多利亞州通過了「自願安樂死」（voluntary assisted dying，VAD）法令，並於十八個月之後（二〇一九年六月）正式生效。這項法令是以奧勒岡州的版本為範本，規定必須罹患絕症且可能會在六個月內死亡的病人，才能接受安樂死。同一年，西澳大利亞州也通過了類似的法令。二〇二一年，澳洲的另外三個州（塔斯馬尼亞州、南澳大利亞州和昆士蘭州）也通過了安樂死法令。同時，二〇一九年在紐西蘭通過的 VAD 法案，也在二〇二〇年的全民公投中獲得人民的支持，並於二〇二一年生效。二〇二〇年二月，德國最高法院裁定已經施行五年的安樂死禁令違反憲法精神。二〇二〇年十二月，奧地利憲法法院也做出和加拿大最高法院類似的裁決，認定該國禁止安樂死的法令不符合憲法精神，並且侵害了個人的自決權。二〇二一年三月十八日，西班牙國會通過了將安樂死合法化的法令，並在三個月後生效，使該國成為歐洲第五個允許絕症病患安樂死的國家。在本書完成後的此時，蘇格蘭議會和英國上議院正就類似的法案展開辯論。

疫情現況

儘管這些年來全球各地在安樂死方面有了長足的進展，但也出現了一些始料未及的不利因素。

二〇二〇年三月，新型冠狀病毒 COVID-19 橫掃全世界，造成我們的生活突然停擺。在加拿大，有些人預期安樂死的需求會因此增加，有一部分人士則認為我們有可能無法再提供安樂死服務。由於當時有許多機構都停止辦公，各種資源的供應都受到限縮，醫院也人滿為患，因此沒有人知道接下來將會如何。許多地區的醫療機構在評估自身的資源與當務之急後，都決定暫時停止提供社區安樂死服務。有些地區的醫院則視安樂死為必要服務，仍照常提供。有些同行在網路論壇中說他們所在的地區已經沒有人請求安樂死，但大多數人都說他們變得格外忙碌。這種需求增加的現象，不知道是人們的恐懼與焦慮所導致，還是原本就會出現的成長？

身為 CAMAP 的主席，我覺得自己有責任協助所有安樂死的評估與施行工作的人員。為了讓醫護人員能在新冠疫情期間持續提供各種醫療保健服務，他們的安全與健康必須受到保障。醫師在提供安樂死服務時，有許多因素需要考量：個人需要什麼樣的防護裝備？程序進行時可以有幾個人在場？在哪裡進行最安全？遇到醫療機構沒有能力將病人轉送到施行安樂死的場所時，該怎麼辦？有鑑於此，CAMAP 開始遊說政府部門，請他們允許醫師盡量透過遠距醫療系統評估病人的情況，並接受人們以視訊的方式為安樂死申請表做見證。此外，我們也體認到，由於安樂死資格評估需要花上一段時間，因此那些因罹患新冠肺炎而瀕臨死亡的病人，並沒有什麼機會接受安樂死。為了讓他們得以安詳辭世，又不致讓更多醫護人員暴露在感染風險中，應該讓他們接受優良的安寧照護並給予足夠的鎮靜劑。針對這些議題，CAMAP 已經製作了三份新的指導文件。

對大多數安樂死醫師而言，新冠疫情帶來的最大改變就是施行時的氛圍。這段期間，醫師在施行安樂死時都必須戴上手套和口罩，在場的家屬也是如此。醫師和病患不能有密切的肢體接觸，向家屬說明施行的程序與結果時，也必須在陽台、走廊或露台上進行。同時，為了要拿下口罩說話，讓家屬能聽清楚，還必須和他們保持六呎以上的距離。因此，安樂死的過程少了一些親密的氛圍，但仍然可以施行。

CAMAP 現況

目前，CAMAP 的會員已經超過四百位，散布於全國各地。到目前為止，我們已經製作了十二份指導文件，舉辦了三場全國性的會議，並創辦了標準化的全國性教育訓練課程。這項課程已經被好幾個省分所採用，現在也有了線上的版本。除此之外，我們還經常為會員舉辦高水準且具教育性質的網路研討會，且已經和若干省立機構和全國性組織合作出版了不少研究報告。在我們的會員日復一日、盡心盡力的努力下，我們已經成為加拿大主要的安樂死專業人員組織。參、眾兩院的議員在針對安樂死的法案進行辯論時，也會邀請身為 CAMAP 主席的我前往作證。㉒

遺言

這些年來，我收錄了許多病人在臨終時所說的話。我想這些話很適合用來作為本書的結尾。

謝謝你們大家過來。

我已經準備好了。

你們要互相照顧。

開始吧！

這是我想要的死法。

親愛的，再見！

讓我們開始吧！

我非這麼做不可。

謝謝你們的支持。
我們開始吧……
現在，請動手吧！
你們要好好照顧自己。
我愛你。
盡快開始吧！
祝福你們！
謝謝你們給我的美好回憶。
我唯一的遺憾是……（睡著了）
現在我準備好了。
再見，傻瓜們！
我愛你們每個人。
我會在天上看著你們。
我們在彼岸見。
我很高興你們來了。

讓我走……我們開始吧！
（看著我）我愛你……

作者註

病人對醫師的信任乃是醫病關係的基礎，因此我絕對不會做出任何可能破壞這種信任感的事。為了保護病人的隱私，在本書中，除了病人已明確同意我描述的真實事件外，所有人物與個案——包括他們的姓名、年齡、性別、種族、職業、家庭關係、居住地和疾病——都經過刻意的更改。有些個案則是虛構的，並且經過合成。

除此之外，我也必須維護 CAMAP 網路社群的機密，因此書中所引用的若干話語都經過 CAMAP 理事會以及當事人的同意。其他一些則經過改寫，以免對該論壇造成任何影響。

除了以上這些必要的更動外，本書內容均詳實地呈現了我和同行、病人以及他們的家屬，所目睹並經驗的一切。

書中所表達的純粹是我個人的觀點，不一定反映同行或以下任何機構——包括卑詩省內外科醫學院、加拿大醫學協會、溫哥華島衛生當局，或 CAMAP——的看法。同時，書中的任何文字都不應被視為針對安樂死的要件或其他醫療保健事務所做出的建議。

謝辭

儘管我很早之前就想把自己的醫療經驗寫下來，但如果不是《紐約時報》的凱瑟琳・波特（Catherine Porter）以及為我們牽線的柯芮・羅夫（Cory Ruff）的促成，我可能不會付諸行動。凱瑟琳報導約翰・薛德斯的那篇優美的文字感動了全球眾多的讀者，讓人們對安樂死有了全新的認識。凱瑟琳，謝謝你願意花時間了解約翰以及他的事蹟，讓他自己、他的家人以及他們那趟親密的旅程得到應有的榮耀，也謝謝你運用你的寫作才華將這個故事說得如此生動。

正由於這篇報導是如此引人入勝，Sterling Lord Literistc 版權經紀公司的尼帝・馬丹（Neeti Madan）才會遠從東岸和我連絡，問我是否有興趣寫一本書。Neeti，謝謝你一直看好這本書，也謝謝你始終相信我能夠將它完成。

瓦樂麗・史黛克（Valerie Steiker），你提議為 Scribner 出版社買下這本書的版權的信函至今仍放在我的桌上，不斷激勵著我。謝謝你在那兩年當中再三地鼓勵我，期待我能達到你的標準，我最後終於學會了傾聽。如果沒有你，這本書就不可能問世。

伊芙・克萊斯頓（Eve Claxton），我該如何形容你這個幫助我梳理文字脈絡的天才編輯呢？你讓我的文字變得更加清晰易懂。因為有了你的幫助，我才得以讓 Simon & Schuster 出版公司的編輯卡拉・華特森（kara Watson）在收到我的稿子後讀得津津有味，並急切地將它付梓。

除了以上這些名字之外，我還要感謝下面這些人士：

Shelley Falm、Pam Stein、Beverley Merson 和 Kimberly Lurie，謝謝你們對我最早的幾份稿子提供了坦率而寶貴的建言，讓我想訴說的故事得以成形。

Thaddeus Pope、Jocelyn Downie、Lonny Shavelson 和 Joshua Wales，非常感謝你們在若干細節上所展現的專業水準。

Agnes Van der Heide、Kenneth Chambaere 和 Rob Jonquiére，謝謝你們提供我必要的數據和參考文獻，但更重要的是，謝謝你們在阿姆斯特丹發表的那幾場演講。它們讓我萌生了想要認識安樂死的念頭，也讓我相信在這個領域裡有人正在進行著各種縝密的研究。此外，你們也在無意間為我打開了一扇門，給了我轉換跑道的契機。

如果沒有同行一直以來的支持，今天我很可能不會從事這份工作。由於人數眾多，我無法一一點名，但要特別感謝當年和我一起創立 CAMAP 的 Tanja Daws、Jesse Pewarchuk、

Jonathan Reggler、Konia Trouton 和 Ellen Wiebe 這幾位醫師。他們在協會草創時期做了許多了不起且極具開創性的工作。此外，我也要感謝後來加入理事會的 Paul Schacter 和 Ashley Hall 兩人。在他們的幫忙之下，CAMAP 才得以奠定現在的組織架構。此外，我還要感謝 CAMAP 的所有會員和現任理事對我的支持、激勵、挑戰與教導。

最後，我要感謝在我寫書的這些年間，家人與朋友對我的包容。我曾答應他們不要指名道性，但我怎麼可以不提呢？山姆和莎拉：我深深愛著你們。Alexandra McPherson：謝謝你所做的一切。尚馬克，你是我的磐石、我的伴侶、我的愛。謝謝你總是寬慰我、支持我，讓我變得更有力量。

感謝過去這三十年來被我診治過的病人。謝謝你們和我分享你們的人生並信任我，願意讓我照顧你們。我相信你們對我的幫助並不亞於我對你們的幫助。

註譯

第四章

1 "Dying with Dignity Public Perception Survey," https://d3n8a8pro7vhmx.cloudfront.net/dwdcanada/pages/47/attachments/original/1435159000/DWD_IpsosReid2014.pdf ?1435159000.

2 American Academy of Pediatrics, "Circumcision Policy Statement," https://pediatrics.aappublications.org/content/pediatrics/130/3/585.full.pdf; and Canadian Paediatric Society, "Newborn Male Circumcision," https://www.cps.ca/en/documents/position/circumcision.

第五章

3 Wet levensbeeindiging op verzoek en hulp bij zelfdoding (Second Evaluation of the Termination of Life on Request and Assisted Suicide Assessment Act), pp. 82 and 86.

4 Regional Euthanasia Review Committee—Annual Report 2015, https://www.euthanasiecommissie.nl/binaries/euthanasiecommissie/documenten/jaarverslagen/2015/april/26/jaarverslag-2015/Jaarverslag2015ENG.pdf.

5 "Oregon Death with Dignity Act: 2015 Data Summary," https://www.oregon.gov/oha/PH/PROVIDERPARTNERRESOURCES/EVALUATIONRESEARCH/DEATHWITHDIGNITYACT/Documents/year18.pdf.

第十二章

6 Tweede evaluatie Wet levensbeeindiging op verzoek en hulp bij zelfdoding (Second Evaluation of the Termination of Life on Request and Assisted Suicide Assessment Act), p. 195.

7 Regional Euthanasia Review Committees Review Committees, "Due Care Criteria," https://english.euthanasiecommissie.nl/due-care-criteria.

8 Parliament of Canada, Bill C-14, https://www.parl.ca/Document Viewer/en/42-1/bill/C-14/royal-assent. See Eligibility section 241.2.

第十四章

9 Frequently quoted: WHO 2013—third bullet point, https://palliative.stanford.edu/overview-of-palliative-care/overview-of-palliative-care/world-health-organization-definition-of-palliative-care/. For a newer definition in 2018 (see p. 5, tenth bullet point), https://apps.who.int/iris/bitstream/handle/10665/274559/9789241514477-eng.pdf ?ua=1.

10 Jan L. Bernheim et al., "Questions and Answers on the Belgian Model of Integral End-of-Life Care: Experiment? Prototype?" *Journal of Bioethical Inquiry* 11 (2014), 507–29, https://link.springer.com/article/10.1007/s11673-014-9554-z.

11 Francis X. Rocca, "Catholic Hospital Group Grants Euthanasia to Mentally Ill, Defying Vatican," *Wall Street Journal*, October 27, 2017, https://www.wsj.com/articles/catholic-hospital-group-grants-euthanasia-to-mentally-ill-defying-vatican-1509096600.

12 Kenneth Chambaere and Jan L. Bernheim, "Does Legal Physician-Assisted Dying Impede Development of Palliative Care? The Belgian and Benelux Experience," *Journal of Medical Ethics* 41, no. 8 (August 2015): 657–60; DOI: 10.1136/medethics-2014-102116 OR http://jme.bmj.com/ (first published online on February 3, 2015).

第十五章

13 Jocelyn Downie and Stefanie Green, "For People with Dementia, Changes in MAiD Law Offer New Hope," *Policy Options Politique,* April 21, 2021, policyoptions.irpp.org/magazines/april-2021/for-people-with-dementia-changes-in-maid-law -offer-new-hope.

第二十章

14 Kidsgrief.ca, offered by Canadian Virtual Hospice (in particular, parents can refer to Module 2: "Talking about Dying and Death," chapter 7, "Preparing for a medically assisted death" [Canada]); and the Dougy Center: The National Grief Center for Children & Families (U.S.), https://www.dougy.org.

第二十三章

15 *Merriam-Webster Dictionary*, https://www.merriam-webster.com/dictionary/transition.
16 Catherine Porter, "At His Own Wake, Celebrating Life and the Gift of Death," *New York Times*, May 25, 2017.
17 Government of Canada, Second Annual Report on Medical Assistance in Dying in Canada 2020, https://www.canada.ca/en/health-canada/services/medical-assistance-dying/annual-report-2020.htm

後記

18 *A.B. v. Canada (Attorney General)*, 2017, https://camapcanada.ca/wp-content/uploads/2018/12/ABDecision1.pdf.
19 *Truchon c. Procureur general du Canada*, 2019, https://www.canlii.org/en/qc/qccs/doc/2019/2019qccs3792/2019qccs3792.html?searchUrlHash=AAAAAQANdHJ1Y2hvbiBnbGFkdQAAAAAB&resultIndex=1.
20 Parliament of Canada, Bill C-7, https://parl.ca/DocumentViewer/en/43-2/bill/C-7/royal-assent.
21 Thaddeus Mason Pope, "Medical Aid in Dying: Key Variations Among U.S. State Laws," *Journal of Health and Life Sciences Law* 14, no. 1 (2020), 25–59, https://papers.ssrn.com/sol3/papers.cfm?abstract_id=3743855.
22 www.camapcanada.ca

國家圖書館出版品預行編目(CIP)資料

死於安樂：加拿大安樂死醫師的善終現場記錄與反思 / 史黛芬妮・葛林著；蕭寶森譯 . -- 初版 . -- 臺北市：遠流出版事業股份有限公司, 2024.02
面； 公分

ISBN 978-626-361-426-0(平裝)

1.CST: 安樂死 2.CST: 醫病關係 3.CST: 生命終期照護

197.12　　　112020799

死於安樂：加拿大安樂死醫師的善終現場記錄與反思
作　　者——史黛芬妮・葛林
譯　　者——蕭寶森
主　　編——周明怡
封面設計——張天薪
內頁排版——平衡點設計

發 行 人——王榮文
出版發行——遠流出版事業股份有限公司
104005 台北市中山北路一段 11 號 13 樓
郵政劃撥／ 0189456-1
電話／ 02-2571-0297・傳真／ 02-2571-0197
著作權顧問——蕭雄淋律師

2024 年 2 月 1 日　初版一刷
售價新台幣 480 元（缺頁或破損的書，請寄回更換）
有著作權・侵害必究　Printed in Taiwan
遠流博識網　http://www.ylib.com　e-mail:ylib@ylib.com

THIS IS ASSISTED DYING: A DOCTOR'S STORY OF EMPOWERING PATIENTS AT THE END OF LIFE
by Dr. Stefanie Green
Copyright © 2022 by Stefanie Green
Published in agreement with Sterling Lord Literistic, through The Grayhawk Agency.